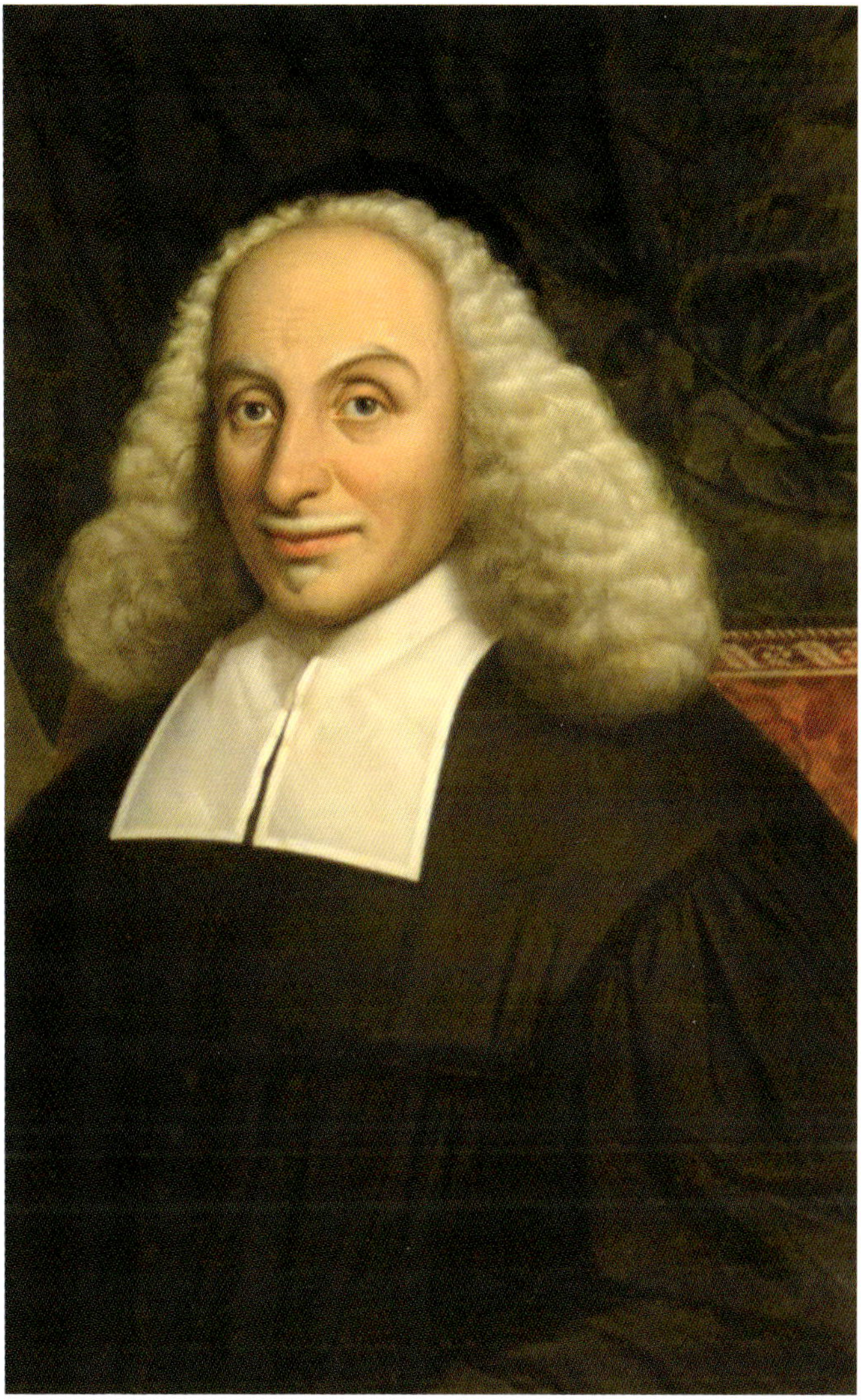

P. J. シュペーナーの肖像画。
ベルリン・ニコライ教会所蔵（撮影：訳者）

SCHRIFTEN DEUTSCHER PIETISMUS IN AUSWAL

Philipp Jakob Spener:

Der neue Mensch

ドイツ敬虔主義著作集 2

シュペーナー
新しい人間

読みやすい言葉で

山下和也［訳］

YOBEL, Inc.

ハンス・ゲオルグ・フェラー編
若きシュペーナーの肖像付き
J・F・シュタインコプフ出版　シュトゥットガルト

ドイツ敬虔主義著作集（全10巻）の刊行に際して

17世紀の後半のドイツに起こった敬虔主義は信仰覚醒運動であって、その発端は、ルター派教会が次第に形骸化し内的な生命力を喪失し、信仰が衰えたとき、原始キリスト教の愛と単純と力をもって道徳的な「完全」をめざすことによって起こった。この運動はルターの信仰を絶えず導きとして正統な教会の教えにとどまりながら、その教えの中心を「再生」に置いて、新しい創造・新しい被造物・新しい人間・内的な隠れた心情・神の子としての道徳的な完成などをめざして展開した。

この運動はシュペーナーの「敬虔主義の集会」から具体的に発足し、彼の著作『敬虔なる願望』（1675）によって教会改革案の基本方針が定められ、実践的なフランケによって継承され、ハレの孤児学院の創設となり、さらにツィンツェンドルフ伯爵によるモラヴィア兄弟団（別名ヘルンフート）の信仰覚醒運動としてヨーロッパ各地やアメリカ合衆国にまで広がった。

これとは別に南ドイツのヴュルテンブルクの聖書学者ベンゲルやエーティンガーによって思想的に深められ、ドイツ思想界に大きな影響を与えた。また詩と思索にすぐれたテルステーゲンの思想をも紹介してみたい。
日本では啓蒙主義の思想家ばかりが偏重され、それらと対決する敬虔主義の思想が全く無視されてきた。そこで敬虔主義の思想家の中から主な作品を翻訳し、最終巻にはその思想特質の研究によって、現代的意義を解明すべく試みたい。

２０２３年　早春

編集者　金子晴勇

新しいキリスト教徒の名前——敬虔主義者とシュペーナー主義者——に関して、私は望まない、私たちや私たちのよく知る友人たちの誰でもが、かつてそうした名を自分から使用したことを。そうではなく、こうした名前は、我々に敵意ある者たちによって、使われたにすぎないのであった。[1] こうした人々は、我々をそれによって苦しめ、我々を嘲笑しようとするつもりなのである。我々は彼らにそれを禁じることはできず、苦しまねばならない。しかし、我々はこれらの名前を我々自ら手に入れたわけではない。我々はいかなる新しいキリスト教についても心得ておらず、古い、キリストと使徒たちによって教えられたキリスト教を心得ているだけである。それはなるほど常なる自分自身の改新(Erneuerung)に存するが、しかしそれは主の古い規則に従うことを熟慮する。

私はルター[2]を忠実な神の人(Gottesmenschen)としてそれだけ高く、尊敬する、神が私に彼の著書を熱心に読破し、それによってそれほど豊かに彼の内に生まれた霊を認識する機会を与えてくれればくれるほど。したがって私はもはや、ほとんどすべてのことにおいてすべてが彼の提案通りに進んでもらいたいという以上のことは何も望まない。[3]

シュペーナー、『神学的考察(Theologische Bedenken)』3383, 1680.6.18. 3462, 1681も参照。

シュタインコプフの家庭用書籍では以前にハンス・ゲオルグ・フェラーの新改訂版で以下が出版されている。

フィリップ・ヤーコプ・シュペーナー（1635－1705）

第一巻『もし君が信じることができるなら』彼の書簡からの抜粋

第二巻『再生について』彼のベルリンでの聖書論文から（本著集作第3巻収録）

第三巻『義認』（1963年のヘルシンキでのルター派世界同盟会議の主題）49歳のシュペーナーの肖像付き

訳注

1 「敬虔主義者」という呼び方はもともと、シュペーナーがフランクフルトで始めた教化集会「敬虔ノ集会（collegia pietatis）」の参加者に敵対者によって付けられた蔑称であった。シュペーナー自身は分派と見なされることを恐れ、当初この名称を使おうとはしなかった。しかし、ライプツィヒ大学の詩学教授ヨアヒム・フェラー（1636-1691）が、1689年に発表した詩でこの名称を肯定的な意味に使い、自らを敬虔主義者と宣言したことをきっかけに定着してしまい、後にはシュペーナー自身もこの名称を使うようになる。

2 マルティン・ルター（1483-1546）。宗教改革の創始者。

3 シュペーナーは当時主流だったルター派正統主義との対立は望んでおらず、その内部改革を試みていたため、自分の神学がルター神学と対立しないことを強調し続けた。

凡例と略号

本書において、原注は脚注、訳注は章末注とした。聖書引用個所はその都度表示した。原典では原注と本文中聖書引用個所表示と聖書引用個所一覧は巻末にある。残念ながら、原注の略号については不明なものもある。傍点は原文ゲシュペルトか強調である。太字は原文イタリック。カタカナは原文ラテン語。

DigF: Spener: Der innerliche und geistliche Friede oder der Friede Gottes / so wol desselben mit uns / als unserer mit und in Gott / samt dessen Beförderungsmitteln und hindernüssen Einfältig nach dem grunde Göttlichen worts vorgestellet von Philipp Jacob Spener / D. Seniore und Predigern deß Misterii in Frackfurt, Franckfurt / In Verlag Joh. David Zunners / Druckts Joh. Georg Drullmanns Wittib., 1684. in: Die Werke Philipp Jakob Speners. Studienausgabe Bd.II: Der christliche Glaube, hrsg. von Beate Köster und Kurt Aland†,Gießen, 2006.

DlME: Spener: Die lautere Milch des Evangelii / oder die Lehr von den Gnaden- und Heils-Schätzen / welche die glaubige in JESU Christo haben / besitzen und geniessen. Auffs einfältigste und kürzeste vorgestellt / und mit Sprüchen der Schrift bewehrt / Von Philipp Jacob Spenern / D. Predigern und Seniore des Evangelischen Ministerii in Franckfurt. Franckfurt am Mäyn / In Verlag Joh. David Zunners / Druckts Joh. Georg Drullmann im Jahr Christi 1685. in: Die Werke Philipp Jakob Speners. Studienausgabe Bd.II: Der christliche Glaube, hrsg. von Beate Köster und Kurt Aland†,Gießen, 2006.

Erk: Spener: Erklärung der christlichen Lehre nach der Ordnung des kleinen Katechismus D. Martin Luthers, hrsg. vom evangelischen Bücherverein, dritte Auflage, Berlin, 1852

L: Spener: Eigenhändiger Lebenslauf Speners (Das Leben der Glaubigen / als Der Weyland Hochwürdige / in GOtt Andächtige und Hochgelahrte Theologus, HERR Philipp Jacob Spener / Der Heiligen Schrifft Doctor, Königlicher Preussischer Hochverordneter Consistorial-Rath / wie auch Probst / Pastor Primarius und Inspektor in der Königl. Residenz Berlin / Den 5. Febr. dieses 1705. Jahrs im 70. jährigen Alter im HErrn seligst entschlaffen / der entseelte Cörper aber den 12. Febr. zu seiner Ruhestatt beygesetzt worden / den folgenden 15. selbigen Monats (war der Sonntag Sexages.) zu dessen gottseligen und gesegneten Ehren-Gedächtnus bey volckreicher Versammlung in der Kirchen zu S. Nicolai, In einer Leichen-Predigt / Auß dem Brieff an die Römer im 8. Cap. v. 10., Frankfurt am Main, 1705), in: Die Werke Philipp Jakob Speners. Studienausgabe Bd. 1 :Die GrundschriftenTeil 1., in Verbindung mit Beate Köster hrsg. von Kurt Aland, Gießen, 1996.

PD: Spener: Pia Desideria: oder Herzliches Verlangen / Nach Gottgefälliger Besserung der wahren Evangelischen Kirchen / sampt einigen dahin einfältig abzweckenden Christlichen Vorschlägen Philipp Jacob Speners D. Predigers und Seniortis zu Franckfurt am Main; Sampt angehengten zweyer Christlichen Theologorum darüber gestelten und zu mehrer Aufferbauung höchstdienlichen Bedenken, Franckfurt am Main / In Verlegung Johann David Zunners. Getruckt bey Johann Diedrich Fritgen.1674. in: Die Werke Philipp Jakob Speners. Studienausgabe Bd. 1: Die Grundschriften Teil1., in Verbindung mit Beate Köster hrsg. von Kurt Aland, Gießen, 1996.

SHS: Spener: Sprüche Heiliger Schrifft /welche von welt-leuten mehrmal zur hegung der sicherheit / und wider die so nothwendigkeit als möglichkeit des wahren innerlichen und tätigen Christenthums mißbraucht zu werden pflegen / kürzlich / aber gründlich gerettet von Philipp Jacob Spenern D. Churf. Brandenb. Consistr. Rath und Probsten in Berlin, Franckfurt am Mayn / in Verlegung Johann David Zunners / im jahr Christi 1693. in: Die Werke Philipp Ja-

kob Speners. Studienausgabe Bd.II: Der christliche Glaube, hrsg. von Beate Köster und Kurt Aland†,Gießen, 2006.
WP: Spener: Franchfurtisches Denckmahl / Welches Philipp Jacob Spener D. gewеßter Prediger und deß Ministerii zu Franchfurt am Mäyn Senior als Er zu der churfürstlich-Sächsischen Ober-Hof-Predigerstelle und Consistorio gnädigst beruffen / dahin abziehen wollte / Seiner herzlich-geliebten Gemeinde in etlichen Wiederholungs-Predigten der vornehmsten bey derselben am meisten getriebenen Lehrpuncten und letzter Abschieds-Predigt / in liebe hinderlassen. Samt angehenckter Anspruch-Predigt in der Churfl. Schloß-Capelle in Dreßden / auch vormahliger Straßburgischer Abschieds- und Franckfurtischer Antritts-Predigt. Mit Churfl. Säch. Freyheit. Franchfurt am Mäyn / In Verlegung Johhan David Zunners, 1686. in: Die Werke Philipp Jakob Speners. Studienausgabe Bd.II: Der christliche Glaube, hrsg. von Beate Köster und Kurt Aland†,Gießen, 2006.
邦訳：フィリップ・ヤーコプ・シュペーナー『敬虔なる願望』堀孝彦訳（佐藤敏夫編『世界教育宝典』キリスト教教育編第五シュペーナー、トレルチ、ブルンナー他、玉川大学出版部、１９６９年）

『聖書』略号一覧（書名は新共同訳に従った。引用個所も、シュペーナーと違う場合、新共同訳の箇所を併記している。）
旧約聖書の各書の表記は省略しない（以下は本文に出てきた書名を示します）。創世記／出エジプト記／レビ記／民数記／申命記／サムエル記上／サムエル記下／列王記上／列王記下／ヨブ記／詩編／箴言／コヘレトの言葉／イザヤ書／エレミヤ書／エゼキエル書／ヨナ書／ミカ書／ゼカリヤ書／マラキ書
旧約聖書続編の各書の表記は省略しない（以下は本文に出てきた書名を示します）。知恵：知恵の書／シラ：シラ書

新約聖書の各書の表記は省略して表記します。 マタイ：マタイによる福音書／マルコ：マルコによる福音書／ルカ：ルカによる福音書／ヨハネ：ヨハネによる福音書／使徒：使徒言行録／ローマ：ローマの信徒への手紙／Ｉコリント：コリントの信徒への手紙一／Ⅱコリント：コリントの信徒への手紙二／ガラテヤ：ガラテヤの信徒への手紙／エフェソ：エフェソの信徒への手紙／フィリピ：フィリピの信徒への手紙／コロサイ：コロサイの信徒への手紙／Ｉテサロニケ：テサロニケの信徒への手紙一／Ⅱテサロニケ：テサロニケの信徒への手紙二／Ｉテモテ：テモテへの手紙一／Ⅱテモテ：テモテへの手紙二／テトス：テトスへの手紙／ヘブライ：ヘブライ人への手紙／ヤコブ：ヤコブの手紙／Ｉペトロ：ペトロの手紙一／Ⅱペトロ：ペトロの手紙二／Ｉヨハネ：ヨハネの手紙一／Ⅱヨハネ：ヨハネの手紙二／ユダ：ユダの手紙／黙示録：ヨハネの黙示録

各章末の訳注の聖書引用 ― 注

原典略号

Gl＝シュペーナー『もし汝が信じることができていたら』1960年：W＝シュペーナー『再生について』1963年：R＝シュペーナー『義認』1964年（総じてシュトゥットガルトのシュタインコプフ読本による刊行）―EKG＝『福音的教会歌唱集』1950年―Elbf＝『エルバーフェルダー聖書の可能な限り正確な翻訳』―gr＝ギリシア語―hebr＝ヘブライ語―lat＝ラテン語―L＝新訂版ルター訳1965／1956年版

新しい人間——読みやすい言葉で

目次

導入

選帝侯は一人の上級宮廷牧師[4]（*Oberhofprediger*）が得たかった。しかし今や彼は一人の教師を得た。[i]シュペーナーがドレスデンで、彼にフランクフルトで多くの友人を与えた若年者指導に再びとりかかったとき、ザクセンではそのように嘲笑された。彼の召命以前、[ii]ドレスデンでもシュペーナーの教理問答書籍が称賛されていた。[5]何よりもその故に、彼はそこに召命されたのであった、なるほど正当にも。というのもシュペーナーは生まれながらの教育者[iii]であったからである。それは彼の事柄への愛と連関していた。彼は聖書の世界に生きていた。[6]しかし彼においては、扱われるべき素材を分解し、それを単純な基本線に帰するという能力も発達していたのである。これにシュペーナーの若年者への愛と、ただ思慮に応じた心への刻み込みのみでは、彼らにとって助けとして以上に重荷に成りうるという、彼の配慮が加わる。聞かれたこと、学ばれたことは彼らにとって活きた財産と成らねばならない。

---

i　ザクセンの選帝侯はヨハン・ゲオルグ三世（１６８０年－１６９１年）であった。この男は最初シュペーナーに非常に傾倒した。しかし、シュペーナーにとっては残念ながら、彼はなおずっとよそ者であった：統治の事

柄においてと、狩りに関してのみならず、王国をその隣国の暴力的な侵略から防衛するという必然性の故に何倍も。その際、選帝侯は個人的に勇敢であり、成果を上げた、例えば、1683年9月12日のカーレンベルクへの騎兵攻撃に際しての、ウィーンのトルコ人からの防衛に。また迫害された宗旨仲間のためにも、彼は出兵した：そう、ハンガリーに、イタリアに、チロルに、シュレジエンに。しかし、彼は、シュペーナーの良心に対しては無力であった、この人物が彼を彼の飲酒癖の故に訓戒した時には。選帝侯と彼の上級宮廷牧師の関係は緊張し、人は互いに分離することを願った。それでも、シュペーナーはドレスデンにおける彼の地位をあえて自分から去ろうとはしなかった、彼は神によってそこに立たされたと理解していたから。選帝侯は、彼の上級宮廷牧師をあえて解雇しようとはしなかった、この処分がドイツにおいて、そしてそれを超えて呼び越したであろう不都合な印象の故に：特に、シュペーナーが広く享受していた名声の下では。そこで選帝侯は熟慮した：もしシュペーナーが進んで自分の職務を放棄してくれないなら、彼は選帝侯として彼の居城をドレスデンから移転させねばならないと。彼は以前の居城地であったトルガウかフライベルクを考えた。何年もあれこれした後、シュペーナーはブランデンブルクの選帝侯によってベルリンに招聘されるということになった。そこでシュペーナーは、彼のもっとも愛すべき、そして彼の考えによれば最も重要な著作を創作した：再生についての66の説教である。ドレスデンでは、彼はそこに至るのは困難だった、そこでは、説教規則がそれを阻んでいたからであった。

ii　シュペーナーは、フランクフルトから来て、1686年7月6日にドレスデンに引っ越した：既にそれ以前に、ツィンツェンドルフの曽祖父、上級宗教局長官カール・フォン・フリーセンが、ザクセンで教師のみならず、牧師も教理問答の授業を施すべく、活動していた。

iii　G172頁を参照。

救世主自身、子どもに彼のところに来ることを妨げなかった［マタイ19・14］、そして彼は天の彼の父に、彼の神秘を未成熟な者たちに開示したことを感謝したのであった［同11・25］。高い教育を受けた使徒のパウロでさえも、[7]キリスト教の授業の冒頭を常に繰り返し、人が子どもにミルクを飲ませるように［1コリント3・2］、披露することを恥じなかった。そうしたすべてのことは過去にのみ属すべきであろうか？　あらゆる世代において、新しい課題があるべきであるのか？　シュペーナーにとってそんなことは問題ではなかったし、彼は行動でその答えを与えた。彼は自分に手の届く若年者を自らの周りに集めた。その際彼は繰り返し、大人たちもそこに姿を現し、シュペーナーと子どもたちの活発な質疑応答に参加するということを経験した。[8]位の高い人々でさえ、シュペーナーの聖書の時間から慣れ親しんだ兄弟的交流を「教理問答試験」において継続することを、自分たちの威厳を下げるものとは見なさなかった。マルティン・ルター[iv]が牧師たちとその教区民たちに福音信仰の最も重要なことをまとめた二つの教理問答書を贈ったとするならば、シュペーナー[v]はそのための解説を作ったのである。[9]その際シュペーナーは、口頭での指示に限らず、書物としても—しかもラテン語で—わかりやすい表にまとめた。[10]彼はこれを彼の同僚たちにも手渡した。フランクフルト長老会における一人の友で後継者がそれをドイツ語に訳し、印刷させた、それによって若年者とその両親が自宅で、教会における共通の著作で扱われることを、自身で読み直し、繰り返すことができるように。

しかしシュペーナーはルター主義の教育者であったのみならず、彼はまたプロテスタント主義の心理学者でもあった。というのも、彼は信者の心をも知り尽くしていたからである。子どものころから老齢に至るまで、彼は彼の主であり師であるイエス・キリストとの意識的な信仰交流にあった。彼は、彼の人生の始めから、聖書において神的と提示され、イエス・キリストによって体現され、先んじて生きられた意志に対する従順を自身真剣に考えるような人々に囲まれているというように恵まれてい

iv　ルターの教理問答書は１５２９年に出版された：シュペーナーのそれについての解説書は１６７３年から作成され、１６８３年にはラテン語で印刷されて、既に40年に渡ってフランクフルトで使用されていた、それが１７１３年にヨハン・ゲオルク・プリチウス（１６６１年ライプチッヒに生まれ、そこで１６８７年にシュペーナーの知己となり、１７３２年までフランクフルト・アム・マインの長老）によって独訳される、「別の善き友たちに従って、一つの表をペンでこっそり教える」ために：これは１７１３年：１７１７年に出版：１７３４年にはシュペーナーの肖像とプリチウスの次の詩的な銘を付けて：「これは神を心に抱き、我々にすべての忠告において最大の宝を提示した親愛なる男である。世間が彼を軽蔑したということはもうたくさんであろうか？　それがどうしたというのだ！　彼は神によってそれだけ一層評価されたのだ！」

v　シュペーナーは１６３５年1月13日、シュトラスブルクとコルマールの間に位置するアルザスのラッポルツヴァイラー／リボーヴィレに生まれた。彼の父はシュトラスブルクの出身で、彼の母はコルマールの出身だった。父はラッポルトシュタイン伯爵の文書係であった。彼の代母はラッポルトシュタインのアガーテ（1585 - 1648）、生まれながらのソルムス－ラウバッハの伯爵夫人であり、既にそれによって、後のシュペーナーのフランクフルト・アム・マインからラウバッハへの縁故（１６８２年に当地の城でのシュペーナーの炭酸泉療養）が準備された（G 147頁を参照）。

た。[11]それは第一に彼の両親[12]であり、また代母[13]であり、彼のルター派教会の代表者たちであった。おのおのが自分の仕方で、また自分の持ち分で、若きフィリップ・ヤーコプに、洗礼の恩寵の祝福が維持されるよう、貢献したのである。彼のシュトラスブルク［現ストラスブール］の大学教師たち[14]、志を同じくする友人たちとの、そして良き兄弟たちとの交流、そしてさまざまの、彼の旅行中の出会い[15]が、彼における善き業を前進させ、深めさせた。そうして、プロテスタント教会史の一つの時代全体に刻印を与え、その影響が今日まで消えていないという男が成長していったのである。[16]

すでに副牧師[17]として、シュペーナーは、彼の長い聖職生活を通じて彼に伴ったテーマに導かれていた。それは彼によって教区民に常に新たな照明において披露され、終局、ベルリンにおける彼の人生の最後[18]において、三年間かけた聖書書籍の内で体系的に取り扱われた。これにより彼は、自分の同時代人のみならず、彼の後の世代にも聖書のより良き理解への通路を作り出したのである。このテーマはキリスト教信仰の個人的側面を扱う。いかにして、イエス、使徒たち、そして予言者たちの教えが、こうした教えに賛成するのみならず、それによって自らの全思考と振る舞いを規定させるような人間の生活において作用しているか？　キリストを承認し、彼の言葉を真剣に受け取る人間と、それについて何も知らず、あるいは何も知ろうとしない人間の間には区別がなければならない。こうした区別を際立たせることはシュペーナーにとって重要であった。そして彼は、他の者がいないほどそのために召命されたのである。というのも、彼においては告知と彼自身の振る舞いとの間の間違いようのない一致が支配していたからである。しかし、ここにやはり、彼の聖書解釈が、その冷静な醒め方にもかかわらず、聴衆の、彼自身の聖職範囲をはるかに超えた殺到を得た鍵が存している。

このテーマを取り扱うきっかけ[vi]は、一冊の小さな書物がシュペーナーに与えた。それは、非常に苦しみ、しかも早くして亡くなった一人の牧師によって著された。この説教師が重い病気のためもはや再び彼の聖職を実行できなかった時、彼は自分の教区民のキリスト教徒性について熟考し、彼自身が告発しなければならないと思われる怠りを認知した。彼の回復の後、彼は、彼の聖職の兄弟たちも良心を研ぎ澄ますよう、それを書き留めた。そして少なくとも、シュペーナーにおいて彼は成功した。彼の主要な思想はこうだった。彼は神の言葉を混じり気なく純粋に良く告知し、秘蹟を正しく執り行う。しかし彼は、自分の教区民における生活の形成も、さて神的な言葉の本質に従って生じているかは、強く迫らなかった。彼はなるほど、聖書を研究し、多くを学んだ説教師ではあったが、しかし、神の神

vi テオフィル・グロスゲバウアー（イルメナウ生まれ、1626―1627：1661年にロストックで牧師兼大学講師として死去）は1661年に『荒廃せるシオンの番人の声』を著している。シュペーナーはこの書を刊行の直後にバルタザール・ライス教授（1616 - 1683）と共にテュービンゲンで読んだ、そこにシュペーナーは1662年の6月から10月まで講義のために滞在していたのである（ハインリッヒ・シュミット『敬虔主義の歴史』（ネルトリンゲン、1863年）9頁以下を参照：エーリッヒ・バイロイター『敬虔ナル願望』（アウスザート出版、ヴッパータール、1964年）15頁（グロスゲバウアー）、31頁（ライス）：シュペーナー引用は『神学的考察』3巻554頁以下）。

秘の家政維持者[vii]ではなかった、彼が自ら教区民のメンバーを個人的に引き受け、彼らを霊的認識と善の成長において促進したという意味において。シュペーナーは告白する、他の厚い書物からよりも、早くに完成した人のこの書物からより多くを学んだ、と。というのも、この書物は教会生活の擦り剝けた個所を示していたから。それは正しいアクセントに当たっていた。そしてそれは、治療への道も指し示していた。しかし、—そうあるように—、一つの点において、シュペーナーはそれと一致できなかった。その付録には、洗礼の再生（*Wiedergeburt*）への関係について述べられていた。余りにも多くの一度洗礼を受けた者たちが明らかに再生の内になかったので、著者は洗礼を再生の手段としては妥当させようとしていなかった。[19] シュペーナーはこの書物について以下のように書いている：これは、20年前私が読んだ時には、私の気に入った。それは私に非常にショックを与え、それ故、私はその天福ある男に多くを負っている。諸提案はすべてよく考えられ、たいていいまた、それらが実行されたなら、非常に有益である。しかし、彼は理解していなかった、再生が再び失われうること、繰り返されなければならないことに。[20] この認識はシュペーナーに、シュトラスブルク大学の学生たちの前での彼の講義において、それについて語るきっかけを与える。彼は、ガラテヤ人へのパウロの言葉を手にそれを行った：私がもう一度不安と共に生んだ私の愛し子らよ、キリストがお前たちの内に形を得るまでは［ガラテヤ4・19］。これによってシュペーナーは、彼が常に新たな試みにおいて何回も拡張して取り扱うテーマを見出した、それを我々はシュタインコプフ家庭叢書における我々のシュペーナー叢書において最終方向の形式で数巻をもって取り上げた：再生について、と義認（*Rechtfertigung*）[viii] である。こ

vii ドレスデンの選帝侯宮殿礼拝堂での彼の着任説教においてシュペーナーは『マタイによる福音書』第五章第20—26節について次のように説教した：牧師の職は、イエスが獲得した恩寵の宝を示す必要がある：そこへの道は、悔い改めと信仰を通って通じている：彼は他人たちに説教したくないし、自ら非難されるべきようになりたくもない、しかし、代わりに、神の神秘の家政維持者として認知されることは求め、そして文字通り、次のように言う：「私は聖霊の一つの道具であるべきである：しかし、これは世界を罪の故に罰し、何者もいたわらない、分け隔てをせずに」。しかし、まさに、グロスゲバウアーによって示された道での、この原則に従う彼の行動が、ドレスデンにおいてシュペーナーの衝突へと導いたのだが：差し当たり、選帝侯の周囲の人々と、それからこの人自身との（G129頁以降を参照—この説教のためには—シュペーナー『小教会的諸著作』シュタインメッツ出版社、１７４１年、第I巻976頁以降を参照）。１６８８年、シュペーナーはグロスゲバウアーの息子を、神学の受験者としてドレスデンで自宅に置いた（『神学的考察』４巻579頁）。１６８９年２月22日の贖罪日に、シュペーナーは、選帝侯に手紙で彼の心の状態を感動的に開示した。早くに亡くなったグロスゲバウアーの著書の後に残る影響は明白である：シュペーナーのドレスデンでの行動（着任説教、グロスゲバウアーの息子の受け入れ、選帝侯らへの警告）においても、同様に、グロスゲバウアーによってきっかけを与えられた再生の主題の、１６９１年から１６９４年までのベルリンのニコライ教区における取り扱いにおいても。

viii とりわけ、フィリップ・ヤーコプ・シュペーナー（ゲッティンゲン、三巻本、１８９３年、１９０５年、１９０６年）、パウル・グリュンベルク（１８５７年、ブリーク・アン・デア・オーダー生まれ、ザールブリュッケンでのギムナジウム教育とシュトラスブルクでの大学教育の後、１８８７年にアルテッケンドルフ（アルザス州）で牧師、１８９２年から１９１９年までシュトラスブルクの新教会で、１９１９年６月１５日からアイゼナッ

れは、以下のタイトルのこの巻まで継続して続いた：新しい人間。[21] これによって考えられているのは：一人の人間の持続的なキリストの霊の影響下にある考え方、である。この新しい心情は内面生活に制限されていることはできない：そうではなくそれは行為において、そしてそれに該当する者がしないことにおいて影響する。[22] 最も明確にそうした諸変化は、若き教会の建設へと導いた伝道の歴史からの例によって認識される：というのもそこでは、人間の生活における変化が、必然的に余りにも明瞭に遂行されていたから。しかしまた、古いキリスト教徒性の内部における覚醒運動においても目に付く経験を十分に集められる、神が誠実な者に新しい始まりを成功させるということを理解するのを学ぶためには。[23] シュペーナーはそれに対し、彼が彼の周囲と自分自身の心についてした観察を、聖書の証言と同様に、頼りにした。ここで彼はさてもちろん鋭く観察し、倦むことなく深く掘った、価値ある至宝を明るみに出し、信仰とは何であり、それがどう働くかの明確な認識と生き生きとした把握のための基礎を研ぎ澄ますために。

信心深い人間の振る舞いについては、この新巻神に対する義務が取り扱っている。しかし、読者はここでたいていにおいて、シュペーナーの著書を、シュペーナーが進んでいる順番から解放されて、もつことになるだろう。この男は詳細に再生について語り、書きたかったので――彼のベルリンでの聖書著作の印刷は予定されていた：というのも、以前の著書のそうした拡張が、多くの方面からはっきりと懇願されていたからであるが――シュペーナーは長い目で計画し、彼の素材を体系的に順序付けねばならなかった。この順序を我々はわずかな例外に至るまで根源的な形式のままにしておいた、特にシュペーナー自身が、あらゆる新たなテキスト記述への入り口でその都度、正確に、彼が今度はそこから話している立ち位置を述べている。実践的には、しかし今日この巻の研究を、今日の読者が最も心にかかっている問いを扱う部分から始めていくであろう。親しい方面からこの小著を持ってこられた病院の中の患者はそれゆえ、きっと真っ先に、次のようにタイトル付けされたページから開くであろう：**苦難における忍耐**（*Geduld im Leiden*）（番号8と9）。自分の再びの再生を体験し、一つの祈りの体験が神への完全なる委ねであった別の読者は、――あるいはそうした経験をこれから済ませなければならない人、あるいは自分自身をただ吟味したい人――は、**常なる祈り**（*Stetes Gebet*）（5）を通じて自分の主と救世主イエス・キリストと持続的に対話し続けるということが何と呼ばれ、どう遂行されるべきか、知りたいであろう。そこでしかし彼は、シュペーナーが**神に対する従順**（*Gehorsam gegen Gott*）と、**律法的**（*gesetzlich*）と**福音的**（*evangelisch*）従順の区別について語らねばならないことに、従わされるであろう。そして、そのために神の意志を知らねばならないから、次のようにタイトル付けされた章も彼にとってやはり重要となるであろう：**恩寵手段への熱望**（*Begierig nach den Gnadenmitteln*）（7）、したがって言葉と秘蹟を熱望して。日常における助けとしては、**霊的諸事物の尊**

ハのモスバッハにおいて：1919年8月8日イエナの病院で死去、ザルミュンスターに埋葬：1892年2月22日に神学得業士、1905年、2月5日、シュペーナーの200回忌に神学博士）。

重（*Hochachtung geistlicher Dinge*）（6）について詳論されたことがその場合役立ちうる。神への恐れ（*Gottesfurcht*）と神への愛（*Liebe zu Gott*）についての諸考察は、信者に彼の生活を通じて伴う普遍的根本姿勢を扱う。天福を受けた別れへの欲求（*Verlangen nach seligem Abschied*）（10と11）についての価値ある詳論は、その限りであるか、まさに誰も、若かろうと老いていようと、それを回避できないこの問いがその人にとって緊急のものであるなら、好んで読まれるであろう。彼の信心深い問いへの神的回答を真剣に求め、それらを与えられた時に贈られることは、キリスト教徒の人間の尊厳に属する。我々のシュペーナー叢書のこの第四巻は、再生についてのシュペーナーの聖書著作の内、第16から第24説教を含む。内的な附属性のために、最後の、したがって彼の栄光への再生（*die Wiedergeburt zu jener Herrlichkeit*）（12）についての第66説教が付け加えられている。我々はこの部分もここに完全に掲載している、その一部はベルリンのニコライ教会[24]におけるシュペーナーの解釈著作の総体に関わるにも拘らず。その諸章は、彼の司牧的良心性を示している。そこにおいても、全体計画の構築が展開されているのである。

シュペーナーの告知の仕方に順応した者は、シュペーナーが彼の時代と後の世界に及ぼした深く、持続した作用に、もはや驚くことはないであろう。それ以上に他の、認識において促進され、信仰生活において強化された可能性を示唆する者は、出版社がさらなる巻を出版することを決定するのを容易にすることによって、力を貸すことができる。我々の新刊行作業においてはまだ、キリスト教徒の自分自身と隣人に対する諸義務についてのシュペーナーの詳論と、やはりまた再生の果実と繰り返しについて、そして改新についての詳論が欠けている。再生についてのシュペーナーの聖書著作においては、敬虔主義の心臓が脈打っている。シュペーナーの友人たちと学生たちが、この作品を詳細に研究したこと、それが外的伝道の創始者たちと内的伝道の創立者たちに強い影響を及ぼしたことは、確実と言ってよい。教会の現実に活きた圏内において、これのさらなる作用は、シュペーナーの全生涯著作のと同様に、決して中絶することはなかった。信仰告白する教会の戦いと、今日の教会会議は、やはりシュペーナーの働きの精神史的結果である。教育学的、心理学的観点においても、シュペーナーを超えて現実的な進歩を確立することは、非常に困難なはずであろう。そして、20世紀の自然科学的、物理学的な課題の解決ですら、シュペーナーが例えば昇天（Himmelfahrt）について、天はもはや上ではないという最新の認識について、17世紀に神学的に詳論したことを超え出ることはできない。[25] それについて興味がある人には、この巻を十分に検討するのに、BⅡ章の番号6から始めることを勧める。すでにこのことだけでも、シュペーナーの著書が今でも、その最後の出版から250年経っても、なお有用でありうるということを示す。

肖像について：若きシュペーナー

我々のシュペーナーテキストの一人の友人が、この巻にも一つの肖像を添えることを可能にした。それは若きシュペーナーを描写している。[26] 1666年の年号が打たれている。よって、副牧師のシュペーナーは、彼がシュトラスブルクの大聖堂の説教壇で彼の最初の説教を行った時、このような見た目だった。彼が私講師としてシュトラスブルクの大学で、彼の聴講者たちに、洗礼の再生についての聖書の真理を解説していた時代にも、このような見た目だったのである。そして、フランクフルトの牧師団の若き長老（Senior）も、彼が自由帝国都市でその活動を始めた時、このような見た目であった。というのもシュペーナーは1666年7月、シュトラスブルクからフランクフルトへ引っ越したからである。[27] しかし、やはり以前にも、シュッツトガルトとテューービンゲンにおいて、人は彼を違うようには知ることはなかったであろう。肖像はフランクフルトで画かれている：しかも明らかに彼の到着後非常にただちに。現物は油彩である。額と目の部分が明るく、他方で下あごと頬と鼻は日に焼け、赤くなっているのがはっきりわかる。明らかに頭は、エルザスからヘッセンまでの夏の引っ越し旅の間、帽子で保護されていた。シュペーナーは、彼が生涯そうであったように、かつら無しで自身の金髪にしている。彼の衣服は彼の時代の神学生の階層的服装ではなく、貴族の服である。白い襟のレースは、彼の9歳若い妻の結婚式のための手仕事であったということは、十分に推測されてよい、それは同時に彼の博士号授与式の日でもあった。[28] 彼の真剣で、落ち着いた、思慮しているまなざしは、彼のフランクフルトの活動期の終わりの、49歳のシュペーナーの肖像におけるそれと同じである、この肖像は義認の巻に複製しておいた。我々の現在の、31歳のシュペーナーの肖像は、円形碑によって、家伝作品として明らかになっている。それは、フランクフルトからのシュトラスブルクに留まったままだった多くの親戚に宛てた最初の挨拶だったかも知れない。しかしそれは第一に、彼の伯父、法学教授レープハーンへの感謝の徴だったであろう。[29] 彼の下にシュペーナーは学生として何年にもわたって住み、上級宮廷牧師としてドレスデンからなおそれに対する〝子どもらしい感謝〟を彼に述べているのである。

訳注

4 ザクセンの上級宮廷牧師は当時プロテスタント世界で最も権威のあった地位である。シュペーナーは敬虔主義的教会改革の進展を期してこの地位に就いたのであろう。

5 年少者に一問一答形式でキリスト教教理を教える教理問答教育の推進は敬虔主義の大きなテーマである。シュペーナー自身も何冊か教理問答書を書いている。シュペーナーの定義では、「聖書における必要な教説の短い抜粋であって、キリスト教徒が理解するのにふさわしいように、問いと答えで立てられ、活きた声で朗読されるようにしたもの」（Erk17）である。

6 聖書主義はシュペーナー神学の中心である。

7 もとはパリサイ派のユダヤ人で、著名な律法学者のもとで学んだ学者であり、キリスト教徒を迫害していたが、回心して初期キリスト教の使徒となった。『新約聖書』の著者のひとりとされる。

8 これが、フランクフルトで１６７０年にシュペーナーが始めて、敬虔主義において方法論となった「collegia pietatis（敬虔ノ集会）」と呼ばれる教化集会である。

9 その１つが、"D. Philipp Jakob Speners Erklärung der Christlichen Lehre Nach der Ordnung des kleinen Katechismus D. Martin Lutters" である。これはシュペーナーの死後も何冊も版を重ねた。

10 これを「家庭の表（Haustafel）」と言う。

11 シュペーナーは49歳か53歳までの自伝を残している。17世紀においては葬儀の際に行われる弔葬説教の前に故人の「身上書（Personalia）」が朗読されるのが常であったが、通常縁者や友人によって書かれていたそれを、シュペーナーは生前に自分で書き残していたのである。この自伝は後に刊行された。

12 シュペーナーの父は法律家で、ラッポルトシュタイン領主、後に伯爵の宮廷官僚であったヨハン・フィリップ・シュペーナー（ca.1590 - 1657）、母はアガータ旧姓ザルツマンである。シュペーナーの家庭では改革派の影響を受けたルター主義が支配的であり、彼は宗教的教育を受けた。

13 シュペーナーの代母はラッポルトシュタイン伯爵夫人アガータである。シュペーナーが彼女から受けた影響は大きい。シュペーナーは彼女について、「私に対して特別の慈悲深い愛情をもち、私の中に彼女が見つけた善い火花を燃え立たせるのを手伝おうとしてくれた」(L25)と自伝で書いている。

14 たとえば、改革派正統主義と言われた神学者のヨハン・シュミット(1594 - 1648)、セバスチャン・シュミット(1617 - 1696)、ヨハン・コンラート・ダンハウアー(1603 - 1666)らがいる。

15 シュペーナーは1659年、バーゼルに旅行し、ヘブライ語学者ヨハン・ブクストルフ(1599- 1664)の下で学んでいる。また、1660年から教養旅行に出て、バーゼル、ジュネーブ、リヨンを訪れ、多くの知己を得ている。また、1662年にはシュヴァーベン地方へ旅行して、シュトゥットガルトとテュービンゲンで多くの貴族や神学者と交流し、この地に敬虔主義が根付く礎を作った。

16 何人かの研究者はシュペーナーをルターに次ぐプロテスタント神学者と見なしている。

17 シュペーナーは1663年から1666年まで、シュトラスブルク(現ストラスブール)のミュンスターの第二無任所牧師の地位に就いている。

18 シュペーナーは1691年からベルリンのニコライ教会に、宗教局評定官兼監督教区長兼視察官として赴任した。最晩年には執筆に専念し、シュペーナーはこの地で1705年に亡くなっている。

19 シュペーナーは、再洗礼派と差別化するためにも、洗礼における再生にこだわっている。再生の手段として「神の活きた種としての神的言葉と、聖なる洗礼」(Erk310)が挙げられる。

20 シュペーナーは「再生が再び失われうるか?」という問いに「その通り、聖霊と信仰が追い出された場合には」と答え、「しかし、そのような人間ももう一度再生できるか?」という問いにも、「その通り、彼がそのような霊的死から再び目覚めさせられる場合には」と答えている(Erk312)。「人間が彼の再生した状態から落ちる」

ことは「霊的死」と呼ばれる（SHS456)。しかし、「再生はまた失われうるし、再び獲得されうる」（WP194）のである。人間が再び再生されるということは、「悔い改めにおいて生じる」（WP205f.)。

21 シュペーナーは、「なぜなら、そう我々の全キリスト教は、内なる、あるいは新しい人間に存しているから」（PD246 邦訳151頁）と断言する。

22 『敬虔ナル願望』においてシュペーナーは六つの教会改革提案を行うが、その三つめは、「人々をよく印象づけ、キリスト教における知だけではまったく十分でなく、むしろそれは実践にこそあると信じるようにやがて彼らを習慣づけること」（PD208 邦訳128）である。実践の重視こそが敬虔主義の中心教理と言える。

23 シュペーナーにとっては、原始キリスト教会の状態こそが理想である（Vgl. PD184f. 邦訳112頁以下参照)。

24 シュペーナーの墓碑は今もここにある。シュペーナーの肖像と著書も展示されている。

25 たとえば、シュペーナーは、当時黙示録的な徴とされヨーロッパ全土を震撼させていた彗星を、特殊な軌道をもつ単なる星であって、恐怖の対象ではないと断言している。

26 シュペーナーの肖像はいくつか残っているが、中年以降のものが多く、油彩のものでは、ベルリンのニコライ教会と、フランクフルトの歴史博物館に現存するのを訳者は見たことがある。それら以外では著書の挿絵の版画が多い。

27 シュペーナーは1666年、フランクフルトのルター派牧師団の長老職に招聘された。

28 シュペーナーは1664年、彼の神学博士号授与式の当日、シュトラスブルクの市参事会員ヨハン・ヤーコプ・エルハルトの娘、スザンナ・エルハルトと結婚している。この夫婦には六男五女が生まれた。

29 シュペーナーはシュトラスブルク大学時代、レープハーンの家に住んでいた。ヨハン・レープハーン（1604 - 1689）はシュトラスブルク大学法学部教授であった。

新しい人間[30]の諸義務

1　神への愛

テキスト：ヨハネの第一の手紙5章2節
我々が神を愛し、彼の命令を守るときに、我々が神の子らを愛しているとそれによって我々はわかる。

A　冒頭[ix]

我々は再生[31]の教えを考察する。その際我々は、神から生まれた新しい人間[32]のあり方を取り上げる。

ix　R111―139頁を参照。

我々は既に見た、この新しい人間が自身の正しさについて何も知ろうとしないことを。そうではなく彼は、自分の正しさを、イエス・キリストの従順と功績の正しさの内にのみ求める。それによって彼は神の前に合格しようとする。[33]これは、我々がそこから再生する信仰の最も内面的なあり方であり、よって新しい人間の第一の力である。ここから、神に対する愛が結果する。それは、そうした信心深い信頼から直接に由来する、そしてそれは、新しい人間がいつかするすべてのことの源泉である。したがって我々は今や相互にそれについて語り合おう。我々は、それが必然的に再生から結果することを、見るであろう。——我々は、愛そのものである天上の父に呼びかける、彼が新しい人間のこのあり方を彼の霊によって我々に認識させ、我々が、それから我々が聞いたことを自身で我々の魂の内に見出し、感じるように。イエス・キリストのために。アーメン。

B　テキストの言葉の説明

我々は我々のテキストから今や、神への愛についてのみ吟味しよう：というのも、これは我々の主要な意図に対応しているから。その際我々は三つの点に注意する：神への愛のあり方、その働きとその徴である。

I

そのあり方に関して言うと、ここでは：我々が神を愛するならば、ということ以外には何もない。

1．神：すなわち三位一体なる真なる神。我々の愛は等しくすべての三つの位格[34]に向けられていなければならない。我々は三つの位格のどれも他の位格以上にも以下にも愛してはならない：というのも、三つすべてが無限に善だから。それらは最高善である。それらは、三つすべてが我々のために功績を為した。なるほど、それらの間には、他のものより一つの人格が一層我々の救済に協働したという区別はある：それでも三つの位格のいずれも、その際に他の位格が自分たちなりのものを同様に為さなかったというような善行を我々に示したわけではない[35]：たとえ子が直接に我々を救済するのであり、そしてそのために自分の受け入れた人間性において、唯一死んだとしても、それでも、父と聖霊も我々を救済したのである：というのもそれらは子が為したことを共に順序付け、それを彼によって為したのだから。よって、一つの位格を他の位格以上に愛そうとする者は、決してどれをも正しく愛する者ではないであろう。次のように言うように：彼らすべては子を、彼らが父を尊崇するように尊崇するよう［ヨハネ5・23］。したがって次のようにも言わねばならない：彼らすべては子を、彼らが父を愛するように愛する。さらに次のことに気付かれねばならない：神を愛するということは、彼の全体を愛することである、と：よって、彼のすべての性質を、彼の忠告を、彼の業を、そして彼の取り組みを。神の内には、我々によって愛されない何も在ってはならないし、神から何も出て来てはならない。そこには神の言葉も、彼の恩寵の秩序も、そして彼の統治も属する：彼が我々と全世界を統治するように。[36]

2．本題はそう呼ばれている：愛する［申命記6・5］、と。愛するとは何であるか、は我々によく知られている、我々がそれに注意を払いさえすれば。愛するということで、次のことが理解される：(a) 何かを大切に守るということ、そのものに喜びを感じるということ、それに満足するということ：(b) 人がその最善を願うこと：(c) 好んでそれと一つになろうとし、その後、善の恩恵に与りもできるように熱望すること。その後に、神を愛するとは次のことを意味する：(a) 神を大切に守ること、神を最高善として高く評価すること、神を喜び、存在するすべてのものに満足すること。したがって、彼の内に在ること、あるいは彼が望むすべてのことが起きること以外に何事も求めない。ここから帰結するのは、神を愛する人間は彼の恩寵と慈悲を、あるいはそこにおいて我々人間はさもなければ彼を享受するのだが、大切に守るのみならず：さらに彼は神の正義も愛する、ということである。その後、神は我々にも聖なる生活[37]をさせようとする：彼の命令に従う生活である。やはり、それが我々の肉的な意志に全く反するとしても。そして神はそれほどに正しいので、悪を罰するか、あるいは、彼の知恵に応じた仕方でそれを妨げる。神を真に愛する者は、神の諸々の裁きにも満足する：たとえそれらが彼自身に当たるとしても。彼は、自分の罪故に耐えねばならない懲罰を憎まない。彼は悪意ある罪人たちへの神の罰にも満足する：たとえ、最も近い親族が肉に従っていたとしてさえも。そして、たとえ彼が、苦しんでいる人々に同情するとしても、彼はそれでも神的忠告と神の正義を甘受する。彼は、神がいかに世界を統治するか、見る。たいてい彼は思う：もし彼が神であったら、彼自身は違うようにするであろう、と：すなわちあれこれと。それでも最後には彼は、神がすることを是認する。彼は知っている、それが彼の最善の見積もりがそうであるよりより良いということを[38]：そして彼はそれに満足するのである。そして、もし理性[39]が次のように考えたとしても：神は我々の天福の業において別の順序ですべきだった、と：それでも、神を愛する者は、神が配列したように、すべてのことに満足する。世間においても、我々が愛する者がするすべてのことは、容易に我々の気にいる。（b）神への愛には、彼にとって良くある、という要求が属している。これは次のことを意味する、すべてにおいて彼の栄誉を促進し、彼の王国と彼の支配を拡大し、そして彼の意志を完成させるということ。それだけ神の意志に従ってことが進むなら、それはそれだけ彼を喜ばせる。そして彼はそこで安らいでいる。（c）そこからは自ずと、神と一つになり、彼を享受するという要求が結果する。したがって、彼にとって、彼をその内で促進するものは、すべてが好ましい。それはここでは次のことを意味する：神を愛するということ。よって我々は見る、神への愛が上辺だけの思想やあるいは信心であるのみならず、それは魂の全体を占めるということを。これは神の内にすべてのその安息、その喜び、そしてその満足を求める。それは言わば、全体として神に巻き込まれている。肉的な人間は、自身の内にすべての彼の喜び、彼の安息、彼の満足を求める。すべての彼の要求は、彼にとってのみ良くあるということへ向かう。それに対し、神を愛する者は、こうしたすべてのものを神の内に求める。彼は神を自身に優先させる。これが、神を愛するということである。

我々はここから、次のことを見て取る、すでにこの世において神を愛することが、可能でもなければならないということを：というのも、使徒はそれについて、実際に起きている事柄のように語っているから。愛の命令が与えられた時、次のように言われた：**汝は主を、汝の神を心のすべてから、魂のすべてから、能力のすべてから愛すべきである**。[40] 当時そうした愛はまだ可能ではなかった。というのも、我々の心と魂と力には、罪深い堕落と、生得的な悪しき快も、なお存在していたから。[41] しかし、再生した者はこうした悪に支配されない。それでもそれは、神的愛がその完全な程度において心のすべてから、魂のすべてから、そして能力のすべてから実現されうるということを妨げる。[42] というのも、罪深い堕落がなお我々の内に在るだけ、それだけ、在るべき神的愛を欠いているから。まず、我々の内のすべてがこの愛で浸透されてはじめて、罪深い堕落ももはや我々の内には在りえないのであろう。肉が脱ぎ捨てられ、そのようになるのは来世においてであろう。

それでも再生した者は、彼の神を次の限り、真に心のすべてから、魂のすべてから、能力のすべてから愛する、いかなる偽信（Heuchelei）もない[43]：そうではなくそれは彼にとって全く真剣であるという限り。彼はまた、神の働きによる再生から彼の魂、彼の心、そして彼の能力に在るすべてを神への愛へと用いる。彼はよってその後、彼が現世で為しうるだけ完全に、神を愛しようと努める。[45]

II

さらに、この愛の働きが示される：**そして神の命令を守る**ということ。

1．この、「そして」、はテキストでは以下の推論を示す：神を愛する者は、また神の命令を守る。彼を愛さない者は、やはり彼の命令も守らない。主はまた次のように言われる：私の命令を得て、それを守る者は、**それこそ私を愛する者である**［ヨハネ14・21］。あるいは：私を愛する者は、私の言葉を守るであろう［同23節］。再び：お前たちが私の命令を守るなら、お前たちは私の愛の中に留まる［同15・10］。我々はそれを日常生活からも認識することができる。なぜなら我々は、ある人が望むすべてのことを、我々がその人を愛しているなら、喜んでする、ということを見出すのであるから。愛はすぐに、彼が命じ、あるいは別の仕方で我々に要求したことを、実現させる。それは神に対しても妥当する。神の命令を守る者が、彼を愛しているということは不可避の結果である。したがって我々は正しさをもって次のように言うことができる：真に神を愛しない者は、彼の命令を守らない。そしてもし、そうした者が、自分は神を愛していると言い、あるいはそう思い込んでいるとしたら、その者は嘘つきであり、彼の内にはいかなる真理もない［Ⅰヨハネ2・4］：使徒がまたそれについて知っている、と言うように。

2．そこでテキストには次のように言われる：彼の命令を――すなわち神の命令を――守ること：したがって：神の意志を為すこと。これを神はまず創造において最初の両親に覚えこませた。[46] その後彼はそれを律法に著させた。[47] 律法に対する従順から、我々はキリストによって解放されたわけではない[48]：確かに律法の強制とその罰からは解放されたにしろ。さて、人間が神を愛し、そして神のものであるすべてがそれ故に彼に心から気にいるとすぐに――よって彼の、神がそうあることを望むように、我々は生きるべきだという彼の聖なる意志も――、そうした人間は今や命令そのものを愛し、それに満足する。次のように言われる、神はその信者たちに対し、彼の律法を彼らの心の内に与え、彼らの性格に書き込む［エレミヤ書31・33］。さてしたがって、神の命令への愛と満足は、再生した心に、それに対する嫌悪がなお肉に残っているように、存する。しかし、それらは神の命令であるが故に、再生した者はそれらを神の命令と見なし、それ故にそれらを愛する。ここから次のことが帰結する、彼は命令のあれこれを愛し守るのではなく、すべての命令をそうするということが：なぜならそれらはすべて区別なくひとりの神の命令だからである。再生した者は、それらの間を区別しない。それゆえに、それは誠実でない愛の徴《しるし》である、もし神が命じたことのあれこれにしか満足しないとしたならば。人はそれを為すように努力してきた。しかし、やはり神が同じくらいよく命じた他のことがひとりの人に気に入らない。それを人が為そうとしない。そのような人間から起きることは、本来、神的命令のために起きるのではなく、人間がそれを気にいる故に起きるのである。しかしそれは、ひとりの神に由来するのであるから、すべてが等しく愛されるべきである。

こうした神的命令ということで、我々は律法に属する本来的な命令を理解する。それでも我々は同時にまたその下で、次のような福音の命令も把握しなければならない：**我々は彼の子であるイエス・キリストの名前を信じるということ**［Ⅰヨハネ3・23］、を。[49] ここでは、キリストへの信仰が明確に律法に引き付けられている。[50]

3．さて、命令については次のようにも言われる、**我々がそれらを守る**［ヨハネ15・10］、ということである、したがって、人はそれらを知っていて：それらを知ろうと努力し：それらを記憶するというだけではない。のみならず、人はそれらを守り、為す。聖書において守るということの通常の意味はそうである：我らの救世主が言われるように：**ちょうど私が私の父の命令を守り、彼の愛の内に留まるように**［同8・29］。しかしながら、いかにして彼が彼の父の命令を守ったかを我々が知りたいなら、それは次のように言われる：**私は、彼の気にいることなら、いつでもする**。守るということは、大きな熱意をもって ── 強制は無く ── 全く進んで行い、喜んだ心で生じる。というのも、人は愛することを好んでするから。そのために人は強制される必要はない。

我々は聞いた：神を愛する者は、必然的に神の正義をも愛する：したがってその表現は：それは彼の命令である、となる。したがって、それらを守る場合、愛から守ることになる。そうでなければ、ここでは、それによって律法に完全な満足が生じるように守るということが理解されるべきではない。[51] **それは霊的な律法である**［ローマ7・14］。それが意味するのは、それが我々から魂の最内奥を要求しているということ。しかし、愛する父は、彼の弱い子どもらと、その誠実ではあるがたとえ不完全な従順にも忍耐をもつ。彼はその子のために、それに満足する。こうした理解は、今度はこれ以上詳論されない。それについてはすでに何度も語られている。その間に我々は見ている、我々が次のように言うなら：**神の再生した子どもたちは神的命令を守る**、それは聖書の語りに全く従っているということを：すなわち、すでに話し合われたように：律法の厳格さに従ってではなく、福音の善に従って、ちょうど今暗示されたように。[52]

Ⅲ

最後に我々は徴について考察しよう：そしてしかも、いかにして神への愛が徴であるかを：

1．我々は隣人への真なる愛から、[53] 我々における神への愛も真であることを認識する。[54] 他方、我々は——それについて使途もここで語っているが——隣人への我々の愛が、我々が神を愛するが故に、誠実なものであることを、認識する。テキストでは次のように言われる：我々はそこから認識する［Ｉヨハネ2・3、4、4・6、13、3・19を参照］。これは、使徒にはよく知られた言葉遣いである。人間たちはそうでなければ非常にしばしば自身を欺く――彼らの内に在ること、あるいは彼らがそう見なすことについてさえ――故に、神は彼らに好んで徴を示す。[55] そこから彼らは認識する、彼らにおいて在るものがいかなる状態であるかを。よって神は、そこから、それを確信できるような判断を下すことができるような確実な徴について語ろうとする。

2．事柄自身は次のように言う：我々は神の子らを愛する。神の子らとは、一般にすべての人間である。彼らは創造によって、次の言葉に従って、神の子らである：我々すべてはひとりの父をもつのではないか？ ひとりの神が我々を作ったのではないか？［マラキ書2・10］しかしここでは特に、再生によって神の子らとなった、[56] 神の恩寵の子らが考えられている。[57] これは以前の詩から見て取ることができる。彼を生んだ者を愛する者はそれで彼から生まれたものをも愛する［Ｉヨハネ5・1］：しかもそれはすべての神の子らである。したがって、肉体的な兄弟、姉妹、両親、子どもたち、夫、そして我々に血縁という仕方で他の者に先立って属する者たちだけではない。これらにおいてはやはり、より大きな愛の当然の原因が存する。しかし、それは、我々にさもなくば何も関係ないような者を愛することにも妥当する：我々が彼らを神の子らと承認すること以外には。しかし、もし誰かが、ひとりの神の子を、彼がそうした者であると認識しているにも拘らず、愛さないとしたら、そうした人について、彼が神の子らを愛していると言うことはできない：というのも、彼が彼らを真に愛しているなら、彼はそれであるすべての人を同じように愛さねばならないであろうから。

これについてはテキストに次のようにある、我々は彼らを愛する、と。我々は彼らを愛すべきである、というのにとどまらない。我々は彼らを愛するように真に努力する。そしてしかも、我々は彼らを次の説明に従って愛する：言葉と舌によってのみならず、行為と真理をもって[58]［Ⅰヨハネ3・18］。人は彼らの救済を、霊的なことにおいても身体的なことにおいても配慮する。これが本来の、我々がそれによって神の子らを愛するように義務付けられた愛である。

しかし、我々はいかにして、神への愛からの隣人への愛を認識するのだろうか？というのも、しばしば人は隣人を愛していても、だからといって神を愛してはいないから。我々は次のことを見る、神を知らない者も――したがって彼を愛することもできない者も――にも拘らずお互いに愛し合うことができる：そしてしかも、行為と共に。主が次のように言うように：罪人も彼らの友を愛する［ルカ6・32］。確かに、人はしばしば見るであろう、そうした愛が非常に高い程度に至ることを。しかし我々は次のことに気付かなければならない：(a) 隣人への愛であっても一般に、神的命令に必要とされる程に、誠実でありうるということはない、もし神への愛が根底に存しているのでないならば。というのも、私が隣人を正しく愛するなら、私は彼を、彼の真なる福祉[x]に適うように、愛さなければならない。これは、彼の肉体的なものに存するのみならず、霊的なもの、永遠なものにも留意する。さて、神を愛さない者が、彼の友人を、彼の考えるところでは、非常に心から愛しているとしても、彼はその霊的で永遠の救済に留意することはできず：そうではなく彼はこれをむしろ、彼の誤った愛によってしばしば妨げてしまうであろう。したがって、自分の隣人を正しく愛そうとする者は、まず神を愛さねばならない、それによってこの愛が自身の愛を保つように。これは特に次の場合に妥当する、自身の愛が苦境に苦しみ、まったく冷えてしまうという事態になった時に。（b）主にここでは、**兄弟への愛**［Ⅱペトロ1・7］について語られる。それは**普遍的な愛**に対置される。それは次のことを意味する：**神の子らへの愛**。その際に次のことは変わらない：誰も敬虔な人間を神の子として愛することはできない、もし彼がまず神自身を愛しているのでなければ。彼は誰かを一人の人間として、その人において彼の気にいるあれこれのために、そうでなければ愛するであろう。しかし、それが私に求められているように、私が神の子らを正しく愛しているかどうかが問題であるなら、私が神自身を心から愛しているということから以上に、それを他の何からも認識することはできない。そこで、私が彼らに対し

x　もし、ヨハン・セバスチャン・バッハ（1661 - 1730）のクリスマス・オラトリオにおいて、福祉が確かなものとしてあると宣言されているなら、それはシュペーナーの解釈に従って理解されるべきである：バッハへのシュペーナーの影響は、既にその若いころに日付られる：シュペーナーの友人で学生であるパウル・アントーン（1661 - 1695）は ― GⅠ 130頁を参照 ― アイゼナッハの宮廷牧師として（1692年から1695年まで）バッハの父、宮廷音楽家ヨハン・アムブロシウス・バッハ（1645 - 1695）の直接の同僚であった。

て抱く愛が、正しく真に神の気にいる兄弟愛なのである。

C　教え

ここから我々は、主要な教えとして次のことを取り出す：ある再生した者の下には、神への愛が存すること、そしてそれは新しい人間の正しいあり方に共に属していること。それに加え以下のことが注意されるべきである：

(1) **本性から**、神への真の愛は我々の古いあり方には全く存していない。我々が初めて創造された時には、もちろん――すべての他の善と同様に――神への完全な愛が我々に創りこまれていた。最初の両親は、愛そのものである**神の似像**［創世記1・27、同31節］を完全にそれ自体もっていた。彼らが神を最高善として認識したように、神は言わば彼らの心の玉座に揚げられていた。すべての彼らの性格、思考、言葉そして業、すべての彼らの傾向性が神へ向かっていた：ちょうど円においてはすべての線が中心点に向かうように。しかし、**堕罪**［同3章］によって、人間はあらゆる部分で反対になってしまった[59]：神が言わば、我々の魂におけるその玉座から引きずり落とされた、という点においても。神への愛が住み、支配するべき場所に、自己愛が座った。これは今や現実に、すべての再生していない人間を統治している。もし、我々が我々自身を、どのように我々が本性から性格づけられているかを正しく吟味するなら、我々は次のように告白しなければならない、彼がするすべてのことを、本来彼自身のために為していないような者は、ただ一人もいない、と。したがって、彼はすべてのことにおいて――ある者は粗野な仕方で、また別の者は洗練された仕方で――彼の名誉、彼の利益、彼の快と彼の意志を求める。これは、そこでは人間が自身そのものを偶像崇拝の対象にしてしまっているのである。それはすべての肉的人間の常なる偶像崇拝である：たとえ、もし彼らがそれ以外ではあらゆる偶像崇拝から距離を取っているとしても。しかし、彼ら自身と彼らの自己愛は、そこへと彼らにおいてすべてが向かう中心点である。[60] 堕罪の後、本性から我々の下には、神へのいかなる真なる愛も存しない。

本性と理性は神を最高善として我々に表象する。ひとりの神が存在することを信じる者は、彼がそこから多くの善なるものを得、そして得なければならない者としてそれを見なす。さて、人は次のように考えるべきであろう、そのような表象からは必然的に本性から愛が生じなければならない、と。わたしはまた、次のことを疑おうとは思わない、人間がそれについて考えることができ、彼が神を愛していると思い込むことができるということを。しかしもし彼が自身を正しく吟味するならば、彼は見出すであろう、彼は本来的に神を愛しておらず、彼が神から受け取ることを希望している善のみを愛しているということを：したがって、自分自身と自分の利益を。人間がそうした状態では神を真に愛していないということは、すぐに示される：というのも、もし神が彼に災いを届けたならば、彼は本性から満足することはできないであろうから。彼は、神的正義と聖性を好きでいることはできない。これは彼から、次のことを求める、彼がすべてのことにおいて彼自身の意志を打ち破り、否定し、その代わりに唯一神の意志を為すということを。しかし、彼が自分で好んでしたいように生きてはならないということは、彼を不愉快にする。それは確かにすべての肉的な魂の内に存している。それらの中で、そこに古いアダム[61]の力が存する自分の意志が強ければ強いだけ、我々がそう生きることを神が許容しようとしないということについて、それだけ多くの不愉快が存する。したがってもし人がそれを正しく吟味するならば、我々の下には、堕落した本性から真なる愛よりむしろ神に対する憎しみが存在するのである ―― たとえそれが認識不可能であろうとも ――。肉的な性格であるということ ―― しかし、それが我々のあらゆる自然的な性格であるのだが ―― それは神に対する敵意［ローマ8・7］である。

(2) これに対し、再生の内には、神への真なる愛が働いている。この愛はしたがって、新しい本性の主要部分である。我々霊が霊から生まれた［ヨハネ3・6］と言われる場合、我々の霊は愛に満ちているのでなければならない。それは愛の霊であるものから生まれる。そこでそれは真の愛である：再生した者は、肉体的なものにおいて神から享受し、あるいはなお期待する善のみを愛するのではない。――それは肉的な人々も愛する：彼らはそれによって神を愛していると自分で思い込む。彼はやはり彼が神から得る霊的な善のみを、したがって彼の至福のみを愛するのではない。そうではなく、彼は神自身を愛する：というのは、たとえ我々が彼から何も享受しないとしても、神は愛に値するから。そしてしかも神をそのすべての性質において：彼は神的正義を、彼の善を、そして彼の慈悲を愛する：そして彼はそれらを喜ぶ。彼はまた、そのすべての方策に満足する、たとえ神が、彼が自分では他のように望んでいたことを為し、あるいは送るとしても…しかも、神の統治が彼自身の要求と一致していたかのように。彼は神をその律法においても愛する。彼は好む、神が我々にそのような命令を与えたことを…たとえそれらが我々の堕落した意志と一致しないとしても。彼は神をそのすべての業においても愛する…というのも神への愛は、我々が全世界の何物も——いかなる被造物も、いかなる人間も、存在しうるものも——我々の愛がその下に留まるようには愛さないということを要求するから。そうではなく我々は、我々が見て、享受するもの、あるいは我々がそれに満足するものを、我々の愛がその被造物を通じて、その根源としての神まで突き抜けていくという以外の仕方では、愛さない。そのように神はそのすべての業において愛されねばならない。

愛は我々の魂の最も高貴な特徴である。我々はこの魂を非常に大切にとても良く保たねばならず、我々はそれのみ神を聖なるものとするように。したがって、そのすべての運動は神の内でのみ安らがねばならず、たとえそれが差し当たり何か被造物に向いているとしても。この愛は新しい人間のあり方である。それは神に完全に満足し、完全な満足と神への喜びに満ちている。[63] それは次のことへの要求に満ちている、神がだんだんにすべてのものとなり、すべてが彼の下で正しい秩序にあるということへの。

(3) 我々は知っている、再生において、神的似像と神的な類似性が再び始まるということを。したがって、新しい人間は必然的に、そのような性格でなければならない。愛は彼の本性に属す…というのも、そうした似像においては、何よりも神への愛が輝いているから。我々はしかしまた次のことも知っている、我々が神自身から生まれたことを。さて、いつでも、生まれたものはそれがそこから生まれたもののようなあり方をしている。我々は見る、子どもたちは、一般的に彼らの人間的本性のみを彼らの両親から得るのでないということを：そうではなくしばしば、彼らの特殊なあり方も多くの部分においてもそうである：彼らの気質、彼らの外見、彼らの傾向性、彼らの心をも。たとえ我々が、神から生まれたものとして、その本質はもっていないにしろ、我々はその本質に従ってではないにもかかわらず、それでも我々は神のあり方を、**彼の意志に従って真理の言葉によって証言された者**［ヤコブ1・18］として、もつ。我々は我々において神の意志と神の言葉のあり方をもつ。さて、神はそのあり方に関しては**愛**［Iヨハネ4・8］である。彼の意志は真に愛である。そこから我々が再生される福音の神の言葉は、純粋に愛である。したがって、新しい人間の新しいあり方も、純粋に愛である。したがってそれは次のように言われる：**神的本性**［IIペトロ1・4］と。それが意味するのは、それがそれ自体に神的なあり方をもつということである。

さて誰かが、神の内と下において在るような愛が我々の下にいかにしてありうるか、反論しようとするであろうか？　神の愛は確かに主としてそれ自身そのものの方へ向けられている。神は自らを無限に愛する。もし我々がそれをしたとしても、それは正しいものではないであろう：というのも、それは禁じられた自己愛であって、神の愛ではないであろうから。ここにはもちろん、一つの区別が存在しなければならない。神は自らをすべてのもの以上に愛さねばならない。しかし我々は我々自身をすべてのもの以上に愛することは許されない。かの優位は、神の下ではつまらないものに留まる。そしてそれでもなお神的愛は、新しい人間において、それが神においてあるのと同様なあり方である。というのも、神における愛は最高善に対して向かい：信者の愛も最高善に向かうからである。しかし、そのような最高善は神自身の内に存する：信者はそれを自分自身の外に、神の内に見出すのである。

(4) その最初の始まりに関して言うと、この神への愛は再生における聖霊の働きである。それは認識によって増大される。それだけ多く私が世界の内で、善く、美しく、愛すべき事象を認識すれば、それだけ多く私はそれらを愛する。愛は当然のように良いものの認識から帰結する。それは神への愛も同じである。聖霊はこれを、神が誰であり、我々は神に何を与えるか聖霊がその言葉で言うことができるということを認識しうる魂の内に生じさせるであろう。これによって、それはまた悔い改め（Buße）を促進するのが常である。[64] さて、愛が魂の内で真に働いているところでは、それは神自身の、その栄光の、その我々への愛の、その善行の、そして彼の愛から我々に何が来るかという考察によって増大する：特にそれが我々の心に引き入れるものから。キリスト教徒はこうしたすべてのことを吟味すればするだけ――特に愛である神そのものが彼の内に住むことを――それだけ彼の愛を増す。もし神の愛が聖霊によって我々の心に注ぎだされる［ローマ5・5］ならば――それは次のことを意味する：もし聖霊が我々に神的愛のそのような火を心へと与えるならば、それは、いかにして神が我々を真剣に愛しているかを活きた認識において気づかせる――、そうした火によって、我々の心も我々の神に対する愛の新たな火へと着火されるのである。

(5) しかし：ここ現世ではすべてが我々の下でなお不完全であり、不純であるように、この神への愛もそうである。[65] 再生した魂においては、その天上の父への誠実な愛が存する。それは真に神を、神の威厳を、神の聖性を愛する、その善行だけではなく。それでもやはりその内にはなお罪深い堕落が現存する：したがって、自然的で、無秩序な、神的愛に対抗する自己愛も。しかし、信者はこれに自分自身を支配させない、そうではなく神的愛に支配させる。[66] それは自己愛と争う。それでもこの自己愛は神的愛に反する多くの快を呼び起こす。それは信者において、彼らがその弱さにおいて犯すすべての罪の根である。神への愛はそれによって弱められる：ちょうど、そこに常に水を撒かれる火がその最高の力には決して到達しないように。それどころか、神への愛はそれによって不純にされる。次のことは確かに起きる、再生した者はあれこれの善を為すということは：そしてしかも、神への愛というう動力なしにではなく。もし彼が自分自身を詳細に探究するなら、彼は見出す、神への愛の他にも、隠された、彼によっても認知されない自己愛が共に差し挟まれていたことを。これは神への愛の力を弱める。そこから生じるものは汚れている。再生した者においても、信仰はなお常に不信仰と戦わねばならないように、自己愛もまた常に神への真なる愛と争う。このすべては霊と肉［ガラテヤ5・17］の争いに属している。[67]

(6) この神への愛は神に対するすべての従順の原因である。隣人への愛が言葉と舌［Ⅰヨハネ3・18］だけでなくあらねばならないように、神への愛もその現実性をもたねばならない。隣人に対する我々の愛の現実性は、我々が彼に、彼が我々を必要としているなら、善いことをする、という点に存する。[68]これに対し、神への我々の愛の現実性は、そうしたことの内には存しえない：というのも、神は我々の善行を必要としないから。したがって、それは、神が我々に命じたことにおける、彼への従順のみを必要とする。これが意味するのは――上述したように――、神を愛する者はいつでも神の命令を守る、ということである。それについて、彼の時代にはまだ語られるべきではなかった。我々はそれを新しい本性の固有のあり方として特になお取り扱ってみたい。

(7) 神への愛は隣人への愛において自分を現す：しかしたいていは兄弟へのそれである。それは既に、先行する詩から引用されている：彼を生んだ者をそこで愛する者はまた、彼から生まれたものも愛する［同5・1］。神への愛は我々を神に似たものにし、はじめて隣人への愛を一般的に働かせる：そしていい、しかも、神が、彼が作ったすべての被造物を愛する［知恵の書11・24］故に。しかし特に、彼は人間を――人々を――そのように愛する！［申命記33・3］それどころか、無神者も悪人さえも、次のように言うように：神は――すなわち愛から――その太陽を、悪人の上にも善人の上にも昇らせ、正しき者にも不正な者にも雨を降らせる［マタイ5・45］。そこではさらに、次のように言われている、天なる父は完全である〔同48節〕、と。そこから我々の主は次のように結論する：我々も完璧であるべきである。[69] したがって我々は敵を愛すべきであり：我々を呪う者を祝福し：我々を憎む者に善行を為し：我々を侮辱し、迫害する者のために祈れ〔同44節〕。したがって、次のことは確実である、ある人間の下で、敵に対して同情するような愛が存在しないところには――その罪に対する怒りと熱中と並んで――、そこには神への真の愛もありえない。[70]

しかし、特別な愛は信仰する兄弟に対する愛である。それは神的愛から流れ出る：というのも、神は彼の子らを、信者を他のすべての者よりも愛するから。彼は彼らに満足する。神は彼らに言わば、友人が他の友人をそうするように信頼される。彼は彼らを最も良く面倒見る。そのように神から生まれた者も振る舞う。彼も、他の信心深い神の子らを他の者たちより愛する。それが彼の兄弟であり姉妹である。あるやり方では、彼は彼の近い血縁者より彼らを優先する。彼は彼らを心から喜ぶ。彼は、最大の信愛をもって、親密に彼らとつきあう。彼は彼らに自分の心を明かす。彼は彼らに対して最大の愛の行いへと自分が義務付けられていることを知っている。それについては彼の時代もなお語られるべきだったであろう。

D 訓戒

さて、我が愛する人々よ、我々を差し当たり吟味しよう、我々が今述べられた神への愛を我々の内にもっているかどうか[71]：したがって我々が再生のこの徴を自分自身にもっているかどうか。吟味は困難ではない。それは誰によっても容易に、我々のテキストを手にすることで行われることができる：我々はただ次のことについてのみ深く考えればよい、我々が神の命令を守っているかどうかについて。それから、我々がすべての人間を愛しているか、しかし特に兄弟を。配慮せよ、君の良心が君に言うことに：それは言わないだろうか、君は真剣に神の命令を守る努力をその後もしていない、と？　そしてしかも、すべての命令を、区別なしに！　そうではなく、君はむしろ君自身の満足に従って生きているのではないか？　そして君は、ずっとそのように続けることを熱望しているのではないか？　君は君の隣人を誠実に心から愛していない！　君の敵もそうではないのではないか？　しかし特に：君は神の子らを尊敬もしていないし、彼らを君は特に愛してもいない！　もし――私がそう言ってよければ――君の良心が君に君の心がそのようであることを立証したならば、そのような欠陥は、君が再生していないということの徴である。[72]　また、もし君が全くそのように粗野に、こうしたすべてのことに違反していないとしても！しかし、君が君の下に、誠実にもそのような普遍的で兄弟的な愛を、神的命令に従って振る舞おうとする誠実な熱意と共に、見出すならば、君は神への愛の望まれた証拠をもっている。ああ、我々のすべてがそうしたものを見出すことができれば！

一般的に使徒は我々になお次のように大きな声で言う：**我々は彼を愛そう：というのも彼は我々を**

まず愛したから［Iヨハネ4・19］。神は我々を愛した、我々がいたより先に。というのも、我々が成ったということが、神の愛から由来したのでなければならないから。彼は我々をなお常に愛している。今すぐにも、彼は、我々が彼から享受している多くの素晴らしい善行によって、彼の愛について我々に確信させている。彼はまた我々に保証している、彼が永遠に我々を愛するつもりだということを。我々はそうでなくても、律法によって、神を愛するように義務付けられている。たとえ、もし我々が彼の愛から何物も享受できなかったとしても。我々は我々の心において恥じねばならなかったであろう、もし我々がそれだけ多くの善行によって愛へと動かされようとしなかったならば。それによって神は我々を常に新たに愛へと動かそうとするのである。

常に我々をして神について考えさせせよ、そして彼において、また彼について愛に値するものについて、それによって我々は再生の証拠を我々の下にもっていることになる、なぜなら我々は主を愛しているのだから。特に、我々が彼から享受している善行を常に彼の偉大さと彼の愛の純粋な証拠と見なそう。我々はまた熱心に聖書を読もう。その際我々は、次のことに注意を払いたい、神を我々に愛に値する者としてその内で表象するようなことに。これによって彼への愛は増大されるであろう。

それにはまた、聖餐の品位のある、熱心な使用も役に立つ。それは、我々の最も愛すべきイエスの愛の素晴らしい証拠である：イエスは自らを我々のための和解の犠牲に与えたのである。彼は我々に彼［イエス］自身を与えたのである。彼は、愛から、最も密接に我々と一つになる。聖餐はまた、我々に彼の子を与えた、そして与える天なる父の愛の証拠でもある。したがって、聖餐の熱心で品位のある使用は神への愛を強める。

しかし、こうした手段のすべてにおいて、我々の熱心さは何も成し遂げない：そうではなく神の働きがすべてを為すのでなければならない。[73] 何より我々にとって次のことは義務である、我々の天上の父に、彼自身が彼への愛を我々の下で増すよう、そして、彼が、彼が第一の再生[74]において我々の内に点火した火花をさらに吹き起こし、大きな火に成らせようとするよう、絶えず呼びかけることは。確かに、我々は――信仰に従って――この愛のためより以上に心から祈る必要はない。

しかし、我々の祈りが聞き届けられるべきとするなら、我々は世間に対する愛をやめなければならない。愛する使徒は我々に毎日次のように呼びかける：**世間を愛してはいけないし、世間にあるものを愛してもいけない。そのように誰かが世間を愛するなら、その者の内に父の愛は無い**［同2・15］。ああ、私はいかに心配したことだろうか、これが一般に神への愛がかくも少なくしか見いだされない原因なのでは、と。たとえ、何らかの神の言葉をなおかなり熱心に聞き、そしてまた祈る者においても：人は世間への愛を手放そうとはしない。[75] そうではなく、それに、**肉欲**において、**目の欲**において、そして**傲慢な生活**［同16節］において、耽る。この不純な愛により、心は神への純粋な愛に無能となる。そして、なおその火花は存在していたところでも、これは消されてしまう。我々は熱心にそれを防ごう。

E　慰め

慰めはこれである：神は我々からこの愛を要求する。彼は、我々が愛そのものである彼と似るようになることを望む。そのように彼の側では何も欠けさせはしないだろう。もし我々が上述の手段を用いるならば、彼はその恩寵の働きを妨げることはないであろう。[76] 彼は確かに、我々の心を彼の愛でもって満たすであろう。

それになおこの慰めが加わる：たとえもし彼に対する我々の愛がなお非常に弱いとしても、忠実な父はそのような我々の弱さを我慢してくださるであろう、愛が誠実でさえありさえすれば。[77] 彼はそれに満足してくれるであろう、そして、そこから生じるすべてのものにも。それによって我々に対する彼の愛は、我々が将来、そこで彼が我々にとってすべてにおけるすべてとなるであろうところへと至るまでは、彼に対する我々の愛になお付きまとう欠陥を、弁償してくれる。したがって彼は、我々の永遠な完全なる愛にも成るであろう。

F　祈り

聖なる神よ、最も愛する父よ！　汝は愛であり、我々から完全に愛されるにふさわしい。しかし汝は知っている、我々の心が罪深い堕落からいかに自己愛に満たされているか、を。それらは汝への愛に不器用になっている。そして、それでも我々は汝の愛において以外に安息をもたない。それのみが我々の魂を安息にもたらしうる。そして、我々が汝を愛さないならば、汝は汝の栄誉を我々から受けることはできない。ああ、汝の愛とその火を我々の魂に注ぎ給え！　そうすれば、我々は気づくであろう――我々の他のすべての認識と並んで――、いかに心から汝が我々をいつも愛してきたか、愛しているか、そしてさらに愛そうとしているか、を。これは、汝の神的火は、我々の内のすべての世間の愛と自己愛を焼き尽くし、我々の心をそこから純化する。その代わりに、我々のさもなくば冷たい心は、汝に対する愛の聖なる火へと点火され、それによって、我々の心の内の何物も、汝と汝への愛以上のものではない。我々のすべての生を汝の愛の霊の力によって汝の命令に対する従順と隣人への誠実な愛、特に汝の子らへの愛において導かせ給え、我々が愛の家で至福なる永遠に起き入れられ、そしてもはや愛について、すなわち汝について以外には何も知らないようになるまでは。確かに、我々が愛において汝と共にいつか完全となるまでは。汝の愛する息子と彼の愛のために、アーメン。

訳注

1　「敬虔主義者」という呼び方はもともと、シュペーナーがフランクフルトで始めた教化集会「敬虔ノ集会（collegia pietatis)」の参加者に敵対者によって付けられた蔑称であった。シュペーナー自身は分派と見なされることを恐れ、当初この名称を使おうとはしなかった。しかし、ライプツィヒ大学の詩学教授ヨアヒム・フェラー（1636–1691）が、１６８９年に発表した詩でこの名称を肯定的な意味に使い、自らを敬虔主義者と宣言したことをきっかけに定着してしまい、後にはシュペーナー自身もこの名称を使うようになる。

2　マルティン・ルター。宗教改革の創始者。

3　シュペーナーは当時主流だったルター派正統主義との対立は望んでおらず、その内部改革を試みていたため、自分の神学がルター神学と対立しないことを強調し続けた。

4　ザクセンの上級宮廷牧師は当時プロテスタント世界で最も権威のあった地位である。シュペーナーは敬虔主義的教会改革の進展を期してこの地位に就いたのであろう。

5　年少者に一問一答形式でキリスト教教理を教える教理問答教育の推進は敬虔主義の大きなテーマである。シュペーナー自身も何冊か教理問答書を書いている。シュペーナーの定義では、「聖書における必要な教説の短い抜粋であって、キリスト教徒が理解するのにふさわしいように、問いと答えで立てられ、活きた声で朗読されるようにしたもの」（Erk17）である。

6　聖書主義はシュペーナー神学の中心である。

7　もとはパリサイ派のユダヤ人で、著名な律法学者のもとで学んだ学者であり、キリスト教徒を迫害していたが、回心して初期キリスト教の使徒となった。『新約聖書』の著者のひとりとされる。

8　これが、フランクフルトで１６７０年にシュペーナーが始めて、敬虔主義において方法論となった「collegia pietatis（敬虔ノ集会）」と呼ばれる教化集会である。

9　その１つが、“D. Philipp Jakob Speners Erklärung der Christlichen Lehre Nach der Ordnung des kleinen Katechismus D. Martin Lutters”である。これはシュペーナーの死後も何冊も版を重ねた。

10　これを「家庭の表（Haustafel）」と言う。

11　シュペーナーは49歳か53歳までの自伝を残している。17世紀においては葬儀の際に行われる弔葬説教の前に故人の「身上書（Personalia）」が朗読されるのが常であったが、通常縁者や友人によって書かれていたそれを、シュペーナーは生前に自分で書き残していたのである。この自伝は後に刊行された。

12　シュペーナーの父は法律家で、ラッポルトシュタイン領主、後に伯爵の宮廷官僚であったヨハン・フィリップ・シュペーナー（およそca.1590－1657）、母はアガータ旧姓ザルツマンである。シュペーナーの家庭では改革派の影響を受けたルター主義が支配的であり、彼は宗教的教育を受けた。

13　シュペーナーの代母はラッポルトシュタイン伯爵夫人アガータである。シュペーナーが彼女から受けた影響は大きい。シュペーナーは彼女について、「私に対して特別の慈悲深い愛情をもち、私の中に彼女が見つけた善い火花を燃え立たせるのを手伝おうとしてくれた」（L25）と自伝で書いている。

14　たとえば、改革派正統主義と言われた神学者のヨハン・シュミット（1594－1648）、セバスチャン・シュミット（1617－1696）、ヨハン・コンラート・ダンハウアー（1603－1666）らがいる。

15　シュペーナーは１６５９年、バーゼルに旅行し、ヘブライ語学者ヨハン・ブクストルフ（1599－1664）の下で学んでいる。また、１６６０年から教養旅行に出て、バーゼル、ジュネーブ、リヨンを訪れ、多くの知己を得ている。また、１６６２年にはシュヴァーベン地方へ旅行して、シュトゥットガルトとテュービンゲンで多くの貴族や神学者と交流し、この地に敬虔主義が根付く礎を作った。

16　何人かの研究者はシュペーナーをルターに次ぐプロテスタント神学者と見なしている。

17　シュペーナーは１６６３年から１６６６年まで、シュトラスブルク（現ストラスブール）のミュンスターの第二無任所牧師の地位に就いていている。

18　シュペーナーは１６９１年からベルリンのニコライ教会に、宗教局評定官兼監督教区長兼視察官として赴任した。最晩年には執筆に専念し、シュペーナーはこの地で1705年に亡くなっている。

19 シュペーナーは、再洗礼派と差別化するためにも、洗礼における再生にこだわっている。再生の手段として「神の活きた種としての神的言葉と、聖なる洗礼」(Erk310) が挙げられる。

20 シュペーナーは「再生が再び失われうるか?」という問いに「その通り、聖霊と信仰が追い出された場合には」と答え、「しかし、そのような人間ももう一度再生できるか?」という問いにも、「その通り、彼がそのような霊的死から再び目覚めさせられる場合には」と答えている (Erk312)。「人間が彼の再生した状態から落ちる」ことは「霊的死」と呼ばれる (SHS456)。しかし、「再生はまた失われうるし、再び獲得されうる」(WP194) のである。人間が再び再生されるということは、「悔い改めにおいて生じる」(WP205f.)。

21 シュペーナーは、「なぜなら、そう我々の全キリスト教は、内なる、あるいは新しい人間に存しているから」(PD246 邦訳151頁) と断言する。

22 『敬虔ナル願望』においてシュペーナーは六つの教会改革提案を行うが、その三つめは、「人々をよく印象づけ、キリスト教における知だけではまったく十分でなく、むしろそれは実践にこそあると信じるようにやがて彼らを習慣づけること」(PD208 邦訳128頁) である。実践の重視こそが敬虔主義の中心教理と言える。

23 シュペーナーにとっては、原始キリスト教会の状態こそが理想である (Vgl. PD184f. 邦訳112以下参照)。

24 シュペーナーの墓碑は今もここにある。シュペーナーの肖像と著書も展示されている。

25 たとえば、シュペーナーは、当時黙示録的な徴とされヨーロッパ全土を震撼させていた彗星を、特殊な軌道をもつ単なる星であって、恐怖の対象ではないと断言している。

26 シュペーナーの肖像はいくつか残っているが、中年以降のものが多く、油彩のものでは、ベルリンのニコライ教会と、フランクフルトの歴史博物館に現存するのを訳者は見たことがある。それら以外では著書の挿絵の版画が多い。

27 シュペーナーは１６６６年、フランクフルトのルター派牧師団の長老職に招聘された。

28 シュペーナーは１６６４年、彼の神学博士号授与式の当日、シュトラスブルクの市参事会員ヨハン・ヤーコプ・エルハルトの娘、スザンナ・エルハルトと結婚している。この夫婦には六男五女が生まれた。

29 シュペーナーはシュトラスブルク大学時代、レープハーンの家に住んでいた。ヨハン・レープハーン（1644－1689）はシュトラスブルク大学法学部教授であった。

30 「我々の全キリスト教は、内なる、あるいは新しい人間に存し、その魂は信仰であり、その働きが生命の果実である」（PD246 邦訳151頁）。再生において「人間の内に全く新しい天上的なあり方、気持ちと本性が作り出され、それは霊、あるいは新しい人間と呼ばれて、今や、すべての善への真のやる気、喜び、愛と欲求を、古い人間、あるいは肉が悪を欲求するのと同様に、もつ」が「神的似像の改新はそこに存する」のである（DIME666）

31 再生によって「我々が、以前に肉から肉へ生まれたように、今度は霊から霊へと生まれる」（Erk99）。また、「神は人間を恩寵から彼の子どもに受け入れ、それから、語りえない仕方で彼の内に霊と新しい人間を創造し、それによって人間全体を別の本性に変え、彼は今やそうした再生から霊的生命と新しい諸力を得て、善も為すことができる、それは弱く不完全であるにもかかわらず、それでもなお、神の気に入る、なぜなら、それは彼の働きに由来するからである」（Erk311）。「新しい人間、あるいは再生した人間」（WP201）と言い換えられることもある。「再生したキリスト教徒と神の子らのみが、その元には、彼らの自然的な堕落と並んで神的な力もあるので」（SHS330）至福となりうる。

32 シュペーナーによれば、再生によって、「神から生まれた新しい、そして内なる人間」が生じるが、「死によって初めて脱ぎ捨てられる、自然的堕落からの古い人間」もまだ残っている（Erk311）。「再生した神の子らは今ややはり、新しい、神的な心情をもつ本性をそれ自身にもつが、それでもなお彼らの元には古い人間も残っている」（SHS344）のである。

33 シュペーナーは厳密にイエスが十字架の死によって全人類の罪を購ったという代理贖罪説を守る。

34 父と子なるイエス・キリスト、そして聖霊である。シュペーナーはここで、三位一体を否定するソッツィーニ派のユニテリアンから距離をとっていると思われる。ソッツィーニ派は、ファウスト・ソッツィーニ（1539－1604）に由来する、反三位一体主義の運動で、ポーランドに起こり、1600年以降西ヨーロッパに広まったが、ルター派はこれを異端とした。ソッツィーニ派について、シュペーナーは「キリストが『新約聖書』において、我々に『旧約』よりも新しく、より完璧な教えを与えた」（SHS320）と説く誤りも指摘している

35 我々を再生するものは「すべての聖なる三位一体」（Erk309）とされる。

36 「神は被造物を保持するのみならず、生なきものも生あるものも同様に統治する」（Erk162）。

37 ただし地上で可能なのは、「律法とその厳格さによる聖なる生活ではなく、福音による」（WP181）ものである。「人間が全く罪をもたず、罪がもはや彼の内に住まず、あるいはそこから時々若干の弱さの罪が結果するのだが、その悪しき刺激をもたない」ような聖なる生活は不可能でも、「キリスト教徒が今やもはや罪に仕えず、よってもはや意志をもって悪意から罪を犯さない」ような聖なる生活なら可能で必要だとシュペーナーは考えている（SHS523）。

38 「彼に起きる何物も彼にとって悪しく、あるいは有害ではありえず、すべては彼にとって善く、あるいは最善へと神によって整えられている」（DigF75）。「神は賢明で善であり、彼の意志は例外なく常に最善で、それは善以外の何物をも、あるいはそこから彼が善を為すことを心得ているようなもの以外の何物も生じさせない」（DigF:84）。

39 シュペーナーにおいて、我々の理性は「すべての人間において堕落しており、霊的な事物においては完全に盲目で不確かである」（Erk11）。

40 マタイ22章37節を参照。

41 一方でシュペーナーは、「よって、罪深い堕落を根拠に神のキリスト教の可能性について弁解しようとする者は、それによって、彼がなお単なる堕落した人間に外ならず、再生していないことを告白している」（SHS330）とも言う。
42 「再生者たちの生活もその欠陥をもち、霊的な律法にはまだ全く完全には合致していない」（SHS380）。
43 「我々は根拠を正しく心に置き、この根拠から出たのでないものは純然たる偽信であることを示す」（PD246 邦訳151頁）。
44 再生は「内面的な何か」であり、「力強く、真なる、そして活きた何か」である（WP193）。
45 「したがって、ある者が神をあまりにも愛しすぎうるということ、あまりにも恐れすぎうるということは不可能である」（SHS360）。
46 創世記2章16節を参照。
47 出エジプト記20章3節以下を参照。
48 こうした思い込みにより、当時のルター派教会は倫理的弛緩を起こしていた。敬虔主義はまずそれに対する批判に起因する。
49 「我々は、敬神と聖なる振る舞いを、律法と福音によって為さねばならない」（SHS499）。
50 Ⅰヨハネ3章22節の前段には、「私たちが神の掟を守り」という一文がある。
51 シュペーナーは、再生者であっても律法を完全に守ることはできないと断言する（Vgl.Erk107）
52 「律法は、我々には遂行しえないだけのことを我々に求めるから」（SHS435）である。
53 興味深いことに、シュペーナーは神への愛の徴として特に、「我々が神の故に我々の隣人も愛する」（Erk31）ことを挙げる。
54 シュペーナーにとって、「愛によって活動的な信仰」こそが真の信仰であり、それは「それによって人が神と隣人を愛する愛」による（SHS429）。

55 「我々は自身に媚びない、というのも、我々は神を欺かないであろうから」とシュペーナーは言い、代わりに「こうした心の誠実と純粋さをもって、神に仕えること」を要求する（WP250）

56 再生によって「神は人間を恩寵から彼の子に受け入れる」（Erl310f.）。

57 シュペーナーは「神の恩寵の子ら」を「アダムの、あるいは単なる人間の子ら」に対置する（DIME630）。

58 キリスト者相互とすべての人間に対する愛が「目覚めさせられ、実行にもたらされうるならば、我々が求めるほとんどすべてのことは成し遂げられた」（PD208 邦訳129頁）とする。

59 神の似像は「アダムにおいて全人類に創造によって与えられ、したがって我々は皆同じものをアダムにおいてもっていたが、我々は同様に彼と共に彼においてそれを失った。よって、我々は今やそうした神の似像なしに生まれる」（Erk159f.）とされる。

60 シュペーナーは「偶像崇拝的自愛（abgöttische Selbstliebe）」（Erk38）がすべての罪を引き寄せる、と言う。

61 「古いアダム、それは、我々の内に住む原罪で、あらゆるその欲望と罪深い動きを伴う」（Erk314）。「なぜなら自分の意志は古いアダムの最大の力であるから」（WP214）とも言われる。

62 「この新しい本性、あるいは今や彼らの内で古い本性あるいは肉を支配する霊」（SHS328）とも言われる。

63 「信者たちがそれに対して常に熱心である、こうした霊的喜びは、なるほど、世間的悲しみ（少なくとも彼らがそれと戦っているなら）と、不信仰と神的恩寵への疑念の悲しみを排除する」が、「我々においては新しい人間のみならず、なお古い人間も存するので、その前者のみに、この喜びは帰属する」のである（SHS562）。

64 悔い改めは、「外面的な生活の変化、あるいはそれで十分でないのみならず」、それは「全く内面的な何か」、「心と意向の全き変化」と規定される（WP173）。そこで求められるのは「決して簡単な事柄ではなく、心と意向の全き変化」（SHS398）なのである。

65 「我々がここ現世で享受する、神における我々の平和はやはりなお非常に不完全である」（DigF137）。

66 「したがって我々は、我々の自然的堕落を認識し、それ故神の前で謙虚であり、またそれだけ熱心に我々に注意を払う、それによって、それが我々を現実の悪へともたらさないように」（SHS338）。

67 「一人の人間においては、肉と霊が相並んで存在し、それらは互いに闘争にある」（SHS484）。

68 特にシュペーナーは、「貧者への善行は信仰と愛の確かな果実であり、ここにおいて欠けている者は至福になりえない」（WP228）とまで言う。敬虔主義が貧民救済に熱心で、シュペーナーの弟子であったアウグスト・ヘルマン・フランケ（1663–1727）が孤児学院（Waisenhaus）を設立した理由がここからわかる。

69 マタイ5章48節を参照。

70 シュペーナーによれば、「敵への愛は、それが心からのものであるなら、新生の卓越せる証拠である」（DigF110）。

71 「常に心を熱心に探究する、それがまた真の愛からなされたか、あるいはその際別の意図があったかを」（PD210邦訳129）。このため敬虔主義は内省的な傾向が強い。

72 正確には、再生が失われていることの徴ということになる。すべてのキリスト教徒は洗礼において一度は再生しているので。そうなれば、「古い本性以上の何物も彼には残っていない、新しい本性が言わば死んでしまったことによって」（WP205）。そうしたことは「不信仰と無神的生活によって」起き、そうした者には「聖霊も留まりえない」（ibid.）。「故意になお罪に仕え、それにおいて世間と共にする者は、そう神に従った心情をしておらず、よって彼は再生していない」（SHS445）。

73 「我々は本性からは、どれだけ真剣に我々が努力しなければならないにせよ、すべての善に無能力であるが、それへと恩寵から有用になりうる」（SHS331）とも言われる。ここでシュペーナーは、人間の神的恩寵との協働を主張する協働説（ジネルギスムス）から距離を取ろうとしているが、次の一文に見るように、人間の意志的努力を要求するシュペーナーの神学説は、先行する恩寵を前提した協働説と言ってよい。

74 洗礼による再生のことである。

75 「真に至福にする信仰は、無神的生活とこの世間への愛にあり、その内に留まる何者にもありえないし、留まりえない」（WP179）と、シュペーナーは断言する。

76 シュペーナーは、人間が聖霊にその働きを「許さず、それを自ら妨げる」（PD190 邦訳116頁）ことを可能とする。この意味でも、シュペーナーの神学は協働説的である。

77 「信心深い神の子らは、すべての彼らになお貼りつく罪深い弱さが、信仰とキリストの故に彼らにとって呪わしいものでなく、彼らに帰せられもしないという心からの信頼をもつ」（SHS448）のである。

2　神への恐れ

テキスト：マラキ書1章6節
息子は父を敬うべきであり、しもべは彼の主を敬うべきである。さて、私が父であるなら、私の栄光はどこにあるのか？　私が主であるなら、どこで人は私を恐れるだろうか？

A　冒頭

我々は、再生から新しい人間の内に存するあり方の考察を行う。我々は既に次のことを考察した、いかにして新しい本性が、イエス・キリストの正義以外のいかなる正義についても知らないかを。唯一これだけが、それを神の法廷に付する。それから、新しい本性の内には、天なる父に対する最も親密な愛が存在する。これはすべてにおいて現れる。今や、新しい本性の一つの性質がなお続く：再生した者は、**神に対する子どもらしい恐れ**[78]**と敬意の念**をもつ。これは再生から前の諸部分と同様に流れ出す。それについて熟考する機会は予言者の言葉が我々に与えてくれる。――天と地におけるあらゆる栄誉にふさわしい主は、今や我々の魂をも、彼がいかにあらゆる栄誉にふさわしいかを我々が認識するように感動させ、それによって、我々の心は彼に対し、聖なる、しかし子どもらしい恐れにおいて傾く。アーメン。

B　テキストの言葉の説明

我々の言葉は神の言葉である。彼はそれらを、予言者を通じて、エルサレムの僧侶たちに語った。彼らは彼の名を軽視した［マラキ1・7以降］：というのは：彼らはそれをふさわしい栄誉において保持しなかったのである。それは長く詳論され、伝えられている。しかし我々はその際、二つのものに注意する：子どもたちとしもべたちの義務があることと、これが彼に果たされていないという神の非難である。

I

子どもらとしもべたちの義務があることは以下の言葉で記述されている：息子は彼の父を敬うべきであり、しもべは彼の主を敬うべきである。主はこれらの言葉を、すべての人によく知られた事柄として引用された。なぜならそれは自然的な法であるから、それはそれ以上のさらなる証明を必要としない。彼は、父に由来する**息子**について語っている。したがって彼は、彼の本質と彼の本性を彼の父から得ている。それ故に、彼はやはり彼の父の権力の内に在る。しかし、もし誰かが別の誰かに息子として養子にされた場合、彼はそれによって自然的な息子の立場にもなる。そして、もし彼がその養子とされたならば、彼はそれによって、生まれつきの息子に属していた義務があることをも、自分に義務付けるのである。

それでは、**しもべ**を考察する。我々は次のように言うことができる：すべての息子は、ある程度はまた彼の父のしもべである、と。しかし、すべてのしもべが彼の主の息子であるわけではない、彼が父から要求すべき権利に関しては。それでも、彼は、人が父に負っているあらゆる義務に義務付けられている。少なくとも、彼は彼の主によって支配され、さもなければ彼の子どもらに対して父に属するように、養われる。これは、しもべを敬意と従順へ義務付ける。したがって、我々は次のことを見る、しもべたちも彼らの主を〝父〟と呼ぶのを。シリアの軍団長ナアマン[79]のしもべたちが彼らの主に対して言うように：**愛する父**［列王記下5・13］よ、と。ダビデ[80]も彼の王、サウル[81]を呼んでいる：**私の父**［サムエル記上24・12］よ、と。そのように我々は四つ目の命令において常に、父と母の名において、愛する両親と並んで、支配と職権を理解する。我々は認識する、使用人と臣下は子どもらしい義務に義務付けられていることを。

息子は彼の父をもち、しもべは彼の主をもつ。それが意味することは：**息子は彼の父を敬うべきで**

あり、しもべは彼の主を［メンゲ訳聖書マラキ書1・6を参照］つまりやはり敬うべきである、ということである：そして、しかも、恐れをもって、以下のことから見て取られるべきように。根本のテキストでは次のように言われる：**息子は父を敬う**。しかし、これが意味するのは次のことである：彼はそうすべきだ。そして、彼はやはりそうするであろう、もし彼が誠実な息子であれば。

　そのような栄誉はしかし、次のことを意味する：(1) 息子は父を大切にする。彼は父を自分の上なる主として認める。(2) したがって彼は父に従属もする。彼は自分が父への従属に義務づけられていることを知っている。(3) 彼は父を怒らせ、それによって父を自分に対して怒らせることを恐れる。(4) 彼は父に対し、好んで、心から従順である。したがってそこには父に対する愛もまた、なければならない。(5) 彼は父を、その思惟においてのみならず、言葉においても、振る舞いにおいても、行いにおいても尊崇する。彼は喜んで、それによって父と主の栄誉が促進されるようなすべてのことを為す。そして彼は、この栄誉にけちをつけるようなことをしないよう用心する。すべてのこうした事物は**栄誉と恐れ**をその内に含む。これについて聖書は次のように証言する：第四の命令[82]、それは次のようなものだが：**汝は汝の父と汝の母を尊崇するべきである**［出エジプト記20・12］、だけではない。この**尊崇することは愛をその内に共に含んでいなければならない**：というのも、この命令は第二の板に属しているからである［同31・18を参照］。これは、隣人への愛を扱っている。人はしたがって差し当たり両親をやはり愛さねばならない。しかしながら、我々にとって等しくある他の愛のような普遍的な愛をもってのみだけでなく：それによって人が、彼らが我々の上に立つことを認めるような、より高次の愛をもって。この敬意の念はまた従順としても表される：汝ら子どもたちよ、汝らの両親に従順であれ［エフェソ6・1］。この従順は尊崇の念の果実でなければならない。第四の命令の尊崇する［シラ書3・9〔8〕］ことは、また次のようにも説明される：父と母を、行いをもって、言葉と忍耐をもって敬いなさい［同］。子どもたちが両親に負っている尊崇の念にはまた、子どもたちが両親に恥をかかせるべきでないということが属している。次のように言われる：しつけの悪い息子はその父にとって不名誉である［同22・3］。

さて召使の尊崇の念と恐れに関しては、次のように記述される：汝ら召使よ、汝らの肉体の主に恐れとおののきをもって、汝らの心の素朴において、キリスト教徒として、従順であれ［エフェソ6・5］：人間たちにも気にいるような目の前での奉仕のみならず、キリストの召使として［同6節］。そこで我々は次のことを見る：恐れを伴っているのは尊崇の念であることを。それでも人は強制によって服従するのではない、そうではなく、神がそうした人々に与えた力のゆえに喜んでするのである。この恐れは本来的に、尊崇することである。それでも、外面的に敬意を込め、服従するが、内面的に彼の上司に敵対する者は、正しく尊崇していない。これについては次のように言われる：召使たちは、くびきの下にあるなら、彼らの主があらゆる栄誉にふさわしいと見なすべきだが、神の名と教えが中傷されないようにである。しかし、信心深い主をもつものは彼らを軽蔑するべきではない、――見かけによって――なぜなら、彼らは兄弟であるから、そうではなくむしろ、彼らが信心深く、親愛なるがゆえに、役に立つべきなのである「Iテモテ6・1－2」。我々はそこから再び、次のことを見て取る、それが、常に心から出なければならないような尊崇の念であると。さて、臣下はある意味において、お上の召使でもあるから、彼らについて次のように言われる：恐れにふさわしい者を恐れ、栄誉にふさわしい者を称えよ［ローマ13・7］。そして、王を尊崇せよ！［Iペトロ2・17］こうしたすべてのことは次のことに役立つ、我々が、次のように言われるとき、それが何を意味しているかを認識するために：息子は父を尊崇すべきであり、召使はその主を尊崇すべきである。その下には、神的命令が、すべての部下の義務について命じてきたすべてのことが共に把握されている。これらは人間には大部分、すでに本性から知られている。したがって、我々のテキストは、それとともに神がここで語っているユダヤ人たちを否定することも、疑いに引きずり込むこともできない一文である：というのもすべては彼らの律法の内に在るのであるから。

II

さて、我々は神が与えた叱責を考察しよう。それは特に、これらの言葉が直接に向けられた僧侶たちに妥当する。神が彼の民を罰し、改革を実現させようとしたとき、彼は真っ先に僧侶たちを罰した。それゆえに教会の教師らは、ここから正しく、普遍的な改善は常に牧師の階級から始まらなければならないと結論している。[83] さもないと、腐敗は彼らから、その他の階級へと移行する。したがってまず、牧師たちが改善されねばならない。[84] その後、人は他の階級も力強く、彼らの義務へと駆り立てることができる。

しかし、非難の言葉は次のようである：**さて私が父であるなら、私の栄誉はどこにあるのだろうか？ 私が主であるなら、どこで人は私を恐れるのだろうか？** (1) 神は、彼らの上への彼に属する彼の権利を引き合いに出している。それは彼にユダヤ人たちによっても認められていた。確かに、彼らはそれを誇っていた。神は言う、彼は彼らの父である、と：しかも、創造の普遍的権利に従ってのみならず——これについては次のように言われる：**我々はすべてひとりの父をもつのではないか？ ひとりの神が我々を創造したのではないか？**[85]［マラキ書2・10］——また、神がイスラエルの民を彼の息子に受け入れていたがゆえに。神はファラオに次のように言わせた：**そのように主は言う：イスラエルは私の初めて生まれた息子である**［出エジプト記4・22］、と。そうしたことは、やはり割礼における再生によって生じた。神が、割礼を受けた者たち［創世記17・10］の神であろうとされた契約［同7節］の力であった：しかも、彼らの慈悲深い神であろうと。これによって彼はまた彼らの父となった：彼が次のように言うように：**私はイスラエルの父である**［エレミヤ書31・9］。それゆえに彼はまた、次のことに対して熱心である、レカブ人たちが、彼らの父祖ヨナダブ[86]の——ワインを飲んではならない——という命令を守ったが、しかしユダヤ人たちは彼の神的命令を守らないということ［同35・13－16］に。

他方でユダヤ人たちは、神を彼らの父とも呼んでいる。次のように言われる：汝はにもかかわらず私に向かって叫ぶ：愛する父よ、汝、私の若者時代の師よ！［同3・4］同様にやはり：しかし汝は、主よ、我々の父であり、我々の救い手です：昔からそれが汝の名前です［イザヤ書63・16］。そして再び：さてしかし、主よ、汝は我々の父です：我々は粘土であり、汝は我々の陶工です：そして我々すべては汝の手の作品です［同64・8〔7〕］。しかし、特に神は僧侶たちの父と呼ばれえた：というのも、彼はレビ人［民数記8・18］を彼の所有物と彼の奉仕に選び出していたのだから。

(2) 彼はまた次のように言う、自分は汝らの主であると。しかし、単に普遍的にではなく：彼が天と地の主、そしてすべてのそこに存するものの主である：したがってすべての被造物、すべての人間の主である。と言うにとどまらず、彼は民を所有物として、他のすべての民に先んじて選んだがゆえに。それゆえに、彼は民をエジプトから救い出し、言わば贖った[87]：次のように言われるように：汝は聖なる民である、主に対し、汝の神に対し。主、汝の神は汝を所有物たる民として、地上に存するすべての民から選び出した。主が汝らを受け入れ、選び出したのでないとしても、汝らの多はすべての民以上であるがゆえに——というのも汝はすべての民の中で最も小さなものであるから——：のみならず、彼は汝らを愛し、彼は、彼が汝らの父祖に誓った彼の誓いを守るゆえに、彼は汝らを力強い手でもって連れ出し、汝を奉仕の家から、ファラオの、エジプト王の手から救済した［申命記7・6－8］。これについては、モーセを引き合いに出してもよい。あなた方は以下のことを問うべきである、神は中に入って行こうと、一つの民を一つの民の中から、試しによって、徴によって、奇跡によって、争いによって、そして力強い手と延ばされた腕によって、そして非常に恐ろしい行い、ちょうど主が、汝の神が汝らのためにエジプトにおいて汝らの眼前でしたような、そうした行いによって取り出そうと試みたのかどうかを？〔同4・34〕ここで我々は明確に見る、神がその権利を何に基づけているか、それは彼が汝らの主であり、彼にとって彼らは彼のものであるということ：彼は彼らを自分の所有物とした：ちょうど敵が一つの民を強制し、それへの支配を実現させるような仕方でではなく。その際、次のことは普通に起きる、そのような支配はそうした臣下の最善を導かない。それはやはりそうした支配者の意図ではない。しかし神は、イスラエルを善行によって自分の民とした。彼はそれをその敵から救出した。したがってここから、次のことが結論される、彼はまた彼の支配をイスラエルの最善へと導いたであろうと。

(3) 彼は汝らの主で父であるから、そのように彼は言うが、彼は崇敬と恐れにふさわしい。崇敬：彼らは彼の統治権を認識し、彼の前にへりくだり、彼の栄誉をあらゆる仕方で促進する。恐れ：彼らは彼の威厳の前に物おじし、彼の怒りを刺激しない。どちらからも帰結するのは、彼らが彼に従順でなければならないということである。それを神は正しく求めえた：というのも我々は次のように聞いたからである、それは普遍的には、父たちと主たちの権利であると。確かに、神は、すべての他の父たちや主たちよりもはるかに地位が高く、それだけよりずっと的確に、彼に対し、崇敬と恐れが為し遂げられるべきであろう。

⑷ さて、しかしここで神は次のように嘆かれる：どこに私の栄光はあるのだ？ どこで人は私を恐れるのだ？ これは次のことを意味する：私に汝らから畏怖が為されているということについて何も見出されない。特に彼は僧侶たちを次のように非難する、彼らは彼らの礼拝や供物の仕事を、神的秩序がそれを求めるようには、行使していない、と：そうではなく、彼らは供物のパンと供物を、それがまさになるように、ささげている。彼らは善いのかもしれないし、あるいはそうでないかもしれない。人がある君主にそうしたものをもたらす場合、そこで彼はそれを受け入れないであろう。しかし、彼らは次のように考える：神にとってはそれでいいのだ、と。彼はそれによって満足する、と。しかし、それは神を軽蔑することである：ちょうど彼が、彼がそれを命じたように人が彼に供物を捧げるのにふさわしくないとでもいうように。彼は次のことを引き合いに出す、彼らが彼らの務めをただでは何もしていないということを：そうではなく、人は彼らにすべてを特に報いねばならない。しかし、それは再び神への軽蔑である：あたかも彼が、人が彼の主としての彼に使えるにふさわしくないとでもいうように：というのも、彼は彼に可能な限りすぐに倍にして支払うであろうから。したがって我々は次のことを見る：神への畏怖が怠られてありうる：そしてしかも、神を冒瀆《ぼうとく》的に軽蔑する者たちによってのみならず：また、自分たちが神を軽蔑していると思っていない者たちによっても。しかし、これらの者たちは、自分たちが彼を尊崇していると信じ込んでいるにすぎない。

⑸ 神がそのように苦情を言ったとき、僧侶たちはただちに次のように答えた：〝何をもって我らは汝の名を軽蔑しているのでしょうか？［マラキ書1・6以下］〟彼らは承認しようとはしない、彼らがそれをしていることを：そうではなく彼らは、彼らが神を崇敬していると錯覚しているのだ：というのも、彼らは毎日彼の礼拝を行っていたから。彼らは祈る。彼らは歌う。——しかしそれでも神は嘆く：民は唇では彼を称えるが、しかし彼らの心は彼からは遠い［イザヤ書29・13］、と。——ここから我々は彼らの次のような考えを読み取る：語りと口でもって十分である、そしてそうしたことが彼らの仕事なのだ、と。彼らはみな、神によって、彼を崇敬するよう任命されている、と。そして、彼らは彼らの礼拝を外面的に行っていたので、彼らは、彼らがあたかも本当に神を崇敬しているかのように、見られたがっていた。しかしこれはまさに次のことを示している：人が神に為すべき畏怖は、まず心になければならないことを。これは神に対する尊敬で満たされていなければならない、人が彼が命じたことを進んでするように。しかし、それも唯一、彼がそれを欲し、それが彼の気にいる故にという理由で：そしてしかも、全力を尽くして。最善は、人が、彼の栄誉がそれによって促進されうることを見出すゆえに。したがって、すべての力とすべての熱意をそうしたことをするために傾けない者は、彼が望んでいることを空想しているにすぎず、彼は神を正しく崇敬していない：たとえ彼が外面的に、あれこれの儀式を行っていたとしても。[88] 神の判断によれば、それどころか彼は彼を軽蔑しているのだ：というのも、彼は行いでもって、神がかくも高くあらゆる栄誉に値するということを証明していないから。[89]

C　教え

我々の主たる教説は以下の通りであるべきである：新しい本性はその内に、神への敬意の念と恐れをもつ。これは再生から流れ出す。

(1) 再生者の下には ―― そしてしかも聖霊の光から ―― 神の認識[90]がある：彼が誰で何であるのか：したがって彼の高い威厳と全能、彼の全知、偏在、彼の善と義の認識が。[91] こうしたすべては、彼を、彼がすべての栄誉を与えられるにふさわしくする：そしてしかも、すべての世間的な栄誉よりそれだけはるかに高い栄誉をである、神はすべての被造物よりそれだけ高いのだから：また、最高のものである栄誉を、人がそれに対し最高の栄誉を負っていると考えるような。それは、いくらかは当然である、人の心が尊敬と敬意の念へと、我々が何か素晴らしいものを見、あるいはそれについて聞き、あるいはそれについて考えたときに、傾くことは。我々はそれを我々自身で経験する。聖霊が、我々の魂の内でそれだけ多く、神の崇高と素晴らしさの知識を作り出すほど、同じ働きから、そうした崇敬の念が結果する。そして、聖霊はすべての三位格の認識を作り出すゆえに、そのような認識からの崇敬の念も、三位格すべてに向かう。

(2) 聖霊の光において、再生者はしかし、彼の神を普遍的にその権威と素晴らしさに関してのみならず、特に彼の父と主として認識する：というのも、彼はすべてを彼の父としての彼から得るから：しかし特に、彼が彼の、神があらゆる父性的な善を示した子どもであることを認識するからである。彼はまた彼の主である。あらゆる他の人間に、普遍的な権利によってそうであるように創造によってのみならず：そうではなく何よりも、神が我々を彼の息子を通じて救済したがゆえに、我々が悪魔の手に落ちた後で。それによって我々の救世主は特に我々の主となったのである。[92]『新約聖書』では、彼は次のように呼ばれるのが常である：我々はひとりの神のみを、そこからすべての事物と我々が彼へと生じる父のみをもつ：そしてひとりの主、彼によってすべての事物と我々が生じたイエス・キリストのみを［Iコリント8・6］。我々の救世主は救済の業において、何一つ自分自身の名前では為さず、すべてを父の名において為した。したがって彼は、救済によって自分自身だけで我々への支配権を獲得したのではない：そうではなく、全体の聖なる三位一体が――それが我々の父であるように――やはり我々の主なのである。再生者は神を、そこから彼がすべてのものを得るようなものとしてしか、見ることができない。神は彼を統治し、父や主のように彼を面倒見る。このことは、尊敬と崇敬以外の何物も生じさせえない。他方、それは我らの側では、謙虚さを呼び起こす。我々は確かに自身を、自身からは何ももたない者として見なすことしかできない。すべてにおいて、我々は我々の天なる父と最高の主の恩寵から生きなければならない。[93]謙虚さが心からのものであるほど、それだけ神に対する敬意の念は誠実なものである。[94]

(3) 聖霊によっては、我々に、神に対して敬意の念をもち、謙虚な本性以外の本性は生じえないし、生まれえない∵というのも、それらは神から来るものである故に、常にその根源としての神へと傾斜しているからである。そして、この傾向は神を認識し、自身を認識する故に、その内には、そこにおいてはそれが神を大きなものとし、自らを小さなものとする服従が含まれる。本性においてすでに、両親に対する子どもの尊敬と敬意の念が植え付けられている。そのように、神から生まれたものは、また自分の父に対するのと同じ仕方の心情をもたざるをえない。我々はまた次のことを見る、神の息子が父から生まれたのちは、息子は常に父を尊崇する――たとえ我々が生まれたのとは違った仕方で生まれたとしても 95 ∵すなわち、彼の本質から。イエスが次のように言われたように∵**彼は、彼を遣わした方の栄誉を求める**［ヨハネ7・18］、と。これが意味するのは次のことである∵父の栄誉。彼はさらに次のように言う∵**私は私の父を尊崇する、そして汝らは私を恥じる**［同8・49］。彼が父を尊崇する仕方は、我々のとは違った敬意の念である。彼が神を尊崇する限り、彼が彼の前で謙虚になる必要はない∵というのも、彼は彼と同じ本質をもち、同じ権威をもつからである。それでも、息子は父を、彼にふさわしい仕方で尊崇する。そこでそのように、神の恩寵から生まれた者たちも、父を、彼らが彼に負っている仕方で尊崇する。他方、神からは、そのような敬意の念を心に刻まれていないものは生まれえない。

(4) この敬意の念はしかし、やはりその内に恐れを含んでいる。それでも、これは従者的な恐れではなく、**子どものような恐れ**である。

（a）**従者的な恐れ**[96]とは我々は次のようなものを言う、そこでは、人が恐れるものへのいかなる信頼もいかなる愛もない恐れである。例えば、悪いことをした悪い従者が罰を恐れるような：あるいは、悪いことをしようとする者が、しかし彼が被らなければならない主の怒りを恐れるような。[97] 彼は好んで、彼が止めなければいけないことをしたかもしれない。しかし、彼が為し、あるいは止めたことを、彼は強制から、為しあるいは止めるのである。この従者的な恐れは神には気に入らない。（b）これに対し、**子どものような恐れ**[98]とは、その傍らに、愛と信頼も存在するようなものを言う。したがって、人は彼が恐れるものに従順であるように動かされる：しかも、彼に対する敬意の念からである：というのも、彼はそれにふさわしいのだから。たとえ人が彼に対し何においても反しようとしないとしても。人は彼に反して何もしようとはしない：たとえ彼が罰せられないままでありうるとしても。この恐れは次の故に子どものようなと呼ばれる、それが子どものような本性から生じる故に。ではあるが、真に忠実な従者たちは、彼らの支配者を父と見なすであろうが。彼らはこれを従者的にのみならず、子どものようにも恐れるのである。（c）なお恐れには**中間的な**ものもある：すなわち、子どものような恐れであるが、それ自体の内にいささか従者的なものをも含んでいるようなものである。そこでは、認識や愛や信頼はより弱くなる。したがって、なお多くの強制がなければならない：それでも子どものような愛を根拠としてである。我々は次のように言うことができる、古代人の下では、『旧約聖書』と律法の厳格な教師の下で、単に従者的な恐れのみがあったわけではないと…というのも、そうだとすれば彼らは神に気にいられることはできなかったであろうから、彼らがしたこともまた。他方、やはりまったく純粋に子どもらしい恐れがあったわけでもない…というのも、なお多くの強制がそこにはあったから。彼らは、従者に対してそれほど多くの区別なく扱われた、彼らは子どもであったにもかかわらず。次のように言われる…跡継ぎが未熟である限りは、彼と従者の間に区別はない、たとえ彼がすべての財産の主であろうとも［ガラテヤ4・1］。したがって、彼らの恐れには従者的なものがなお多く混じっている。そして、そこから彼らが恐れなければならなかったのは、子どものような霊よりもより従者的な霊に帰せられている。

もし我々が新しい本性の恐れについて語るならば、これはそう子どもらしい恐れである。『新約聖書』の信者たちはそのような霊を受け取る。彼は彼らの中で常に次のように呼ぶ…アッバ、[99]愛する父よ！［ローマ8・15］彼は彼らに父の心を次のように紹介する、信頼が増し、恐れが純化されるように。もし神の子らが自らを吟味するならば、それでも彼らはしばしば、彼らの恐れの中に従者的なものが混じっているのを見出すであろう。しかしこれは、彼らの中の聖霊によって生じた恐れに由来するのではない…そうではなく、すべての人間において肉になお存在する従者的な恐れに由来するのである。それは、かの子どもらしい恐れを弱める、たとえそれがこれを全く相殺はしないにしても。他方、そのような従者的な恐れは、肉が弱められるほど、減っていく。そして、子どもらしい恐れがより一層の純粋性に達する。

⑸この、神に対する敬意の念と恐れは、再生者あるいは新しい人間の内に存する。そこから次のことが帰結する、彼は神を常に現存すると表象するということが。卑劣な人々は、神の現存を考えない。

我々は次のことを読む：不貞の夫の目は暗闇に注意し、そして彼は言う：〝いかなる目も私を見ない〟〔ヨブ記24・15〕。あるいは：主から隠れようとし、その行いを闇に保ち、そして次のように言う者に災いあれ：誰が我々を見、誰が我々を知るだろうか？〔イザヤ書29・15〕――私の周りは闇であり、壁が私を隠していて、誰も私を見ない：私は誰を避けるべきだろうか？最高者も私の罪に注意しない。そのような者は、人間の目のみを避け、主の目が太陽より何千倍も明るく、人間たちがすることのすべてを見ている、それも密かな角度から目を向けていることを考えない〔シラ書23・26－28〔19〕〕。彼らは神の現存とその聖なる権威を思い描かない。彼らの下には、彼に対する恐れも存在しない。したがって彼らは、あらゆる冒瀆の罪を犯す。

これに対し、再生した神の子らは常に彼らの神の現存を考え、彼に向かって次のように言う：私は行き、あるいは横たわる、そのように汝は私の周りに在り、すべての私の道を見る〔詩編139・3〕。彼の現存のそうした表象は、神に対する常なる敬意の念を呼び起こす。これが、神がアブラハム[100]〔創世記

17・1］に次のように言ったことの意味であろう：私の前で生活せよ、そして敬虔であれ。私の前で次のように生活せよ、汝が常に、汝が我が見ることの前にあるということを考えるように。エノク[101]［同5・24］については次のようにある、彼は神的な生活を送った。これを文字通り訳せば次のようになる：エノクは神と共に生活した[102]［メンゲ訳聖書かエルベルフェルダー訳聖書：創世5・24を参照］。これは次のことを意味する、彼が常に、彼がいつも神と付き合っているかのように、そして彼が彼を同行者にしていたかのように、生きたということを。ここから、彼の魂の内には、常なる敬意の念が呼び起こされていたのである。

(6) 再生者がすることは、そうした敬意の念と恐れをもって、それらから、為される。彼は神を高く考えるので、常に何か彼に反して為すことをはばかる：あるいは神によって命じられたことと何か違うことを為すことを。[103] 彼は次のことを知っている、神が彼の全生涯の本来の統治者でなければならないことを。敬意の念と恐れは、再生者の下ではまた、大きな注意深さも作り出す。彼は何も上辺だけでは為さないのであり、そうではなく、特別な熱意をもって為す。事柄がそれ自体として、あるいは他者のために、それほど重要ではないとしても、それでも彼はそれがあらゆる注意深さに値するものと見なし、神のために重要と見なす。彼は彼の前ですべてを為さねばならない。したがって彼は、他者も知覚する彼の業に注意するのみならず：また、他者が聞く彼の言葉に注意するだけではない[104]：そうではなく、神のみ以外の誰も知らない、彼の思考や熱望にも同様に注意する。彼はそれゆえ、神の前において以外に、誰の前でも脅える必要はない。

(7) 特に、新しい人間は、彼がすることを可能な限り神の栄誉のために為し遂げるように努める∵というのも、彼は神を次のように認識することを学んでいるからである、彼が彼の、そしてすべての被造物の究極目的であると。したがって、神は、起きるすべての出来事が彼の栄誉をその目的にもつということにふさわしい。たとえ、再生者が何かをより近い意図のために為すとしても――何かを彼の魂や彼の隣人の最善のために――それでも彼は常に、彼の目をさらに神へと向けるように考えるのである∵たとえ、彼が自分自身の至福を求める場合でも、彼が彼の隣人と共に予定しているすべてのことにおいても。彼は毎日、その第一の願いにおいて願う、他の何よりも、神的御名が聖化されるように［マタイ6・9］と∵というのも、よってその栄誉がすべてのことにおいて求められ、促進されるように。そのように彼は、彼の側でも彼がするすべてのことをまさにそのような目的のために整えるのである。確かに、彼はこの目的を自分自身の至福に優先する。というのも、彼はこれを彼自身の福祉のためにのみ要求するのではないからである∵そうではなく、何よりも、神の栄誉がそれにおいて、そして彼において賞賛されるために。他方彼は、主として次のために罪を防ぐ、それによって、彼自身の下で――そして常にやはり他者の下でもそのために――神が辱められる故に。次のように言われるように∵神は律法の違反によって冒瀆される［ローマ2・23］。彼はよって、自分の父を辱めるような子どもではあろうとしない。

D　訓戒

神に対する敬意の念と恐れは最も確実な再生の徴と証拠である。それに従い、我々はすべてを、我々がそれらを我々の下で見出すかどうかに従って吟味しなければならない。したがって、我が愛するキリスト教徒よ、汝の魂がいかに神を支持しているかについて、よく考えよう。汝は常に最高存在者、汝の父で主としての神について考えていただろうか？　そしてしかも次のように、汝が自身、彼に対する謙虚へと仕向けられているのを見るように？　汝の心もやはり、最高者に対する敬意の念へと傾いていたのではないか、汝が神的事物と関わるか、あるいは汝が祈るときには？　汝は汝の下に、常に善を為そうという熱意を見出すのではないか？　別の理由からや、人間のためではなく…そうではなく、真に、汝が汝を汝の神に対する従順へ義務付けられていると知るが故に？　そして汝は善を為すか、たとえ他者がそれについて何も知らなくとも…ただ、汝がそれを神の前で為すが故にのみ？　したがって、たとえ汝が他者からその代わりに何も期待しえないとしても？　汝は自ら罪に用心するか、たとえ汝一人でいるところでも…したがって、神以外に誰も汝のすることを見ていないときも？　あるいは、汝は、人間がそれを見ているところでのみ、それを避けたのだろうか？　汝の心は汝に、それが汝において真に神の栄誉のために為されたということの証拠を与えないであろうか？　そして、汝はすべてにおいてそれを求めるのでは？　汝はやはりそのために、汝がそこからいかなる有用性も得ない故に、そうでなければ汝がしなかったであろう事物もするのではないか？　ちょうどまったく、汝が害と罵りをそこから期待しなければならないとしても？　汝は汝の下で、汝が神的栄誉を、汝自身の栄誉よりもはるかに優先するという徴を見るのではないか？　これらの、そして類似の試しに従って、我々は我々自身を吟味しなければならない。我々が我々自身に注意するなら、我々は、こうした神に対する敬意の念と恐れが我々の下にあるか否かを見出すであろう：たとえそれがいかに強く、あるいは弱くあろうと。我々はさらにそこから結論できる、我々が再生しているか、あるいはしていないかを、そして、我々の新しい人間がどういう状態にあるかを。

もし我々が新しい人間のそのような在り様を我々の下で見出すならば、我々は、我々がその内で常により強くなるよう、努めねばならない。それは、それがそうあろうとするように、弱いかもしれない。そのためには多くのことを汝らは為せ、もし我々が熱心に神の高い権威について考えるならば。たとえ、我々がこれをしばしば地上の権力者の威厳と比較し、そして我々が神的権威のこれに対する比較にならない優位を表象するならば。我々が聖書において次のことを読むとき、それが神的威厳について語るのを――ちょうどときどき『詩編』において見出されるように――、我々はこのことを深く我々の心に刻まなければならない。我々は次のように努力しなければならない、そのような繰り返される表象が、我々の魂により一層出会い、それを占めるように。我々が、天、太陽、月、星々を考察するなら、あるいは、それ以外の世界において素晴らしい名声をもつものを、そして、我々がそれに対する尊敬と敬意の念へと動かされるのを見出すならば、我々は直ちに、次のことに慣れるべきである、思考をなおさらに、神へと向けることに。彼はどれだけより素晴らしいのでなければならないだろうか！　というのも、被造物のすべての素晴らしさは、神的光の放射のわずかな輝きに他ならないからである。[105]

しかし特に、上で示唆した恒常的な神的現存の表象はそのために多くを為す。我々がどこにいようと、我々が何を予定しようと、いつも我々は、いかに神が我々の前に、そして我々の下にあるかを、そしていかに我々が彼の顔の前にいるかを、考えるべきである。何よりもこのことは我々の魂の準備となるべきである、もし我々が何かに初めて着手し、あるいはしようとする場合には。我々がそれに慣れてしまうなら、これは次のことを実現させるであろう、我々が彼に対する常なる敬意の念に留まり、そして子どもらしい恐れに留まるということを。それはその時、すべての我々の振る舞いをより慎重にするであろう、なぜなら、我々は神の現存から言わば決して目を離さないから。常に偉大な王の前に立つ者たちは、慎重に用心する、彼らがその現存するところで、彼らがそれについて、それが彼らの主に反するということを知っている何かをする限りで。ああ、我々がこの手段を熱心に用いんことを！

しかし、すべての事物について、我々は天上の父に絶えず願わねばならない、彼自身が彼の霊によって彼に対する恐れを我々の心に深く刻むように、そして、彼が真なる尊敬と敬意の念を我々の内に作り出すように。そして、なるほど、我々が神に対してもつべき信頼に対して争わないような子どもらしい恐れを。我々が子どもらしい恐れに関して伸ばさねばならないだけ、我々は従者的な恐れにそれだけ用心しなければならない。我々はこれから我々の心を信仰によって浄化しなければならない：というのも、それは新しい人間にちょうど、子どもらしい恐れが彼に属するように、反するからである。

E　慰め

我々はこのような慰めをもつ：神にとって次のことが重要である、彼が称えられ、恐れられるということが。というのも、彼は人間をそのために創造したからである。それゆえ、彼は、そのような恐れと敬意の念を、彼の働きに自らを委ねるすべての魂の内に作り出すことを止めない。したがって汝がこれを得ようと努力するならば、汝にそれについて欠けているものはないであろう。

さらに我々はこのような慰めをもつ：我々はこの点においても、我々の再生の確実な証拠をもつことができる：というのも、神の子は次のことを確認することができるからである、すべての為すことにおいて、彼の神の栄誉を求めるということは、彼にとって真の真剣さであるかどうかを：彼の現存の表象によって、子どもらしい恐れから、罪を妨げられているかどうかを：何か罪を犯してしまった限り、それに気づかれるとすぐに痛みを感じるかどうか。——そこから得た害のためではなく：そうではなく、高い権威に対して罪を犯してしまったが故に、そしてすべての栄誉にふさわしい誠実な父に対して。――そのような悔い改めが直ちに示されるところでは、それは常に、神の恐れの正しい根が、なおその下に残っているということの徴《しるし》である。それはなお彼の心にある。したがって我々は、こうした神への敬意の念と恐れの果実について気付くことができる、それがあるのだと。我々はそれから、我々の再生の確実な証拠を得ることができる。したがって、我々は至福の状態にある。

時々、キリスト教を信棒する魂たちは、それらを不安にする関心事をもつ‥それらは心配する、神への恐れと敬意の念が全くそれらの下にはないのではないかと‥というのも、それらは神についてしばしば考えるほど、同じ程度で敬意の念を感じるわけではないから、それらが偉大な主を目で見た場合のようには。そこで、これは我々の弱さの一端である。したがって、次のようになる、我々の本性は残念ながら、なおあまりにも感覚的なのである。それは、外感を通じてくるものによって一層動かされる、単に内面的に起きることによってよりも。しかし次のこともまた確実である、神への恐れと敬意の念がより大きくなるほど、感受性も増大するということも。こうした恐れの欠如は常に、弱さの証拠なのである。しかし、人間は彼の再生の真実を疑ってはならない、もし彼の心が神への恐れにおける誠実さの証拠を彼に与えるならば‥上述の証拠と果実が、彼の生において、現実に示され、人間が、自分が実際に、神の目の前で慎重に振る舞うよう常に努力していることを確信するならば。

最後の慰めは以下である‥もし我々がここで、現世的な尺度に従って、神への恐れに心を動かされるとしても［詩編44・5、45・7、48・11、58・12、62・12、68・21、72・18、77・14－15、95・3、100・3、104・1、115・3を参照］、――そこではまだ彼の権威についてまだあまり我々に啓示されていない――、この権威は我々を彼の永遠において――そこで我々は彼の素晴らしさを顔と顔を突き合わせるように見ることになるはずである――敬意の念で満たし、我々の仕事は永遠における偉大な神の純粋な崇拝以外の何物でもないであろう。そこにこそ、我々の最大の無上な幸福は存するであろう。

F　祈り

ああ、偉大なる素晴らしき神よ！　天と地も汝を崇拝します。すべての天の軍団と共にセラフィムたちは汝に向かい、聖なるかな、聖なるかな、聖なるかなと歌います。[106] 我々もまた、汝の前では最高に深き敬意の念において以外にあるべきではないでしょう。我々は我々の堕落を嘆きます。我々の心はそのように容易に何らかの被造物によって敬意の念へと動かされます：しかし、それらは汝の素晴らしさについて、あまりに弱くしか、それにふさわしいであろう崇拝へと導かれません。それでも、ますます多く、汝の権威の光線を我々の魂の内に入り込ませよ、それによって、求められた尊敬が成立し、次第に増していくように。あらゆる時に、汝の現存を目の前に立てよ。そして我々の内で、汝に対する敬意の念と恐れを増やせ。それによって、罪の快を我々の下でますます多く弱めさせよ。そして、善きものの熱心さと、それへと目覚めていることを、増大させよ。最終的に我々を、汝の啓示された素晴らしさの地に導けよ、我々が汝を完璧に認識し、汝を完全に終わりなく称えるところへ。汝、栄誉の神よ、それはやはりすべての内で唯一汝のみふさわしい。アーメン。ハレルヤ。

訳注

78 シュペーナーは、後に見るように神への恐れを従者的なものと子どもらしいものに区分する（Vgl.Erk29）
79 「列王記」の登場人物。シリアの軍の最高司令官であったが、病にかかり預言者エリシャによって治療される。
80 「サムエル記」の登場人物。ペリシテ人を破り、エルサレムに都を置いて全イスラエルの王となり、40年間統治した。
81 ダビデが使えていた、イスラエルの最初の王。ペリシテ人との戦いに敗れ自殺する。
82 カトリック教会とルター派教会以外のキリスト教会では、モーセの十戒の5番目とする。
83 『敬虔ナル願望』はもともと、牧師たちに向けて相互に改革を促進するよう書かれたものであり、「人が、正しく敬神で再生した牧師たちをもつことがどれほど重要で、これに対し、そうした人々でなく肉的な人々をもつ教区民たちがいかに不幸であるか」（WP269）をシュペーナーは強調する。
84 シュペーナーは『敬虔ナル願望』で、当時の聖職者階級の問題点を指摘し、彼らが「いかに深く古い誕生に入り込み、正しい再生の徴を実際にはもっていないか」（PD114 邦訳72頁）を嘆いている。「教会における我々の最大の腐敗が、たいていの教師が特に肉的で、再生していない人々であることに由来する」（WP267）とまでシュペーナーは言う。もっともシュペーナーは、「牧師職が、神によって任命された特別な階級であること」（SHS454）は否定しない。

85 ユダヤ人たちを奴隷化し、エジプト脱出を引き起こしたエジプトの王。歴史上のどの王に当たるかはエジプト側に記録がなく不明。

86 「列王記」・「エレミヤ記」の登場人物。レカブの子で、レカブ人の始祖となった。子孫にワインを飲まないよう命じていた。

87 出エジプト記12章14節を参照。

88 とは言っても、シュペーナーは「外面的な礼拝あるいは恩寵手段の軽蔑のために」、こう言うのではなく、「人が外面的な殻の元にのみ言わば留まろうとし、その力を否定するなら、為サレタル働キの元に留まろうとするのだから、人はそれらをそれによって誹謗しているに過ぎない」からである（WP225）。

89 シュペーナーが聖職者階級に求めるのは、「キリスト教の第一の実践的原理、自己自身の否定」（PD114 邦訳72頁）である。これは特に、「我々自身の肉的な愛の否定」を意味するが、この愛はまた「自愛」とも呼ばれる（DigF78）。

90 これは、「活きた認識であり、それによって、聖霊が、言葉を聞き、その働きに抵抗しない者たちの魂をその光において証明し、彼らは、彼らにとって至福のために必要な神的諸事物の真理を、自身聖書において、聖書から、最高の素朴さにおいて、神的仕方で認識し理解する」（Erk128）。「言葉からのすべての至福にする認識は聖霊の光であるのでなければならない」（WP234）のである。

91 神は「霊であり、永遠、全能、全知、最高に賢明、偏在、誠実、正しく、善で、慈悲深い」（Erk137）。「義は神そのものであり、慈悲は神そのものである」（SHS362）とも言う。

92 「神の子らと悪魔の子ら」（SHS520）が、キリストによって救済された者とされていない者として対置される。

93 シュペーナーはそう言いつつも、信者の意志の自由を否定する「恩寵の選び」という教説に関しては、カルバン派、ドイツでは改革派を批判する（Vgl. SHS449）。

94 「心から謙虚である者は、自身をいかなる栄誉にも値しないと見なし、他人にもそれを求めず、それによって不安にもならない」(DigF106)。
95 イエス・キリストは「父から永遠において生まれ、したがって一つの本質であり、父と同じ神である」(Erk165)。
96 従者的な恐れとは「人が神を、人が彼から受ける罰の故にのみ、愛も信頼もなく恐れる場合」(Erk29) を言う。
97 「我々がなお落ち着かない良心をもって、神とその裁きを考えると、さもなくば直ちに我々に来るような従者的な恐れ」(DIME651) とも言われる。
98 子どもらしい恐れとは、「人が神を愛する父として恐れ、たとえいかなる罰も期待される必要がなくとも、愛から彼を怒らせようとしない場合」(同上) を言う。
99 アラム語で父親を親しく呼ぶ言葉。
100 「創世記」の登場人物。神から啓示を受け、伝説的なイスラエル民族の始祖となった。ユダヤ教、キリスト教、イスラム教はアブラハムの宗教と自称する。
101 「創世記」の登場人物。アダムの六代目の子孫とされる。ノアの洪水で有名なノアの曽祖父にあたる。
102 『新共同訳』では「神と共に歩み」。
103 自伝によれば、シュペーナーは常に、自分の行為が神の意志に反していないか恐れ、自分の決定を第三者に委ねることが多かったという。また、彼は「それだけしばしば、いくつかの場合には、何が神的意志であり、私は何をすべきであり、止めるべきだったか認識しなかった」とし、「しばしば人間的な熟考から、若干のことをしたが、神的賢明さによれば別のようにあるべきだった」と嘆いている (L47)。
104 「人々に外面的な悪徳を止めさせることと、外面的な徳の実行に駆り立て、よって言わば外なる人間とのみ関わるだけでは、我々はいかにしても満足するべきでない」(PD246 邦訳151頁)。「すべては再生と新しい人間に懸かっているのであり、外面的なものはその促進の手段でしかない」(WP237) のである。

105 敬虔主義には一般に、自然神学的傾向が見られる。例えば、シュペーナーにも強い影響を与えたヨハン・アルント（1555－1621）の主著『真のキリスト教についての四巻』の第四巻のタイトルは、「自然ノ巻。いかにして自然の大いなる世界書は神について証言し、神へと導くか」というものである。

106 イザヤ書6章2－3節を参照。

3　神への従順

テキスト：エゼキエル書36章27節
私は私の霊を汝らに与え、私の命令において振る舞い、私の法を守り、それに従って為す人々を汝らの内から作ろう。

A　冒頭

再生からの新しい本性のあり方について、我々はもはやすでに次のことを考察した、それのみがイエス・キリストの義を保つということを。それはこれ以外の何物も神の玉座の前にもっていかない。それは自らの内に、そこからそれが生まれた神への心からの愛と神に対する大きな敬意の念と子どもらしい恐れももつ。さて、我々は次のことを考察したい、神へのそのような愛と、敬意の念を示す恐れから何が帰結するかを：それは彼の命令に対する従順である。再生した者は、すぐに、この彼の新しい誕生から、すべてにおいて神に進んで従順であろうとする熱望と欲求をもつ。そして彼はまた、それへの意欲と能力ももつ。そのことを我々は我々のテキストから見て取る。――主は我々に新しい人間のこうしたあり方を認識させるだけではない：そうではなく、彼はそれ自身を我々の内に作り出す、それによって我々が、我々が神の言葉からそれについて聞いていたものを、自身の経験においてもつように。イエス・キリストのために。アーメン。

B　テキストの言葉の説明

これらの言葉は直接に、我々が既に検討し、次のことの根底に置いたものから帰結する、再生は新しい人間の創造にこそ存し、あるいは、それによって我々の内に全く新しい本性が作られるということの。我々の言葉は今や、そのような新しい人間や、あるいはそのような新しい本性がいかなる性質をもつかを示す。その際我々は**神的働きと人間におけるその力**「エゼキエル書36・27についてはR84－110を参照」を考察しよう。

I

神的な働きに関しては、ここでは二様に存する：

(1)第一に：**私は私の霊を汝らの中に与えよう。**[xi] ヘブライ語のテキストでは次のようになる：**そして**

私は私の霊を汝らの中に与えよう。これは次のことを意味するべきである、これが以前の善行の継続であること、あるいは、それもやはりそれに属していることを。前もって次のように言われていた：神はイスラエル人たちに新しい心と新しい霊を与えようとする[107]：すなわち、軟弱で、自分自身に従事させる肉的な心を：それは意にそぐわないということはない。他方彼は、石の心を取り去ろうとする[108]、したがって、硬く、反抗的な種類のものを。さて、ここで次のことが示されている、何によってそれが起きるべきなのかが：神はそのために彼の霊を与えようとする、それはこうしたすべてを作り出す、そして彼は、彼のあり方をもつ霊を彼らの内に創造しようとする。彼はそのような霊を再生者たちにも与え、それは彼らの下にあり、留まり、そして働く。それを我々は次のように見ねばならない：再生そのものが霊によって生じる、と。しかし、これは再生者たちに、次のためにも与えられる、それが善い始められたことを常に彼らの内で継続し、保ち、さらに増すために。

それをするのは神である：私は[xii]と言われる。その下で我々は全三位一体を理解した、我々が先行する言葉を説明したときに。我々は全く次のように言うことができよう、父と息子が霊を与えるのではなく、それもまたそれ自身を与えるのであると。それでも、ここには次のようにある：私の霊、と。ここから我々は次のことを見て取る、ここで語るものとして導入されているのは父と子であるということを。霊はそれら両者の霊である。しかし次のように言われる場合：私の霊と、我々はその下で、先行する詩行では新しい霊と呼ばれていた、新しい人間そのものを理解しない——というのも、それは霊から生まれた霊［ヨハネ3・6］だからである――：そうではなく、それは、本質的な神の霊と理解されるべきである、三位一体の第三位格と。聖書では明らかに次のことが証言されている、その賜物だけが信者に与えられるのではなく、それ自身も与えられるのだと。キリストは彼の使徒に次のように言う：私は父に頼み、彼は汝らに別の慰め手を与えるであろう、彼は汝らの下に永遠に留まろう［同14・16］：真理の霊である、それを世間は受け入れることができない［同17節］。さらに彼は言う：しかし、慰め手、聖霊は、私の父が私の名において送り、汝らにすべてを教えるであろう［同26節］。そしてさらに：しかし、私が汝らに父から送るであろう慰め手、父から出る真理の霊が来るであろう場合には、それが私について証言するであろう［同15・26、同16・7－8、13－14も参照］。また次のようにも言われる：汝らは子どもらであるから、神は彼の子の霊を汝らの心に送った、それは叫ぶ：アッバ、愛する父よ！［ガラテヤ4・6］そして：汝らは知らないのか、汝らが神の神殿であること、神の霊が汝らの内に住んでいることを？［Ⅰコリント3・16］特に、使徒ヨハネも[109]次のように証言する：我々は次のことから、彼が我々の内に留まるということから、彼が我々に送った霊を認識する［Ⅰヨハネ3・24］。そして：我々が彼の下に留まり、彼が我々の内に留まるということから、彼が我々に彼の霊から与えたという

---

xi 『エルベルフェルダー訳聖書』：そして、私は汝らの内に私の霊を与えるであろう

xii 三位一体については、R87とW80－146を参照。

ことを認識する［同4・13］。すべてのこれらの聖書の箇所は十分に顧慮されてこなかった、我々がそこから次のことだけを読み取ろうとしていた場合には、我々にただ霊の賜物のみが送られているということだけを：というのも、明確に必ず霊自身にも言及されているから。

テキストは次のように言う：神が霊を与えるであろう。これは次のことを意味する：純粋な恩寵から送ること、を。[110] 我々は前もって何もすることはできない、それによって我々がそれに値するようになるであろうようなことは。いかにして我々はそれに値するようになりうるべきだろうか？ 我々がそれをもつ以前に、我々にはほんのわずかな善、あるいは神の気に入るようなことをするための能力はない。[111] そしてしかも、次のように言われる：汝らの内に。ヘブライ語のテキストでは：汝らの真ん中に。それは次のことを意味する：汝らの心と魂の内に、それによって彼は、汝らの下に、そして汝らの周りにあり、汝らを外から統治しているのみならず、正しく彼の住居の内として、そして彼の神殿の内としての汝らの内にある。そこでまた次のように言われる、霊が信者たちの心の内にある、パウロが次のように言う場合には：しかし神は、我々を汝らと共にキリストにつなぎ留め、我々に塗油し、補強して、我々の心の内に徴を、霊を与えた者である［IIコリント1・21－22］。しかも肉体について次のように言われる：汝らは知らないか、汝らの肉体は、汝らの中にあり、汝らが神から得た聖霊の神殿であり、汝ら自身のものではないということを？［Iコリント6・19］これこそ大切な善行である。そこから必然的に次のことが結論される：もし、全く堕落し、自分からは善への能力を持たない者が、善を為し、神の命令に従って振る舞うことができるとしたら、そこでは創造主の力から来る、そしてすべての生命を創造した霊からの変化が先行しなければならない、ということが。[112]

⑵第二にここには次のようにある：**そしてそのような人々を汝らから作ろう**。与えられた霊は、無為であるはずもなく、働きがないはずがない：そうではなく、それは全く新しい本質の創造へと忙しく働いているのが明らかになるはずである。そのように、先行する新しい心と新しい霊の詩句において考えられている：これは神の霊の業である。しかしもし我々がこのこと——そのような人々を作ること——を正しく明確に理解したいならば、言葉は最も良くそう説明される：というのも、**我々は彼の業であり、イエス・キリストにおいて善き業のために創造され、それへと神は前もって我々を、我々がそこで振る舞うべきように、準備した**［エフェソ2・10］。したがって神は、我々から優れた人々を作る：（a）彼はイエス・キリストにおいて**我々を新たに**[xiii]**創造する**：それは次のことを意味する：彼の功績と彼の復活の力から、しかも霊によって。この新たな創造について我々は、先行する詩行を手に語った。そこに再生の第三の部分が存する。神の力によって、我々の内に新たなあり方、神に従う考え方をもった新しい人間が作られる。（b）そこでそれに、善なる業への準備が加わる。新しい創造において与えられた力は保たれ、強められ、人は善へとより有用になるだけではない：そうではなく、神の霊はまた

xiii　R84—110を参照。

あらゆる機会にいつもそれへの新たな衝動を与える。したがって、次のように言われる：神の霊が駆り立てる者たちは、神の子らである［ローマ8・14］：というのも、彼らは自らを彼によって駆り立てさせ、統治させるからである。そこでそのような衝動は常に神による新たな準備なのである。

II

我々は神の業を考察してきた。今から続くのは、それにより人間の下で何が達成されるか、あるいは、これらがそこで何をするか、である。(1) これについては次のように言われる：それらは私の命令の内で振る舞い、私の法を守り、それに従って為す。（a）我々は次のことに気付く：もしこのことが起きるべきであるなら、そこで我々はまず、そのような人々に変えられねばならない。つまり、我々はそのような能力を自分自身からはもっていない：そうではなく、それはまず我々に与えられねばならない。神の命令の内で振る舞うはずの者は誰も、まず別の人間に成されねばならないのである。そうでなければ、彼はそのようなことはできない、ちょうど自然な死者が肉体的には振る舞えないように。さらにまた我々は次のことを見る：もし誰かが神の命令の内でまだなお振る舞うことができない、あるいは振る舞おうとしないならば、彼はまだ別の人間ではない：そうではなく、彼はただ、彼が自然からあるままである、ということを。それに加え：再生者たちによって神的命令に対する従順において起きることは、彼らの業ではなく、彼らの内の神の業である。（b）振る舞いの規則としては、次のように示される：私の命令、私の法。

聖書は次の三つの異なる言葉を使うのが常である：律法、命令と法［申命記6・1。ヘブライ語でMiswah（道徳法則）、Chuqqa（祭壇法則）、Misschpath（法規約）］；あるいは四つ目の言葉に：指導「歴代誌下19・10、Thora（教え）」が加えられる。――最初の三つの言葉があるところでは、若干の神学者はそれらを次のように理解する：律法はすべての人間に関わる。その総括が十戒[113]にある。命令は、主がユダヤ的な礼拝のために与えた指図である。その代わりには、しばしば規約とも言われる。法ということでは、ユダヤ的な警察に与えられた法律が言われている。この区別を私は非難する気はない。しかし、それは、それらの言葉が単独であるところでは、維持されることはできない。むしろ、それぞれの言葉が神的命令をも意味しうる。[114]

ここで考えられているのは、すべての命令と規約かもしれない、神なる主が、それによって我々がそれに従うように、命じたところの。そうだとすると、法とは、彼が裁判官として与えたものとなる。彼はそれに従って裁こうというのである。我々はここで、その下では、福音に対立する命令と律法のみを把握しなければならないのではない：そうではなく、福音の規定そのものをも把握しなければならない、それについてヨハネが次のように語っているように：そして、そのことは彼の命令である、我々が彼の息子であるイエス・キリストの名前を信じ、たがいに愛し合うということは、彼が我々に一つの命令を与えたように［Iヨハネ3・23］。我々が福音を排除してはならないということを、我々は次のことから見て取る、我々のテキストに次のようにあることから：神は彼らの上にきれいな水を注ごうとする、彼らが、すべての彼らの不浄から清められるであろうように［エゼキエル書36・25］。このことは、罪の赦しの福音的約束であり、それは信仰によって捉えられねばならない。したがって、新生した者たちが神の命令と法に従って振る舞うところでは、まず次のことが第一である、彼らが、神の法廷の前には、彼らの救世主の義以外のいかなる義も持ち出そうとしないということが。それ故に、我々はこのことを、新しい人間のあり方における第一のものとして述べたのである。しかし、ここで、福音の従順、[xiv]あるいは、それがそうも呼ばれているように、信仰の従順［ローマ1・5を参照］が考えられているように——人間は信仰によって神的恩寵に与り、それによって、天上の父が彼を浄福にしようとするのであるが——、さらにまた、生活の規則のために与えられたその他の神的命令が、その下で理解される。

(2) これについては次のように言われる：彼らはその内で振る舞い、それらを守り、それらに従って為す。したがって、彼らはそれらを知るであろうだけではなく、またそれらを正しく知ろうと努力するだけでもない。彼らはそれらを誉め、承認し、それらを正しいと見なすであろうだけではない。彼らはまた、神を次のことによって称えるであろうだけではない、つまり彼が彼らに聖なる命令を与えたということによって：そうではなく、行いもそれに加わるであろう：（a）彼らは命令の内で振る舞うであろう。彼らは神的命令を、彼らの全生涯においてその上を悠々と歩かなければならない道と見なすであろう、ちょうど、決して彼の道からそれない旅人の様に：というのも、彼は次のことに用心しなければならないからである、そこでもはや彼がその上を行くことができず、ますます迷ってしまいうるということに。しかし、彼はまたその上に立っている、あるいはいるままではない：そうではなく、彼はますますさらに前進する、彼が道を最終的には終わりへもたらすように。[115] この比喩は次の二通りのことを示している：人間たちが神的命令を目前にしているところでは、彼らはその下に止まらなければならない、ちょうど道からわずかでもそれない人のように。したがって、彼らには、神的命令に従って以外に振る舞うことは許されていない。そうだとすると：我々は疲れていてはならない：そうではなく、我々がこうした善を為した場合には、我々はより一層多くを為すように前進しなければならない。そう、我々は前進しなければならない、我々が目的に段々に近づくように。したがって我々は、従順において、より一層熟練し、より熱心に、そしてより用心深くならねばならない。（b）そこでテキストも、守ること、あるいは保持することについて語る。それが意味するのは、我々は命令を思惟において、あるいは記憶において保持しなければならないというだけではない：そうではなく、それらを次のようにも保持しなければならない、我々がそれらに反して何もしないように。そのことはますます明確である、なぜなら、（c）その際、次のようにあるからである：それに従って為す、あるいは、

xiv　R11－139を参照。

本来そう言われているように：それらを為す。それが意味しているのは、それらが求めるものを現実に為し遂げることである。

我々はここで、再生者たちの義務であることについて、見ている：再生は彼らを神的命令に対する従順から解放するわけではない：そうではなく、それは彼らをますますそれへとつなぎとめる：というのも、それは彼らにそのための力をも与えるからである。次のように言われる場合：正しい者には**いかなる律法も与えられない**［Ⅰテモテ1・9］、それが意味しようとしていることは、正しい者は命令に対する従順から解放されているということではない：そうではなく、ただ、彼らは強制を必要としないということなのである。[116] 我々はまた、再生者たちが現に何をするかも見る：**彼らは神的命令を守る**。したがって、次のことが彼らにとっても可能でなければならない、それを守るということが。その際しかし、我々は常に次の区別に気づかなければならない：律法の厳格さに従って神的命令を完全に守ることについて語られているのではない、我々の業によって、彼らに起きうることとして［ローマ11・12］：というのも、それは不可能だからである、再生者たちもなお肉の中にある限りは。[117] 彼らは、彼らの新しい誕生と並んで、やはりまだ古い誕生と本性もそれ自体もっている。彼らが、霊に従って、善いことをしようと努力する場合、それでも、彼らの罪深い肉は霊と争うのである。このことは次のことを引き起こす、彼らの業は完全でないということを：そうではなく、それらは汚れていて、律法を満足することはない。[118] もしこのことが可能であったとするなら、我々は神の前でキリストの義を必要としないであろう……そうではなく、我々は我々のものをもって立つことができるであろう。しかしそれは、聖書の証言に反する。[119]

しかしながら、それでも次のことは真であり続ける、再生者たちは神の命令を守るということは。それでも、このことは、福音の善に従って理解されなければならない。[120] これは次のことに存するのではない、神があたかも、彼の再生者たちに今や全く違った、あるいはより弱い律法しか与えていなかったであろうというようなことには……というのも、神の義[121]と、したがって、神的律法におけるその表現は不変であるからである。こうした善はむしろ、次のことに存する、神が彼らの内で彼の霊を通じて働くということに。彼らは、恩寵と、彼らが受け取った力の尺度に従って、神的命令を守ることに努める。最愛なる父は、彼の子らのそうした従順を、それが不完全であるにもかかわらず、受け入れるのである。[122] しかしそれは、子どもらしい、誠実な心から、彼の霊の力において為し遂げられている。そして、彼はそれを、彼らが信仰において捕捉する、彼の息子であるキリストの完全な従順の故に受け入れる。これは彼らのそれの不完全さを埋め合わせるのである。神はそれに満足される、あたかも、それが完全な従順であるかのように……それはまだそれ自体そのものだけでは律法を満足することはできず、なお多くの誤りをそれ自体にもっているにもかかわらず。[123]

我々はもちろん、イエス・キリストにおける神の恩寵と福音に次のことに対して感謝する必要がある、聖書が我々の不完全な従順に、従順の表記を与え、それを受け入れていることに。しかし、霊は我々の従順の価値を認めるが故に、彼はそれを、命令を守ることと呼び、よって我々はそれにこの表記を否認する必要はない：そうではなく、我々はそれにこの名前を与える必要がある。我々は次のような語り方をしないでおかなければならないわけではない、人間は一定の今や説明された意味において、神の命令を守る。しかし、我々はまた別の次のような語り方をもしておかなければならない、人間は —— 別の本質的な意味においては —— 神の命令を守る能力がない：やはり再生の状態においても。両方の語り方は、その良い説明と共に両立し、そして我々の教会書[xv]はそれを明確にそのように教えている。

C　教え

主要な教えとして我々は次のテキストを取り出す、神的命令に対する従順も、新しいあり方の一部であり、再生から結果する。これについて我々は以下のことを述べる。

(1) 我々は本性からそのような従順をもはやもっていない。なるほど、我々は神的似像に創造された。我々は初め神的意志と同じ意志を持っていた。したがって、我々自身神的命令に欲求をもっていた：というのも、これは神的意志以外の何物でもないからである。よって我々は、困難なく、自ずからすべてをそのような命令に従って為すことができたであろう、かくも深く本性に刻み込まれた命令に：というのも、各々が好んで彼の傾向性に従って生き、行為するからである。それは、誠実な義と聖性［エフェソ4・24］であった。これは神的意志との同等に他ならない。そのために我々は創造されたのである。しかし、堕罪［創世記3章］以降、我々はもはや、神の命令に対する自分自身の欲求はもっていない：というのも、我々は、最初の両親にもたらされた蛇の種によって、我々が本性からそうであったのとは、まったく違ったものになってしまったからである。[124] 我々はもはや神のような心情はもっていないのであり、むしろサタン[125]に等しい。したがって、神の命令へのいかなる意欲ももはや存在していない：そうではなく、自分自身の意志に従って生き、行為するという常なる欲求しか存在していない。したがって、我々の下にはそのような従順への能力も本性からは存在していない。それを我々は次のことからも読み取る、我々の自然的状態が次のように言われることから、我々は罪において死んでいる［エフェソ2・1］、と。

(2) したがって、すべては再生から由来するのでなければならない：従順も、同様にそれへの力と意欲も。我々が善き業［同10節］を為すべきであるとしたら —— それがここで考えられている従順である —— 我々はそのために新たにキリストにおいて創造されなければならない。[126] そう、我々はまた次のことに

xv 例えば、メランヒトンのアウグスブルク信仰告白への弁明書（1530年）：福音は新しい義を教える：我々はキリストの故に神の気に入るのである、我々は律法を満たせないにもかかわらず。そして、それでも我々は、律法を為すべきなのである（ミュラー－コルデ141頁）。

常に用意していなければならない、我々がその内で振る舞うべきであり、それを為しうるということに。神は彼の律法を我々の心に与え、我々の性格に書き込んだ［エレミヤ書31・33］に違いない。それは次のことを意味する：彼は我々の心と我々の性格を次のように変化させなければならない、それら自身が、律法においてあてがわれた善への欲求をもつように。よって、従順は内なら来るのでなければならない。まず、善い木が植えられ［マタイ12・33］なければならないのである。その後、初めてそれは善い実を実らせる。したがって、ヨハネは次のことを明確に見ている、正しく為す者、あるいは義を為す者は、神から生まれた［Iヨハネ2・29］ということを。それは次のことを意味する：神的命令に従順である者。神から生まれた者は罪を為さない――よって彼は神の気にいることを為す――：というのも、彼の種が彼の下に留まっているからである［同3・9］――再生の神の言葉が、それは彼の内に植えつけられ、常に力強い――：そして彼は罪を犯すことができない――すなわち故意にはできない[127]――：というのも、彼は神から生まれたからである。したがって、さらに次のように言われる：それによって人は知る、どの人々が神の子らであり、どの人々が悪魔の子ら［同10節］であるかを：すなわち、そのような従順によって。よってこれは、新しい人間のあり方に属しているに違いない。

(3) しかしながら、こうした従順は、我々が新しい人間のあり方に数え入れた、先の部分から成る。(a) 信仰と、キリストの義への信頼から、もし我々が、その内に我々の至福を認識し始めたならば、そして、どの程度イエス・キリストにおける大切な救済の財産が、世間がそのすべての財産と共に与えうるすべてのものより卓越しているかを。それと共に、すべての地上的なもの――自己の栄誉、利益と欲求――に対する愛は、弱められる。これらは、さもなければ、神に対する従順にとっての最大の障害である。これらを軽視することを学んだ者にとっては、従順は容易となる。(b) それはまた、神への愛に由来する。というのも、我々が彼を正しく愛するならば、我々はまた彼の意志をも愛するからである…よって、彼の命令をも。そして、我々が愛することを、我々は好んで為す。そうでなくとも、人が、その真に愛する者に満足させるために好んですべてをするということは、当然である。さもなければ、人は自分自身からそのためのいかなる傾向性ももたないであろう。神がその命令において自分の意志を示すやいなや、彼に対する愛は直ちに、この意志を為す従順をも作り出す…ちょうど次のように言われていたように…それによって我々は認識する、我々が神を愛するなら、我々は神の子らを愛する、そして――そこから帰結するのだが――彼の命令を守る〔同5・2〕ことを。(c) そのような従順は、さらに神への恐れと敬意の念から由来する。もし私が誰かを大いに尊敬し、彼をはるかにひいきするならば、私の意志を彼のより後にするようにせずにはいられない。私は好んで、彼の気にいることを為す。さて、私が神に対して抱く敬意の念が、人間に対するものよりそれだけ高くあるべきであるとすれば、これはそれだけ一層従順を作り出さなければいけないし、また作り出すであろう。そして、これはますます大きい、なぜなら神への恐れは私に、もし私が彼の命令を守らなかったら、彼を怒りへと刺激するであろうし、私は罰なしではいられないであろうことと表象されるのであるから。

もし罰へのそのような恐れが何か従者的なものであり、こうした従順の正しい根拠でないとしても、それはやはり、罪ある肉を思いとどまらせ、そのため、我々にとって我々の従順の練習において、それほど妨げとなるものではないであろう。

(4) 根拠として、善への力と意欲をもつものは従順である。これらは再生から来る、そしてそれらは、進んでする、喜んだ心をもって生じる。これについては、次の回に語られるであろう。この従順は、ただ神のために生じるのであって、しかし、我々のためにではない。再生者は次のことを知っている、すべての善きものは神によって報いられるべきであるということ、それと、将来いつか、正しき者と神なき者の間には、大きな違いが示されるであろうということを：神に仕える者と、彼に仕えない者との間には［マラキ書3・18］。[128] 約束は彼をより一層従順へと駆り立てる。そして、我々は神の善を次のことから認識する、彼が我々の弱さを気にかけ、我々を多くの約束によって、彼の命令を守るように勇気づけるということから。[129] したがって、モーセによって次のように言われている：彼ははるかにより好んで、神の民が厄介に悩まされるような多くのことを選んだ、罪を時間的に享受することよりも、そしてエジプトの宝より一層大きな財産のために、キリストの不名誉を尊重した：というのも、彼は褒美を見ていたからである［ヘブライ11・25－26］。それでも、再生者においては、そうした意図は唯一のものでもないし、最も高潔なものでもない：そうではなく、従順は内面から、神への愛から、神への恐れからくる、すでにわれわれが聞いたように。褒美への願いは、ただ、肉の怠惰を阻止し、あるいはその助けになるためにのみ役立つ。もし再生者が、彼が為す善についていかなる褒美も期待できないとしても、それでもなお彼はそれを進んで為すであろう、神ご自身のために。これに対し、もし誰かが、神への愛からではなく、褒賞のためにのみ従順であるなら、このことは、彼が再生していないということを示す。[130] 彼はそれによって、彼の褒賞の最も卓越したものを失っているのである。

(5) 再生者は彼の従順において、**すべての神的規則に従う**。彼は、彼の天上の父が啓示していることのすべてを、従順をもって、受け入れる。彼は、彼が彼の救済のために彼に命じたすべての規則に従属する。彼は、神がなぜそれをそう指示するのかを、またそれが必然であるか否かも、あれこれ詮索しない。彼にとっては十分である、それを指示することが彼の天上の父の気にいったということで。そして、神がより立派でないことを指示すべきであったとしても、彼はやはりそれに満足する。本来的な命令に関しては、従順は再びそれらの間を区別しない。真に再生した者は、一つの命令に、他の命令と同様に、努める。誰かが命令の間で選抜をしているところには、真の従順は存在しない。若干についてはそれは自明である。他に際しては、彼はそれを守るか否かという自由をもつであろう。ここで示されているのは、彼がやはり、彼がそれでもすることを従順からするのではなく、それが彼の気にいる故にするということである。再生者は、自身を固く神的命令につなぎ止め、彼はその外では何もしようとはしないほどである。それは次のことを意味する：彼は、神によって命じられない、彼の普遍的あるいは特殊的召命[131]に属すること以外は、何もあつかましくしようとしない。彼は自身がそのように義務づけられていることを知っている、ちょうど、彼の主に反抗する何もせず、しかしまた、彼の命令なしには何もあえてしないような従者のように。彼はただ神の命令次第である。

(6) 従順が誠実であるところでは、人は命じられたことを大きな熱意をもって行うだけではない：そうではなく、人はまたそれを、あらゆる部分において命令に適うような仕方で為す。というのも、それ自体そのものとして不正であることは罪であるというだけではないから：そうではなく、人が善を為す場合でも、しかし不正に、命じられたように為すのでないなら、それはやはり罪になるであろうし。人間は自分の心に注意し、命じられたことを正しい意図をもって為し、自分の栄誉や、自分の熱望や、自分の利己心のために為さないように[132]：そうではなく、彼がそれによって彼の神に従順を遂行するために。こうした注意は必要である。しかし、こうした従順は常に用心している、それがすべての状況に気をつけ、すべてを、神の栄誉と隣人の利益のために最善に果たされうるように、果たすよう。これはそこで次のことを意味する：用心深くふるまう、愚か者としてではなく、賢者として［エフェソ5・15］。ギリシア語のテキストによれば[xvi]：厳格に、大きな用心をもって、特別な熱心さで注意する、ちょうど引かれた線の上を進むべきであり、指一本分の幅も、そこから一方にあるいは他方に逸れてはならない者のように。我々は次のことを知っている：主が高潔であればあるだけ、それだけより厳格に彼は望む、彼の召使がほんのわずかでも彼の言葉からそれないことを。そして、召使の彼に対する尊敬が大きければ大きいほど、それだけ彼はより慎重にすべてにおいて自らを示すであろう。

さて、恐れと敬意の念が我々において、それが神の高い権威に対してあるべきようにあるならば、それは確かに次のことを実現させなければならないし、実現させるであろう、人が彼の命令に従順であるということを。そして人は厳格に注意するであろう、すべての状態においても主の意志がそこで為し遂げられるように。

(7) 最終的に、不変であり続ける従順がなければならない。再生者の下では、常に信仰が、そして愛と恐れもなければならない。それらは彼の魂に刻み込まれ、いわば彼の本性となっている。また従順も不変でなければならず、全生涯を通じて見られるのでなければならない。それはすることを止めない：今日、神に従順に生きること、そしてそのように、明日、彼の命令を故意に注意から外すこと、明後日、再び従順にかなっていること、そしてそのように、言わば絶えずただ入れ替わること。そうしたことが見いだされるところでは、人間は再生していない。そして、もし彼がそのように見なされたいか、あるいは自身をそのように見なすならば、そのとき彼は自身と他者を欺いているのである。そのように、彼が神の命令に従ってすることも、人がそれでも従順と見なしたいことも、真の従順ではない。もちろん、ある者がしばらくは真実に神的命令に対する従順に努め、後には再びそれを止めるということは可能である。しかし、そのとき彼は自分の再生を失っており、彼は新たに再生しなければならない。[133] しかし、

xvi　ギリシア語で akribos（正確に）：『エルベルフェルダー訳聖書』では sorgfältig（細心に）

それは確かに、人が一般的に思い込んでいるほど容易ではない。そして、もう一度再生した者は、決意をずっと固くし、その後では、それを容易には新たに超えないであろう。しかし、しばしばの交代は、再生と、そこから生じる従順のあり方には反する。新しい人間は、すべてのそのあり方と共に不変なものである。

D　訓戒

この後は、我が愛する人々よ、我々は再び神の前で自らを吟味しなければならない、我々の再生の必要な確信をもつためには。キリストの義への信頼に関しては、神への愛と神への恐れ —— それについては、以前の回で取り扱った —— 吟味ははるかにより難しい：というのも、すべては内面的なものに隠されており、人はその内では容易に自身を欺くからである。[134] 人はそれについてあまりに信じすぎるか、あるいはあまりに信じないかでありうる。しかし、従順の下ではより容易で、より確実な吟味が存在する。というのも、見よ、我が愛する人よ、それを見出すのは汝にとって困難ではないであろうから、汝の生活が神の命令に従って調整されているよう汝が励んでいるかどうかを：よって、汝が命令に従順であるか否かを。それについての多くのことは外面的に見られることができる。[135] それはまたあまりにも困難な事柄でもない、汝が神の命令に対する従順に際し、誠実な心をもっているかどうか、自ら探求することは∴すなわち、汝がそうした行為において、汝のものを求めるか、あるいは、汝の天なる父の意志を求めるかを。汝はただ、汝の心に注意するということに少し慣れさえすればよい。よって、我々は誠実に神の前でそうした徴によって我々自身を吟味しよう。しかし、我々は我々自身を吟味しよう、我々が我々を、意志をもって、あるいは不注意から欺かないように。それは起きるであろう、もし我々が我々におもねるならば。しかし、それによって我々はただ、我々自身に最大の害を為すだけであろうが。

そして、何故に我々は、我々の神に対する従順において、自身を怠けがちと見出させるべきなのだろうか？　そのような従順は、我々の創造と保持の目的である。何のために天なる父は私や汝に生命を与えたのだろうか、魂を、肉体を、我々の感覚を、我々の四肢を、手を、足を？　何故に彼は我々にそれらをなお保持し、我々の生はあらゆる瞬間において言わば彼からの新たなる流出であるのか？なお、それに加えて、我々は、我々のもつ――そしてあらゆる瞬間において繰り返し新たに得る――すべてのものを彼への奉仕と従順に用いる。何故に、愛する救済者は我々をかくも大切に彼の血をもってあがなったのだろうか？　そう、やはり、そうした従順のゆえである！　次のように言われるように∴自分自身を我々のために与えた者、彼は我々をあらゆる不正義から解放し、自分自身で民を、善い業に熱心であろう所有物へと純化した［テトス2・14］∴それは次のことを意味する∴それについて我々が今語った従順へと。何故に霊は我々を再生し、我々に善の力を与え、よって我々を善い業へと創造し、用意したのだろうか？　そう、我々がその内で振る舞うべきだという目的のためである！　とするなら、我々はいかに、感謝せずにいるべきであろう、そして神から、彼の我々に示された善行の果実を奪おうとするだろうか！　彼がそのような従順からただ単なる栄誉を得るに応じて、それだけますます。我々の従順のすべてのその他の利点と利益は、我々の役に立つ。

E　慰め

もし我々がそのような従順に心から励むならば、我々は次のこのような慰めをもつ：最愛なる父は我々にこの従順について、非常に明白な徴を与えてくれた。それによって、我々は我々の再生の、そして、よって恩寵の状態の確実さを見出すことができ、我々の良心の安心となる。我々の確信はその際、従順そのものにではなく、それによって証しされる、内に住む神の恩寵に基づく。

それと並んで、次のこれも一つの慰めである：モーセが我々からいかにして従順を求めたかと、それに対して我々の愛する救世主がいかにしてそれを我々から求めたかに、大きな違いがあるということは。**モーセ**は次のようにそれを求めた、彼はそのための力を我々に与えないで。**生かすことができるような、いかなる律法も与えられていないように**［ガラテヤ3・21］。そうではなく、我々は次のことを見ておきたい、どこから我々は力を得るのかを。さらに、彼が、ほんのわずかの欠陥をなおそれ自身にもつ従順を受け入れないとすれば。むしろ、すべては完全であるべきである。これに対して、**キリスト**［フィリピ2・8］は我々からこうした従順を次のように求める、彼自身がそれを我々の内で働かせ、我々にそのための彼の霊の力を与えようとしながら。再び彼は、我々に忍耐をもとうとしてくれる、もし我々の従順が誠実でさえあるなら、それがなおその完全性についてかくも多くのものを欠いているにもかかわらず。

そして、次のこともなんと素晴らしい慰めであろうか：この披露された教えによれば、誠実なキリスト教徒たちは疑いをもち、配慮することができる、彼らの下には、従順の代わりにはるかに多く不従順が見いだされるのではないかと、なぜなら、彼らはあれこれの点で、彼らの下になおそれだけ多くのものを見出すからである、彼らがそれをあちこちで果たしているところでは。これらはそれでも神の前で、それについて神が忍耐をもってくれようとする従順の内にある、彼らの魂において、誠実で真剣な次のような意図がなお力をもち、もち続けている限りは、彼らがすべてのことにおいて、彼らの神に従順になろうとすることを求めるというような。[136]そこで彼らは彼らの良心の証しを保持する、彼が熱心に善いことに努力しているという。ただ、これがなく、人が善へと熱心を向けないところでは、意図も誠実ではない。そして、これが誠実でなく、真剣でないところでは、私は誰にも、彼の害についての彼の安全を支持するつもりはない。そこでもし、あるいはそこ、あるいはここで、何かが起きる場合、弱さの罪[137]において、行為と怠りにおいて――しかし、誰かがそれに気づくやいなや、悔い改めと、そうした罪に将来それだけより真剣に抵抗しようとする新しい意図が引き続くなら――神はこの従順に忍耐をもとうとしてくれる。というのも、彼はすべてにおいてより一層、魂の最も内なる根底を見るからである――これが最も高貴なものである――、外面的な成果よりも。彼は、常なる、不変の、心からの意図と意志を――人は良く気づくであろう、私がこれらをいかに記述するかを：そして誰も自らを単なる空想では騙せない、こうした意志の代わりに――外的な業そのものよりもより一層そうした従順と見なす。それ以外に、我々の従順に張り付いているすべての不従順は、神の子らの下では償われ、主イエスの従順によって置き換えられている、彼は彼の父に死に至るまで、それどころか十字架での死に至るまで従順であった。これへの信仰によって、我々の従順は望ましいものと考えられ、神の法廷の前で、こちらでもあちらでも受け入れられるであろう。

F　祈り

義なる神よ、誠実なる父よ！　汝はふさわしい、汝が創造したすべてのものが汝に従うということに。すべてはそのように義務を負っている。我々は次のことを汝に感謝する、汝が汝の愛する息子の従順を、我々の不従順に対するとりなしとして受け入れてくれたことに、そして、そこから我々が汝に従順となりうる汝の恩寵を与えようとしてくれることに。それでも汝の霊をさらに我々すべての内に与えたまえ、そして、そうした人々を我々から作りたまえ、心の全体から汝の命令において振る舞い、汝の法を守り、汝の栄誉を増すために、隣人の利益と教化のためにそれに従って為すような人々を[138]：さらに、我々の再生と我々の永遠の遺産の保証のために。汝の息子の従順のために。アーメン。

訳注

107 エゼキエル書36章26節を参照。

108 エゼキエル書36章27節を参照。

109 イエスの使徒。兄ヤコブと共にガリラヤ湖で漁師をしていたが、イエスに出会い、兄と共にその最初の弟子となった。「ヨハネによる福音書」、「ヨハネの手紙一」、「ヨハネの手紙二」、「ヨハネの手紙三」、「ヨハネの黙示録」の著者とされてきたが、近年の聖書学はそれには否定的である。

110 シュペーナーによれば、神はその言葉をすべての人に与えているし、「それに抵抗せず、悔い改めと信仰に至るのに必要な霊の恩寵もすべての人に授けている」（SHS493）のである。

111 シュペーナーは、非再生者には「本来的に善い、神の気にいる業は為しえない、霊と信仰から生じねばならず、したがって唯一神によってのみ我々の内に生じさせられるものとしての」（Erk111）と断言する。「非再生者において生じることは、本性の力において、自身の熱意からのみ生じるが、キリストの十字架からではない」（WP163）。

112 「自分は本性から他の者より聖であり、神の前でより善いとか、あるいは彼が自身にもつ善は彼の神の単なる恩寵ではなく、彼の業、品位、あるいは功績である」と思い込むなら、それは「霊的高慢」と呼ばれる（SHS424）。

113 出エジプト記20章を参照。

114 これが聖書の単語の意味を固定せず、文脈との関係を重視して理解する、シュペーナーの聖書解釈法である。

115 この方法は、個々の概念を文脈より重視したルター派正統主義の聖書解釈法に対するアンチ・テーゼとされる。これが改新である。「人間が一度霊的生命受け取り、それを改新において常に継続し、なお残っている悪があらゆる悪習と共に、次第次第に取り除かれること」（Erk311）と定義される。また改新は、再生に関して、「言わばその継続、あるいは維持であり、これは今や聖化の最大のもの、そう、全き聖化である」（WP206）ともされる。

116 「正しい者たちは、律法によって善を為すように駆り立てられる必要はない、なぜなら、彼らは自身と霊の内的な衝動から、そう彼らがもつ新しい本性から、律法が外面的に命じる善を進んで為すからである」（SHS497）。

117 「我々は神の律法を完全に満たすことはできず、したがってそこから至福になることはできない故に、至福への別の道が開かれ、示された、我々は唯一信仰によってのみ至福になりうるべきという道が」（SHS529）。シュペーナーの完全性についての議論は信仰義認論と密接な連関がある。

118 「我々の善き業は完全であるか？」と言う問いに対して、シュペーナーは「否、我々に張りつく堕落の故に、それらは常に若干の欠陥をもっているから」と答える（Erk113）。ルター派正統主義は、人間に完全が達成可能と主張する完全主義を強く否定した。シュペーナーが配慮すべきと考えていたのも、「若干の初心者について、彼らが自らを完全だと思い込むかもしれないこと」（PD182邦訳111頁）であった。ただし、同時にシュペーナーは、「言わば霊的高慢と自身そのものへの信頼が十分に防止されて、にもかかわらず、完全性の全き否定によって善への熱意が打ちのめされない」（SHS492）ことを求める。

119 だからシュペーナーは、「あまりにも多く汝の義を頼りにしないように」（SHS359）警告する。

120 シュペーナーによれば、再生者が律法に従うのは、「にもかかわらず、強制からではなく、福音において信仰を通じて受け取った恩寵の果実である愛から」（Erk111）である。

121 神的義は「神も、彼自身と同様に否定できない」（WP169）とされる。それゆえに罪の残る人間が救われるにはキリストによる代理贖罪が必要になるのである。

122 「彼がさて神の子であるべきなら、彼はやはり神に、子がその父に従順であるように従順でなければならず、そしてまた肉的な心情でいてはならない」（SHS385）。

123 「それでも、信者の業は神である主の気に入る、キリストと信仰の故に、そして、それらは、彼自身と彼の霊の業であるから」（Erk113）。

124 我々はその本性からは神の敵だったのであり、サタンの敵対的な蛇の種がアダムにおいて我々を毒したとされる（DigF27）。

125 サタンは「聖化の敵」（SHS519）とも呼ばれる。

126 シュペーナーは、再生者は、「聖霊とその再生の恩寵から正しき善き業を為すことができる」（Erk112）と言う。「我々はまた、再生と改新をそこから生じるあらゆる善き業と共に見るのでなければならない、それへと我々がキリストによって救済された目的として」（WP190）とも記述される。

127 「というのも、そう、神的信仰は聖霊なしにはありえず、しかし、これは意図的で支配的な罪の下にはありえないから」（PD150 邦訳92頁）。

128 「神に仕えない者は、何も彼から永遠に期待するべきでない」（WP251）。

129 「信仰における弱者は、にもかかわらず真の信仰をもたねばならず、よって、神的命令への常なる真剣な従順にあらねばならない、それが強かろうが弱かろうが、真なる信仰から分離不可能なものとしての」（SHS536）。

130 これは偽信の状態である。神に従順であっても「いかなる褒賞やあるいは功績についても考えないこと」（SHS394）が求められる。

131 シュペーナーは人の二重の召命について語る。一つは「神が世間において彼をそこに据えた、彼の身分と制度に従った」召命、もう一つは「普遍的キリスト教徒の召命」である（DigF98）。

132 「すべての事物において彼の神の栄誉と神的意志の完遂を自身の究極目標と最高の目的とすべき人間が、その代わり自分自身を、それは、彼自身の栄誉であり、利益、欲望と意志を求め、そうした動機からすべて、彼がこの行為やいくつかのことを為す場合」（Erk37）が自愛である。自愛は「我々の古いアダムの心」（WP208）とも呼ばれる。神的意志に反する者は、「自身の意志に従ってのみ生きることを欲する」（SHS386）のである。

133 シュペーナーは、再生を失った人間がもう一度再生できるか？　という問いに肯定で答え、「彼がそうして霊的死から再び目覚めさせられるならば、それは単なる改新でなく再生である」（Erk312）とする。再生が失われることができ、その後再び再生できるという、このシュペーナーのテーゼは、洗礼による再生に安住しようとするキリスト教徒に緊張感を与えるものになる。

134 「肉は我々に真剣で活動的なキリスト教の必要性、あるいは可能性を疑わせようとする」し「福音の慰めを安心に濫用する」（SHS310）。しかし、シュペーナーによれば、「正しい聖化と、真に活動的なキリスト教の可能性と必要性の教え」（SHS318）は聖書全体によって根拠づけられているのである。「活動的なキリスト教と聖なる生活の必要性と可能性」（SHS518）もまた。

135 シュペーナーは、「彼らが隣人に愛の行為を示すことができる機会を容易に見逃さない」（PD210 邦訳129頁）よう人々に警告する。

136 したがって、「そこから人間が、それ故に神に不従順となるほどに危険を避けるような恐れは、不信仰の証拠であり果実である」（SHS544）。

137 「敬虔なキリスト教徒が、さもなくば、彼の神に誠実に仕えようとする心からの意図をもちながら、無知や軽率によって何らかの不正を為してしまうが、それに対して満足することも、なおその内で継続することもなく、彼がそれに気づくやいなや、悔い改めてそれを止める」（Erk119）ような罪。こうした罪は、信者を弾劾するも

138 のではないとシュペーナーは言う。これに対し、「誰かが、事柄が不正であることを知り、それについて考えながら、しかしそれでもそれを為し、熱心に神に反抗する場合」を「神学的罪」、「いかにそれが悪いことであろうと、彼が神についてあるいはその意志について何も知らない場合に、誰かがすること」を「哲学的罪」と呼ぶ（SHS459）。

逆に、「自身の肉的な欲望に従って生きる者は、彼の隣人を尊重しない」（WP217）。

4　律法的と福音的従順

テキスト：ヨハネの手紙一　5章3節
というのも、それは神への愛だからである、我々が彼の命令を守るということは：そして、彼の命令は難しくない。

A　冒頭

我々は次のことを述べた、新しい誕生のあり方に、あるいは再生者の本性に、唯一イエス・キリストの義に対する、すべての自身の義の否定を伴う信頼[139]が存すると[140]：さらに、天上の父への心からの愛と、彼に対する子どもらしい恐れと敬意の念も。次のこともまた述べられていた、そこから、再生者が神的命令に対して示す、心からの従順が帰結することも。このことが、我々が考察してきた最後のことであった。しかしながら、神的命令に対するあらゆる従順が本当の従順なのではない：そうではなく、ただ、進んでしようという心から為されるもののみがそれである。それ故に、今度は、この従順の進んでするということについて語られるべきである。これはもちろん、再生者の下には存しなければならない。その従順を、古い人間[141]の従順から区別して学ぶことが重要である。――主は彼の光においで我々に彼の真理を認識させる。彼は我々の心を、我々がそれについて聞くであろう、そのような進んでする従順で満たす。彼の息子の進んでする従順のために。アーメン。

B　テキストの言葉の説明

我々は、今度は我々のテキストを次のように考察する、従順の源泉とそのあり方に注意しながら。

I

従順の源泉に関しては、それは次のことに存する、それが神への愛から来ているということに。これについては次のように言われる：我々が神の命令を守るということは、それは神への愛である〔Iヨハネ5・2〔3〕〕。このことは先行する節を示すが、それには次のように書かれている：そのことにとって我々は認識する、我々が神の子らであるということを、もし我々が神を愛し、彼の命令を守るならば。これらの言葉を我々は、神への愛が新しい人間のあり方の一部であることを考察したときに、根底に置いた。それでも、誰かは問うかもしれない、なぜ使徒はその際、命令を守ることについて語っているのか、と。もし人が神を愛するならば、それでもう十分であろうと。彼はそうした異議に先手を打っている。彼は次のことを教える：神を愛することと、彼の命令を守ることは、一緒でなければならないということを。[142] **というのも、そのことは神への愛だからである** ── その業もそこに存する ── **我々が彼の命令を守るということは。**それは愛から離されることはできない。

(1) **事柄そのものに関しては**、次のように言われる：**それは神の愛である**[xvii] ── あるいはルター[143]が正しく訳したように：**神への、**それによって、それは、神が我々に対して抱く愛から区別される。── しかし、上辺だけの信心として、神への愛は理解されてはならない：そうではなく、それは神の霊が再生を通じて心の内に作り出す愛である。それは次のようなものである、ちょうど新たに書かれたような：人間は神を愛す：よって、すべての三つの位格とすべての彼の性質も。彼の善と恩寵だけではなく、彼の聖性と義も。また、彼のすべての業、彼の忠告、彼の統治、彼の律法、彼の言葉、等々も。それは次のことを意味する：彼は彼を大いに尊敬する：彼はそれに十分満足する：彼は他のものを求めない：彼はそれを喜ぶ。さらに彼は熱望する、すべてが神的満足と忠告に従って起きるようにと。また彼は、神との結合の内に、彼の最高善を求める。それは本来、神への愛を意味する。それは何よりも次のことを求める、人が自愛を止め、否定することを[144]：というのも、これは、**堕罪**［創世記3章を参照］ののち、神への愛に最も逆らうからである。自愛は我々の下では神への愛を妨げる。

(2) 今や、それから帰結するもの、あるいは、特にその業が何に存するかが示される。それは次のことに存する、人が彼の命令を守るということに。あるいは次のように言われるように：それは愛である、我々が彼の命令に従って振る舞うということは［Ⅱヨハネ6節］。この命令を守ることについては、すでに何度か語られた。それ故に、ただ要約して次のことが繰り返されるべきである、その下ではやはりキリスト・イエスへの信仰［Ⅰヨハネ3・23］が共に理解されているということが。使徒ヨハネはそれを明白に言っている。

他方、ここでは本来の神的命令について考えられている。それらは二つの板の律法において［出エジプト記20・1以下及び申命記5・6以下、出エジプト記24・12、同31・18も参照］我々に命じられている。[145]愛のあり方は、人間を、彼が愛する神に、すべてにおいて気に入られようという欲求で満たすことである。彼は彼の意志を為そうとする。それを我々は、世間的なものにおいても、あるいは肉体的なものにおいても見る：誰かが別の誰かを心から愛すとすぐに、彼は、この者の気に入るすべてのことを為そうと熱心に努力する。もし彼が意図をもって反対のことをするならば、すべての者は、彼がその他者を心からは愛していない証として見なすであろう。

人間がただ、彼の神に気に入られ、彼の意志を為そうという欲求のみをもつならば、彼はまず、この意志を正しく知り、理解しようと努める。彼は何かを無知にもそれに反して行為しようとはしない

xvii 『エルベルフェルダー聖書』：というのも、それは神の愛であるから、を参照。

であろう。彼はまた、それを為すすべての機会を求める。彼はすべての彼の力をそのことに注ぐ、彼がある機会を得るとすぐに。そして彼は、彼の天上の父の意志に従って生きるということに熱意を欠くことはない。彼はまたすべてを、彼がそれをいかに為すべきかという入念な熟考をもって行う。それは、それに対して彼がそうでなくとも欲求をもつ事物にだけ妥当するのではない、そうでなければ彼の意に反するようなことについても、である。神への愛のために、彼は自分の自愛と彼自身の意志を否定する。したがって、それは命令を為す、あるいは守るということである。あれこれの命令をではない。そうではなく、二つの板に従ってすべてのを総じて、である。そして、各々の命令において、すべての彼の時点と状態に従って。

それが神の命令を守るということである。その際、直近で従順とそのあり方について思い出されたすべてのことが繰り返されるべきであろう。それでも我々は次のことを知らねばならない、それは我々の今の状態に応じた従順であることを。よって、正直で、誠実で、意志をもって：しかしなお不完全である。というのも、我々は自らにそうなお罪深い肉をもち、身に着けているからである。[146] 神的愛は、我々の下では、言わばなお全くやつれてしまっているわけではない。それは彼を支配する：しかし、肉が妨げる、従順と命令を守ることが完全であることを。したがって、これはまた、守るという表記を、律法の厳格さに従って、担うわけではない ―― それはこれを満足しない ――、そうではなく、福音の善に従ってである。[147] 天上の父は、彼の弱い子らに忍耐をもってくれようとする。彼は彼らの弱さを知っている。彼はそれをただ恩寵から守ることと見なすのみである。そして彼はそれをこの名称にふさわしいとする。他方、我々は、聖書の霊と共に語り、その語り方を非難しない必要がある。そのように我々は、はっきりした意味をもって次のように言える、我々は、神的命令を霊の働きによって守ることができると。

II

従順の源泉の後――神への愛から――今や我々はこの従順のあり方を見てみる。これについては次のように言われる：そして、彼の命令は難しくない。使徒は以下のような仕方で、この語りに至る：誰かは次のように言えたかもしれない：もし人が、彼の命令を守ることによってのみ神を愛せるのだとしたら、それはあまりにも難しい苦労である：というのも、神の命令を守ることは不可能だから。使徒は次のように答えた：そこに愛が存するところ、それは難しくない。それはまた、耐えられない苦労ではない。しかし、彼は再び、すべての命令について語っている。したがって、信仰の命令についてのみならず、聖化の命令についても。[148] しかし、人はいかにして次のように言いうるのだろうか、神の命令は難しくない、と？　神はそう、我々に次のことを要求する、我々が敵を愛することを：我々がこれに善を為すことを：我々が、我々の栄誉、我々の利益、我々の意志と我々の欲求を求めないことを。そうではなく、我々が我々自身、すべての自愛と世間への愛を否定することを：我々が我々の肉を、熱望と欲望と共に十字架にかけることを。[149] そして、その他の命令と、我々の神と救世主の規則であること。これらはそれでも難しい。

この際、次のことに注意されるべきである、ドイツ語では schwer という言葉は、二つの仕方で用いられることに。[150] 何かが schwer と言われるのは、それに多くの努力と労働が属していて、人がそれを容易には為し遂げられえない場合である。しかしまた、それをすることが誰かの意志に反するもの、誰かにとって不愉快なものも、schwer と言われる：たとえそれがそれ自体としてかなり容易であったとしても。そのように誰かは次のように言ってよい：これやあれをすることは私には難しい、もし彼がそれをしたくない場合には：たとえ、それほど多くの努力は必要ないとしても。――ギリシア語やラテン語なら、そのためには二つの異なる言葉がある。[xviii]

(1) さて、次のことは全く真実である：神が命じることは、非常に容易な事柄ではないということは：そうではなく、それは多くの努力と労働を必要とする。人は次のことを考えてみるだけでよい、次のことが神の普遍的命令であることを、すべての点で彼のみを見ること：すべてにおいて彼の栄誉を促進すること、そして何においても自分自身を求めないことが。それは確かに容易な事柄ではない。そうではなく、それは多くの注意深さを必要とする。そして、もしそれが、ただ次のことであるならば、人があらゆる点において彼のするとしないに絶えず注意を払うべきであるということ：そう、まさに彼の思惟に、彼の意図に、彼の心の根底に。そのときは、人はよく難しい仕事も、そのような絶えず続く油断の無さよりも容易と見なすことができる。そのように、隣人への愛は、我々がすべての我々の肉体と心の力を彼の最善のために用いることを、そして——比喩的な意味でも、ある場合には文字通りにも——我々の生命を兄弟のために委ねるべきだということを。それは確かに容易な事柄ではない。しかしながら使徒は言う：それは難しくない、と。

(2) 彼は次のように言う：それらは重荷のように苦しめることはない、と。それでもそれらは次のような意味では困難である、古いアダム、あるいは、我々が我々自身でもっている肉に、神のすべての命令が対立するという：というのも、それが困難でない者は誰もいないからである、彼の意志に反して為すこと、あるいは為さねばならないことが。我々は神的命令を守ることはできない、我々の肉に反して為すことなしには、それを十字架にかけ〔ガラテヤ5・24〕て、熱望や欲望と共に殺すことなしには。[151] 我々は、地上にある四肢を殺さなければ〔コロサイ3・5〕ならない。我々は古い人間[152]を脱ぎ、脱いでおかねば〔エフェソ4・22〕ならない。[153] さて：もし誰かが十字架にかけられ、殺され、投げ捨てら

xviii ギリシア語で dyskolon（不満足な）と bary（重い）、ラテン語で difficile（困難な）と grave（重い）＝ schwierig と schwer（重さが）。

れるべきあるとするならば、それは十分に困難である。したがって、再生者たちであっても――彼らになお貼りついている肉のために――次のように言うことはできない、彼らの下では、そうしたことは全く何の不平もなしに経過すると。

⑶しかしながら、命令をそのように守ることは新しい人間にとっては、あるいは新しい本性にとっては難しくない。(a)そして、しかも、我々に新しい本性においてそうした守る力が与えられているが故に：すなわち、**生と神的振る舞いに役立つ**［Ⅱペトロ1・3］すべてのものが。[154] なるほど、我々がそれをすることのできないことについて働くというのは困難なことである。しかし、もし我々が、何かをする能力をもっているならば、そこで我々にとってそれはもはや、それほど困難ではない。(b)それはまた困難ではないし、その限り難しくもない、なぜなら、我々は自身で命令を守る必要は無いからである。そうではなく、我々の内の神の霊がそれらを守る。それは次のことを意味する：彼が我々の内で命令を守るように作用する。彼が我々をそれへと駆り立てる。(c)特に、それは次の故に難しくない、なぜなら我々は神を愛しているから。我々は彼への愛からそれを為す。しかし、我々はまた、我々が為すべき善も愛している。というのも、新しい本性は神に従った考え方をもつからである。そのようにそれは、神が望むことと、彼が命令したことを愛する。それは事柄を容易にする。現世においても、それは困難ではない、人が愛する人に気に入られるために為すことは、事柄それ自体そのものが難しいにもかかわらず。我々はヤコブ[155]を例にとる。この者は、ラケルのために、彼女の父のラバ

ンに七年間仕え、彼の牛を守らなければならなかった。さて、問題になるのは、それが困難な仕事であったか、あるいは容易な仕事であったか、である。答えはこうである：もちろん、仕事は容易ではなかった。彼は彼の義兄に言っている：私は、昼間は暑さで、夜は寒さで苦しみ、一睡もしなかった［創世記31・40］、と。それは難しい仕事であった。しかし、それはヤコブにとっても困難であっただろうか？　否！　というのも、次のように言われているからである：よってヤコブはラケルのために七年仕えたが、それは彼には、あたかも二、三日であったかのように思われた、と：それほどに彼は彼女を愛していたのである［同29・20］。

ラケルへの愛は善なるヤコブにとってつらい仕事を心地よいものとした。それは彼にとって困難ではなくなった。そのように、神への愛は、人間にとって彼が為すべき仕事を容易にしてくれる。それらは、それらを神への愛から為す者にとっては困難ではない。我々はまた自身で経験している、いかに、事柄への欲求と愛が難しいことを容易にし、困難でなくするかを。狩りを愛する一人の男を例にとれよう。そうした者にとって、すべては何ほどのこともない！　彼は自分の夜の安息を打ち切る。最もひどい天候でも、彼は森の中を、あるいは野原を走る：霧であろうと、雪であろうと、雨であろうと。彼は苦楽を問わず走る。彼は自分の衣類を大事にしないし、彼の肉体さえ。人は次のように言うことはできない、そうした者がしているのは難しい仕事ではない、と。それは難しい。しかし、彼にとっては、それは困難ではない：というのも、彼はすべてを愛から為しているからである。それに対して、また別の者は、研究の優美さを味わいつくした。彼はそれを愛する。彼は多くの労働をする。彼は何かを読む。彼は書く。彼は熟考する。朝から晩まで。彼はそれによって頭で仕事をする。それに対して何の欲望ももたない者たちは、むしろ別の身体的な仕事をしようとするだろう。かれらにとって、頭脳労働はかくも難しく思われるのである。研究の友たちにとってはしかし、それは困難ではない。逆である：それは彼らの欲望である：というのも、彼らは研究を愛しているから。したがって：人が、聖化を愛し、主が命じたように生きることと自身でそれに彼の満足を見出すことから始めたならば——再生によって起きることだが——、それはもはや困難ではなく、優美である。（d）もちろん、それに加えて——使徒が以下の節で詳論していることだが——世間は我々にたいてい神的命令を守ることを妨げる。[156] それはそれを我々に困難にする。これに対して、**信仰は世間を克服し**［Iヨハネ5・4］、その障害は我々にとって難しすぎないものになるはずである。

我々は見てきた、神的命令がいかに難しくないかを。正しい従順のあり方は、それが強制されて、外面的であるのではなく、内面的で心から進んでの、喜びを伴って生じる従順であることである。[157] 我々に神の命令を難しくなくするようなものでなければならない。したがって、次のような者は正しく神を愛していないし、彼の命令を正しく守ってもいない、それらを不機嫌に、不平をもって為す者は：あるいはそれらを全く耐えがたく、不可能であると見なし、神に対して次のように不平を言う者は、彼が我々に、彼の命令においてそのような苦労を課したと。神の聖性を今や、神を誠実に愛する者は自身で愛するのである。

C　教え

主要な教えとして、我々は、律法的と福音的従順の区別を確認する必要がある。それらは外面的にはしばしば等しく見える。しかし、それらは天と地ほど相互に異なっている。一般的に、我々は律法的従順として、律法に由来するものを理解する。福音的従順は、信仰と愛によって引き起こされる。さて、そこには多くの違う部分がある：

(1) **律法的従順は自身の力から由来する、**そして人間の努力から。福音的従順は信仰から、そして霊の力から由来する。人間が、彼が回心し再生する以前に為すことはすべて、律法的と呼ばれる：いかにそれが彼をつらいことにさせようとも、そして、彼がすべての自分の能力をそれへと向けるとしても。時々それは再生者においても生じうる、彼が若干の事物において律法的に働くということが：もし彼が諸事物について、それらを外面的に為すために、自ら自身に強要する場合には。[158] 彼は、信仰によって内面的なものに至るということには努力しない。[159] キリストと霊が信者の内で働くすべてのことは、福音的従順と呼ばれる。パウロは言う：私は生きる：それでもいまや私ではなく、私の内でキリストが生きるのである。というのも、私が今肉の内で生きているものを、私は神の息子の信仰においいて生きているからである［ガラテヤ2・20］。したがって、今や私の本性はもはや、そこからすべての私の行為が起因する源泉ではなく、キリストと彼への信仰がそうである。

(2) 律法的に為すこと、あるいは律法的従順は、罰への恐れから、あるいは報いへの欲望から生じる、しかし、福音的に為すことはそうではない。まだキリストの外にあって、善き生活を送り、罪を防ぎ命じられた善を為す者は、それを律法的に為している[160]：というのも、彼は、彼が悪を為し、善を怠った場合に、呪われたくないからである[161]：あるいは、彼は何かを稼ぎたいからである。これに対し、福音的従順は恐れから由来するのではない。キリストの信者は、彼の父の恩寵を保証されている。彼は悪を為さない：たとえ、何物にも脅されていないとしても。彼はまた何も稼ごうとは熱望しない。彼は次のことを知っている：彼の父の恩寵によって、彼にはすでに、遺産と、彼の望みうるすべてのものが属しているということを。彼は命令を従順に遂行する。彼は悪を為さず、善を為す。それが生じるのは、彼の父が彼の内に作り出した新しい本性がそれを必然的に伴うからである。[162]それは彼をそれへと駆り立てる。彼は愛から、彼の父に進んで気に入られようとし、感謝し、従順であろうとする。したがって、我々はよく次のことに注意する必要がある：なお、恐れから生じている、あるいは不正な意図から生じている限りのことは、それだけの律法的なことは、信者たちにおいてもなおある。それは彼らの不完全さに由来する。

(3)（a）律法的従順は、何らか強制されたものである。外的に為すことのみが生じる。しかし、心と内面はそこにはない。これはむしろ、何か別のことを為したがる、もしそれが、命令のために命じられたことを為さねばならないのでないとすれば。したがって、すべてのこうした従順には、ある種の偽信が存する。人間は、彼が為すようには、考えていない。これについて、我々は次のように歌う：同じあり方は可能ではなかった[xix] ―― すなわち、人間は本性からは悪へのみ欲望をもつということ[163] ―― 自身の力によって止めること。それがしばしば試みられたにもかかわらず ―― 人は恐れからか、あるいは希望から、自身で若干の善を為そうと努力してきた ―― それでも罪が度外れて増えた。というのも、偽善者の業は神を酷く呪い、すべての罪の肉に、不面目は常に生得的だったから。偽善者の業とは、人が律法の強制から嫌々ながらの心から為すすべてのことを言う。[164] それは偽善である：というのも、行為は善い見かけをもっているから。しかし、心はやはり、それに反するのである。[165] いかに繰り返し歌にあることであろうか：肉からは[xx]霊は何も望まない、律法からは最大に要求する：それは我々と共に失わ

xix Nicht möglich という連は「我らに救いの来たれるは」という歌に由来する。しかし、それはＥＫＧにおける賛美歌242には欠けている。1883年のザクセンの歌集には、賛美歌365の第4連としてそれが含まれている：が、それは改変されている。1841／1895年のヴュルテンベルク歌集は、賛美歌313の下に第4連を、ほぼシュペーナーによって使われた形で含んでいる。

xx Vom Fleisch という連を、ＥＫＧは賛美歌242の2の下で再びシュペーナーによって引用された形に戻している、1883年から1841／1895年の中間歌集ではそれは簡単に改変されている一方で。パウル・シュペラトゥス（1484 - 1551）が、賛美歌を監獄で、彼の教区民のために作詞した。

れた。霊は肉からは望まなかった。それは次のことを意味する：肉は、それが事柄を進んでする心から為すということを生じさせることはできない。まさにそれ故に、律法に対する密かな憎しみも存在する。そして、強制から外面的に律法に従って生きねばならない者は、彼の心においてはむしろ、律法が存在しないことを望む。彼がそれに外面的に服従しなければならないものは、彼にとって内面的には反するのである。

（b）これに対し、福音的従順は、自主的で強制がない、なぜなら、心そのものが、それが為すべきことを愛しているからである。再生によって、神の律法は信者の内では心に与えられ、その性格に書き込まれる［エレミヤ書31・33］。これについてはそこで次のように言われる：汝の勝利の後、汝の民は汝に進んで、聖なる装飾で犠牲をささげるであろう［詩編110・3。W101以下も参照］。そして、それはそうであるに違いない：というのも、我々は新しい人間に従って考えねばならないからである、イエス・キリストもそうであったように［フィリピ2・5］。この者は、彼の父に死に至るまで従順［同8節］であったのみならず、彼の従順は進んでの従順であった。そのため、彼は次のように言うことができた：見よ、私は来る：巻物に私について書かれている［詩編40・8］。汝の意志を、私の神よ、私は喜んで為す、そして、汝の律法を私は、私の心にもつ［同9節。ヘブライ10・7以下を参照］。それがヘブライ人への手紙において、イエスによって説明されているように。

したがって、彼は自身また次のように言う：私の食べ物はこれである、私が私を送られた方の意志を為し、彼の業を完成させるということ［ヨハネ4・34］。この従順は主にとって心地よいものであろう、ちょうど、彼がそれによって生きねばならない食べ物のように。したがって、そのように信者たちにおいてもあらねばならない：彼らの従順は、強制なしに、自由で喜ばしい心から由来する。これについて、我々の愛するルターは、ローマ人たちへの手紙の序言において卓越した仕方で取り扱っている。彼はこの金言について次のように語る：律法は霊的である［ローマ7・14］。それは何であるか？もし律法が肉体的であったとすれば、それについて業を伴って、十分なことが生じたであろう。さて、しかし、それは霊的であり、それについて誰も十分には為さない；というのも、すべては心の根拠にかかっているからである、汝が何をするのかは。しかし、そのような心は、神の霊以外の何者も与えない。それは人間を律法に順応させる――内面的には――、そのため、彼は心から律法を為す欲望を獲得し、今後恐れや、あるいは強制からではなく、すべてを自由な心から為す。よって、そのように律法は霊的であり、それはそのような霊的な心をもって愛され、満たされようとし、そのような霊を要求する。それが心にいないところでは、そこには罪と、善で正しく、聖なる律法に対する嫌気、敵意が残っている。[xxi] さらにルターは次のように言う：律法を満たすこと――これは福音的従順である――、それは次のことである：欲望と愛をもって彼の業を為すこと、そして自由に律法の強制なく神的によく

xxi 『シュトゥットガルト聖書』参照文献、1931年の『シュトゥットガルト記念聖書』の付録、28頁以下を参照。

生きること、あたかも、いかなる律法あるいは罰もないかのように。しかし、自由な愛のそのような欲望を聖霊が心に与える［同5・5］、ローマ人たちへの手紙第五章五節に言うように。しかし、霊は、イエス・キリストへの信仰において、信仰と共に、信仰を通じて以外には与えられない。さらに：したがって、次のようになる、唯一信仰のみが義とし、律法を満たす。というのも、それが、キリストの功績から霊をもたらすからである。しかし、霊は、律法が要求するように欲望をもつ自由な心を作る。というのも、そのように、善き業は信仰そのものに由来するからである。[xxii] これは、ルターのローマ人たちへの手紙への全序文[166]が卓越しているように、素晴らしい言葉である。それは福音的従順の正しいあり方を示している、我々がそれによって律法的なそれに異議を唱えるように。

(4)（a）律法的従順はつらい。それは心から由来するのではなく、外から強制されたものである。それは人間を不愉快にする。そう、それは、彼がそれだけ長くそれを遂行すれば、彼はそれだけそれについて嫌々ながらとなる。命令は彼にとって、彼には耐えられない重荷のように難しい。だれも、そう、それらを完全に満足することはできない。しかし、それらは彼にとっても難しい、なぜなら彼は、憤りから、重荷を負おうとはしないからである。人が何かを好んででなくする場合、人はそれによって、重荷をそれだけますますより難しくしてしまう。

（b）しかし、福音的従順は、内面から由来する。したがって、それは新しい人間にとって、その新しい本性に従って、つらくない：というのも、彼はそれを好んで遂行するからである。命令は彼にとってそれ故に難しくない。そして、彼はそれに飽き飽きすることはない、たとえもし彼がそのような従順において長く生きたとしても。彼はよくそれどころかより一層喜ぶであろう。神の命令は一つの道である、その上では、律法的な心でその上を悠々と歩く者の足は極端に疲れてしまうであろうような。それは、従順を福音から遂行する者の下ではそうではない。道が言わばそれ自身で、その上を悠々と歩く者の足を強くするのだから。それがその上をそれだけ長く歩くほど、それだけより多くの力を得るのである。

(5) したがって、律法的従順は神の子であることの徴ではない。そうではなく、それはせいぜい、それを遂行する**従者**である。**神の子ら**にのみ、福音的従順が属する。**神の霊が動かす者たち**——その生活を、霊によって統治され、神の命令において悠々と歩くよう動かされるように、送る者たち——、**彼らが神の子らである**［ローマ8・14］。しかし、ただモーセがその杖[167]でもって動かすだけの者は、まだ子らではない。

(6) 律法的従順は、ここ現世において、時間の内で、若干の報酬をもつ。しかし、福音的従順は何らの報いも求めない：というのも、信者は恩寵から永遠の遺産をもっているからである。そして彼は、彼が為すことの代わりに、素晴らしい**恩寵の報い**を時間的に、そして永遠に獲得する。[168] 従順な子どもが

---

xxii　ローマの信徒への手紙へのルターの序文を参照

多くの贈り物を受け取るように、彼にはそうでなくても遺産が当然帰せられるにもかかわらず。

(7) 律法的従順は神を称えない：というのも、主はそこからいかなる栄誉も得ないからである、もし奴隷が強制によって、彼が強要されたことを為さねばならないとしても。神はすべてにおいて、最も気高いものとして、心と意志を要求する。それ故に、外的な業のみでは彼の気に入ることはできない。しかし、福音的従順はそれだけ一層、彼を称える、なぜなら、それは自由に意志されたものであり、喜ばしい愛から生じるのであるから。

D 訓戒

これらの問いについて語るにはいつも機会があるわけではない。それでも、それらは我々の報告のために熱心に用いられるべきであろう。もし我々が次のことを知ろうとするならば、我々が真に再生の内にあるかどうかを、我々は我々を吟味しなければならない[169] ―― 我々が最後の回に語ったように ――、我々は次のことに対して我々の良心の証言をもつかどうか、我々が、神的命令に従順を遂行することを気にかけているということに。しかし、また、我々の従順が自由に望んだものであり、強制なしに生じているかどうかをも。すべての人はそこで考えるべきである、どの程度彼がここに入り込んでいるか、あるいは控えめであるかを、吟味することを：彼が既に、彼が為す、あるいは為すべきである善への愛をもっているかどうか、あるいは、彼がすべてをただ強制されて為すのではないか、を。それは我々にただちに、我々の従順と我々の魂の状態を示すであろう。

そこで我々は休息すべきではない、我々がまた次のことの確信に至るまでは、我々が唯一神の命令のみを手本にして生きているのみならず、また、それへの愛も我々の心に生じているということの。さて、人は次のことを反論として挙げることができる：もし我々が善へと勧告される場合、このことは教えに反する、自身の力からは、律法的従順のみが遂行されうるという。しかし、我々は次のことに気づかねばならない：本性からは我々は真に善なることは何も為す能力をもたないということに。それでも我々には要求される、意図的に悪を止めることが。それは悔い改めの第一の部分に属する、まだ信仰の手前である。[170] 多くの者は、信仰と、進んでの従順の力には至らない、なぜなら、彼らはその罪を止めようとしない[171]からである。そのことには我々を差し当たり律法が駆り立てねばならない。もし、我々がそこで信仰から、善を為す力を獲得したとしたならば、しかし、我々はまた、この力を忠実に用いるように励まされねばならない。

我々は、神的命令を難しくて耐え難い重荷と見なす考えを捨てよう。それは多くの者を恐れさせる、もし彼らがそれについて考える場合には。しかし、もし我々が命令を、難しく不可能として表象するならば、我々はそれを我々にとって、それだけ一層難しくて耐え難い重荷にしてしまうだけである：というのも、そのような恐れは、すべての喜ばしさを打ち倒してしまうからである。むしろ、我々は次のように考えよう、神の命令は難しくないし、肉が我々にそう説得しようとするような、耐え難い重荷でもないと。我々は次のように考えよう、神の命令に従った生活は、肉とその熱望の専制に従って送られる生活よりも、はるかにより天福あり、実際により楽しいのだと。[172]というのも、人は、悪魔と世間と自身の肉に役立つことを捨てるのだが、それは我々にとって生活を不幸なものにしてしまうからである。もし、そのことが正しく認識されていれば、それは喜びを非常に強める。

それからまた、我々は次のことも考えよう、神の霊自身が我々の内にそのような態度を作り出そうとするということを。したがって、我々がそれらを作り出すのではない。[173]次のことのみが要求される、我々がその働きに余地を作るということ。[174]この考察は我々に次のことを示す、命令の難しさ、あるいはつらさは空想であるということを。そしてそれは我々を熱意へと勇気づける。もちろん、命令は我々にとってあまりにも重すぎる重荷であろう、我々を全く地獄へと圧迫するであろうような、もし我々がそれを自分の力で守らなければならないとしたら。しかし、神は我々の内に信仰と、命令を守る愛を作り出そうとする。

しかし、信仰と愛が、この自由に進んでやる従順の源泉であるから、特に我々は次のことに努力しよう、この両者を強くすることに：信仰とは、我々が怠ることなく神の語りえぬ善行と我々の救済の財産について考えるということ。もし、我々が聖書において読み、あるいは神の言葉を聞く場合には、我々は次のことに注意を払おう、どこに神の恩寵とその宝が我々に素晴らしく示されているかに。[175]しかしまた、我々は、我々の生活の規則についても注意しよう。[176] もし、我々の信仰がそのような食べ物によって、栄養を与えられ、強化されているとしたら、我々はそこから、生活の規則に従って生きる力を得るのである。[177]

我々の神への愛は次のことによって強化されうる、我々が彼の我々への愛を正しく洞察し、心に取り入れることによって。それは次のように言われる：**我々は彼を愛そう：というのも、彼が初めに我々を愛したからである**［Ⅰヨハネ4・19］。神の我々への愛は、我々の彼への愛を要求する。[178] そして、この神の我々への愛は、我々の内に、彼への我々の愛を目覚めさせるに違いないし、目覚めさせるだろう、もしそれが認識されるならば。そこで、それをもって彼が我々を愛する神の愛が、聖霊によって**我々の心に注がれる**［ローマ5・5］のである。我々は感じる、神がいかに我々に対して激情的な心情であるかを。それによって、そうした炎が我々の魂の内に来たり、我々を彼に対する愛の内で燃え上がらせるのである。もし我々が、我々に対する神の恩寵と愛を熱心に考察するならば、信仰と愛は増すであろう。自由から進んでする従順も、それから自ずと続くであろう。

しかし、特に我々は神に常に心から呼びかける必要がある、彼自身がそれらを我々の内に作り出そうとするように。彼は、我々の心を、我々にとって神の命令を腹立たしいものとするすべてのものから、浄化しようとする。彼は、我々の心を従順へと傾けさせようとする。いつも、次のように言われねばならない：**私の心を汝の証言へと傾かせ給え**［詩編119・36］。主はそれを自ら内から為すに違いない。さもなければ、我々の苦労は純粋に強制された行為となってしまうであろう。我々は常に請わねばならない、彼が彼の約束に従って彼の律法を我々の心に与え、我々の性格に書き込んでくれようとするように［エレミヤ書31・33。ヘブライ8・10、10・16を参照］。そうすると、それは初めて正しくなる。そして、霊があるところでは ―― 神が我々に彼の霊そのものを贈るところでは ――、そこには自由がある［Ⅱコリント3・17］。もはや、死せる字面ではなく、活き活きとした、活かす霊が存在するのであるから。

E　慰め

慰めとはこれである：最愛なる父は、我々が彼を愛し、彼の命令を守ることを、望む。彼はどちらも、喜んで彼の霊を通じて我々の内に作り出す、もし我々がそれを彼の秩序において働かせるのならば。[179] そこで、我々には何も欠けるものがあるべきではない。そして、天上の父は、彼の霊を進んで、そのことを彼に請う者に与えよう［ルカ11・13］とする。しかし、霊があるところでは、そこに彼は必要な力も与える。そのように、我々は実際に経験し、感じるであろう、主の命令が難しくないと。それらは我々にとって、ずっとより容易になる。我々は経験するであろう、次のように主が言ったことを：私の軛《くびき》は負いやすく、私の荷は軽い［マタイ11・30］。信仰についての私の教えのみならず、私の命令もである。そう、それどころか、私が私の人々に課した私の十字架も軽い…というのも私の霊がそれを彼らに軽く、快適にするからである。

敬神な心も、ここ現世では時折疑念をもつ。その従順が彼らにとって、疑わしいものとなろうとする。彼らは見出す、それが進んでのものでないことを…そうではなく、彼らの下で、それは強制された業であると。彼らはすべてにおいてより一層駆り立てられねばならないであろう、何かが自ずから結果するよりも。その慰めについて我々は次のことを述べねばならない――それは既にそれについて思い出させられているが――…ただ、新しい人間にとってのみ、神の命令は容易だということを。彼のみが、進んで従順を遂行する。しかし、彼らがなお肉において生き、自身にそれをまとっている限り、これは神の命令に対立する。人は次のことに配慮しなければならない、新しい人間の進んでする気持ちが、優位に立つように。[180] すべてがなお我々にとってそれだけ一層困難になり、我々がそれだけ多く、我々の内に神の命令に対する不都合と怠惰を感じるほど、それだけ我々は言わば自身を常に駆り立てねばならないということ、そのことは、愛が、そうあるべきよりもなおより弱いということの証である。他方…もし人間が彼の怠惰について心からの不満をもち、善に対するより一層の喜びをもつように自身に要求するならば、そして、もし彼の霊が真剣に肉に抵抗するならば［ガラテヤ5・17］、そのことは、魂の内に神への愛があることの確実な証である。そこから、すべての進んでする気持ちは由来する。すべてをより進んで為しうるようでありたいという心からの要求は、既に、真に進んでする気持ちであり、神への子どもらしい心の証である。

最も素晴らしい慰めは、最終的に次のことである：ここ現世でこの生においては、肉がなお進んでする気持ちに対立する。それはしばしば、その感覚を覆い隠してしまう。しかしそれは、永遠に続くわけではない。そうではなく、我々も将来肉を捨て、完全な神的似像でもって飾られる。我々は次のように神を愛すであろう、我々にとって、神的命令の内でいかなる仕方でも何物も難しくならないように。そうではなく、我々は言わば自身が活ける律法となるのである。

F　祈り

聖なる神よ、忠実なる父よ！　汝は我々を汝の像に従って創造された。それで我々にとって汝の命令は難しくなかった。そうではなく、その満足は、我々の本性から流れ出た。しかし、我々は残念ながら、そのような力と、汝の命令への欲望を失ってしまい、我々は本性からそれに対する嫌悪をもっている。我々はそれらに対し、強制による以外に従順を遂行しえない。我々はしかし、次のことについて何時に感謝を言う、汝が、汝の息子とその従順の故に、我々に恩寵を示してくれようとすることに。汝は我々の内に再び、進んでする従順を作り出そうとする。汝の子らの下で、汝はそれについても始めた。ああ、我々の内に、それでも信仰を作り出し、強め給え、それによって我々が汝の恩寵をつかみ、汝の愛で我々自身を慰めるように：我々が汝に対する愛の内で燃え、この愛から、汝の命令を進んで守るよう駆り立てられるように。それらを、汝の霊そのものの活きた字面で我々の魂に書き給え、それによって、我々の全生活が、汝が我々の内に作り出したものの常なる発露となるように：それによって、我々が次のことを実際に経験するように、汝の命令が、汝を愛する者にとって難しくないということを。汝が汝の子らのそのような進んでの従順によって称賛されますように。イエス・キリストのために。アーメン。

訳注

139 シュペーナーは再生の徴表の一つとして、「人間が彼自身の義へのすべての信頼を手放し、再生において彼に贈られたイエス・キリストの義において、自身の至福を認識すること」（Erk312f.）を挙げている。

140 「人間は自身にあまりに大きな義を空想して、それに頼るべきではない」（SHS360）のである。

141 古い人間は、「古いアダム、あるいは我々の内に付着する堕落」とも言われ、「あらゆる種類の罪深い傾向性と罪をもつ」（WP202）。

142 神への愛は、一つには「我々が彼の命令を守ることに熱心である場合に」（Erk31）認識される。

143 ルターをシュペーナーは「至福なる神の道具」（PD104 邦訳66頁）と呼んでいる。自伝でもシュペーナーはしばしば自分の関係者を神の道具と呼ぶ。

144 自愛は「本性によって我々に生得的で、すべてにおいて我々を求め　、我々自身の栄誉、利益と快を得ようと努めるし、それを確かに、誰もが誠実に吟味すれば自らの元に見出すであろう」もので、「神への奉仕に最大に対立している」のである（WP246)。

145 神は神的命令である十戒を、二つの石板に刻んでモーセに与えたとある（出エジプト記31・18を参照)。ルター派では、十戒の内、最初三つが一枚目の石板に、残りの七つが二枚目の石板に刻まれたとされる。十戒の内容にはキリスト教宗派によって多少の異同がある。

146 シュペーナーは完全性について、「我々はここ、この世においてはそれへともたらすことはないであろう、そうではなく敬虔なキリスト教徒がそれだけ進めば進むほど、彼はなおそれだけ多くが彼に欠けているのを見い出すであろう」（PD180 邦訳111頁）とする。「善が決してそうした完全な善でないように、肉の弱さが彼らにそれでもなお妨害になる」（SHS380）のである。

147 神的意志も「我々がそれに従って神聖に神の気に入るように振る舞う律法の意志」と「我々がキリストへの信仰によって神的恩寵から至福になりうるという福音的意志」に区分される（Erk264f.)。

148 「こうした真なる信仰を我々は最もよく、そこから結果する聖化の果実から認識することができる」（WP178)。シュペーナーの信仰は実践を本質とする。

149 これは「世に打ち勝つ」（Iヨハネ5・4）ことと言われる。

150 現代のドイツ語でも、schwerには、事柄が難しいという意味と、気が進まないという意味がある。

151 「そう、もちろん肉は十字架にかけられ、全く殺されるべきであるが、そのような肉とは、肉体そのものではなく、我々の肉体にも我々の魂にも付属する古いアダム、罪深い悪習である」（Erk55)。「我々は、我々の古いアダムに我々の最も邪悪な敵としてずっと以前から死を誓ってきたし、我々な常なるキリスト教徒の訓練は、我々がそれを、肉をその欲望と欲とともに十字架にかけ殺すことに存する」（DigF116)。「真なる信仰は、このように肉を十字架にかけることと不可分である」（WP164）ともされる。「古いアダムはいつか、霊の内面的な抵抗によってのみならず、律法の外面的な脅迫とそこから成立する恐怖によっても、抑制され、十字架に架けられ、殺されなければならない」（SHS498）のである。

152 古い人間は肉とも呼ばれる（Vgl.Erk312）。

153 これは、世において死んでいることと表現される（Vgl. PD240 邦訳147頁を参照）。

154 「そのようにむしろ、再生したキリスト教徒は神的恩寵から、そのような外面的なものにおいて全く敬虔で罰の余地のない行状を送りうるのみならず、内面的なものにおいても心の従順においてもまた、それらに不可能と思われる以上のところまでもたらすことができる」（Erk104）。

155 『創世記』の登場人物。ヘブライ人の族長。アブラハムの息子イサクの次男。伯父ラバンの娘ラケルと結婚するため、ラバンの下で7年間、二回働いた（創世29を参照）。

156 その要求に関して「神と世間は異なるのみならず、全く敵対的である」（WP245）。シュペーナーによれば、「我々がそれだけ神の敵であるべきでないなら、我々はそれだけ、世間との親交を、我々がそれと共にしようと望むことに求めてはならない」（SHS466f.）。

157 「彼はそうした愛と聖霊の動機から、すべての事物において神に従順であろうと熱望し、彼の栄誉をすべての事物において促進し、彼においてのみ生き、二つの表に従って彼の意志を為し、すべての悪を避け、毎日すべての善において成長することに熱心である：しかもそうしたことを強制からではなく、喜ばしい愛から」（Erk132f.）。

158 シュペーナーによれば、非再生者も「外面的なものにおいては律法と一致し、その限り善い、あれこれを為しうる」（Erk111）。

159 シュペーナーにとってのキリスト教は「主として外面的なものにではなく内面的なものに関わる」（WP227）のであるが。

160 シュペーナーによれば、真のキリスト教は「単に外面的な悪徳を通ざけることや、外面的に、道徳的に善い生活に存しない」(PD114 邦訳71頁以下)。それに対して世間は、「真なる宗教の告白、外面的な礼拝の実行、それ以外にせいぜい道徳的な生活に存するようなキリスト教をもとうとする」(SHS366)のである。

161 「なぜなら、神は我々に、我々が悪を止めることと、また善を為すべきことを要求しているので、したがって、後者を怠る者は、彼の父の意志を為さないので、それは彼を同様に永劫に罰しうる」(Erk118)。

162 「キリストと聖なる三位一体のすべてが信者たちと合一し、彼らの内に住むので」、「この頭から常に霊的な生命、活力、霊と力が各々の肢体に流れ込み、そこから、善を為す能力と衝動を得る」のである(DIME656)。

163 原罪の故に、「あらゆる悪と神に反するすべてのことへの常なる欲望を伴って」(Erk116)。「常に人間たちの元には、悪への欲望がある」(SHS336)と、シュペーナーは言い切る。

164 「偽善者とは、唯一、外面的には敬虔に振る舞いつつ、心においてはそうでない者のみである」(SHS392)。「人が律法の字面に関して禁じられている公的な不面目と悪徳は犯さないが、内面的な聖化を必要と見なさないような外面的には尊敬されうる生活」は「パリサイ的義」とも呼ばれる(SHS546)。

165 「人が彼の悪意において、それでもなお神を称えようとし、心はそこにないのだが、外面的な礼拝によって彼の無神を覆い、飾ろうとするなら、偽信」(Erk46f.)である。偽信はまた、「人間が外面的に、それが彼において内面的に心の中であるのとは異なるふりをする場合」(SHS367)にそう言われる。シュペーナーは、人が「外面的な宗教と礼拝に、それで充分であるかのように、縋るなら、しかし彼はそれによって自身を恥ずべく欺いているであろう」(WP216)とも言う。

166 シュペーナーは『敬虔ナル願望』で、ルターの『ローマの信徒への手紙』の序文から、「信仰は我々の内なる神的業であって、我々を変え、新たに神から生れさせる。［中略］それは、善き業を為すべきかどうか問うことなく、人が問うに先んじてそれはそれらを為しており、また常に為している」(PD152 邦訳93頁)という一文を引用している。逆に「業がないか、むしろ悪しき業がある場合には」「そうしたものは死せる信仰であって、よって真の信仰ではない」(SHS533)。また、「感謝に満ちて喜ばしく、そして自由な愛から生じ、天の父の心を彼の子どもらが喜ばせるのが真の善き業であり、しかし、神の恩寵をそれによって初めて獲得するよう試み、神から何かをもらおうというような報いを求める業はそうでない」(WP200)。

167 神がモーセに現れた、ユダヤ人に対する徴として、モーセがその杖を地に投げるとそれは蛇になり、尾をつかむと杖に戻ったという（出エジプト記4・2－5）。また、エジプトに戻るモーセのもっていた杖は「神の杖」（同20）と呼ばれる。ファラオに様々な奇跡を示し（同7－9節）、紅海を二つに割ったのもこの杖であり（同14・18）、シュペーナーは神に従うのに奇跡を必要とするような人々の象徴として言っているようである。

168 シュペーナーによれば、善い業はその報いをもつが、それは「功績からではない、なぜなら、我々は我々が為すことのできるすべてを義務に負っているし、たとえ最善の業であっても、全く完全ではなく、その喜びがすべての全を為すことである神の大いなる善と恩寵深い約束からであるから。したがってそれは恩寵の報いである」(Erk123)。逆に神は、「我々に何も与えるよう負ってはいない」(DigF58)のである。

169 「我々は慎重に、常に我々を吟味しなければならない、我々が信仰の内にあるかどうか」(Erk135)。

170 「しかし、信仰があるべきところでは、悔い改めと敬神な生活もなければならない」(SHS389)のである。「順序に関しては、律法と悔い改めが。福音と信仰により先に置かれる」(SHS499)とも言われる。

171 「そこで人間が自分の罪において続行する無神と悔い改めようとしないことに関して、そうしたことは、神に対する、常に持続する戦争として」(DigF30)表記される。シュペーナーは言う、「罪の内に留まり、自分の回心を、人がひとたび神の活動から何かを感じたならば、神が我々を常に再び新たに求めるであろうという信頼から、いっそう延期するということは、大きな愚かさである」(SHS378)、と。

172 シュペーナーの説くキリスト教は深い内省を要求するが、悲劇的でも陰鬱でもない。のちにフランケの敬虔主義は、回心に先立つ内面の激しい苦悩を求めるようになる。

173 このように、人間の自力にわずかでも重きを置く人々を、シュペーナーは「ローマ的・教皇派的な人々」(SHS469)と呼ぶ。

174 「聖霊は、言葉を聞き、その働きに抵抗しない者たちの魂をその光において照明する」(Erk128)。つまり、聖霊の働きに抵抗するか否かは、人間に任される。

175 それ故にシュペーナーは、「聖書のすべてが除外なく会衆に知られているべきこと」(PD194 邦訳120頁)を要求する。

176 シュペーナーは「聖なる、世間によって汚されていない生活についてのキリスト教のあらゆる規則」(WP275)はすべてのキリスト教徒に関わるとする。そこには、「彼らがにもかかわらず神的言葉と聖書に従事し、それらを読み、考察し、各々が、彼の才能の量と彼の機会必然的に伴うだけ、そこにおいて来ようと努力すること」(SHS455)が属する。

177 信仰が真実であるためには、「したがって、生活が、それも神の命令に従った正しく真剣な生活が求められる」(SHS420)

178 シュペーナーは、「彼が我々に対して示した父の愛ゆえに」(Erk30)、我々は神を愛する必要があると言う。

179 重要なのは、神の言葉に耳を傾けるだけでなく、「彼らの心が聖霊に内面的に働くよう委ねること」(Erk216)なのである。

180 新しい人間は、「悪を憎み、善を気に入る」し、「自分自身を否定し、彼の神の栄誉と隣の人間の最善を求め」、「唯一霊的で永遠なものを求めて努力し、その内に彼の救いを認識する」(Erk312)。

5　常なる祈り[181]

テキスト：ガラテヤの信徒への手紙4章6節
　というのも汝らは子どもらであるから、神は汝らの心に彼の息子の霊を遣わした、それは次のように叫ぶ：アッバ、愛する父よ！

A　冒頭

　我々が神に負っている義務の内で、幾つかの主要な義務がある。それは次のものである：信頼と愛と恐れ。そのように我々の愛するルターは、『小教理問答書』において第一の命令を説明する：**我々は神をあらゆる事物より恐れ、愛し、信頼するべきである。**[182]そこからは、我々が神に負っている他の義務も流れ出す。それらは、この三つの主要な義務の一つからか、あるいは、すべての三つから共通にか、由来する。新しい人間の、あるいは再生から由来する新しい被造物のあり方について、我々は差し当たり三つの部分を吟味した：イエス・キリストの唯一なる義への信頼、神への愛、そして神への敬意をこめた恐れである。そこで我々は、そこから生じる**その他の義務**に向かった：そこでは、我々にはまず、進んでするような、内面から生じる従順である、神的命令に対する従順が現れてきた。これが我々の最後の考察である。今や、我々は次のことを見てみたい、いかにして新しいあり方がまた、それが常に祈りをもって神へと立ち上がるということを、それ自体にもつのかを。[183]

主は我々に教えるであろう、こうしたあり方も、彼の霊の光において認識されるのみではないと：そうではなく、彼は我々にまた祈りと、祈ることの練習の常なる経験をもつことを教える。イエス・キリストの功績のために。アーメン。

B　テキストの言葉の説明

愛する使徒はこれらの言葉で我々に特別な神的善行を紹介している：霊を送るということ。その際我々は次のことを考察しよう：善行の根拠、善行そのものと、その果実。

I

善行の根拠に関して言えば、次のように言われる：というのも、汝らが子である故に［ガラテヤ4・6］。このdemはここではaberと同じことである。[xxiii] またそのように、根拠となるテキストにはある。使徒は次のように言う：キリストは我々のために子どもであること〔同4・5〕を獲得した、彼が我々を律法から解放した時に。これは、次のようであったと思われる、ガラテヤ人[184]たちには何も関係ないというような：というのも、彼らは決してユダヤの律法[185]の下には立っていなかったからである。しかし、彼は今や示そうとする、そのような子どもであることが彼らにも関わることを。彼は次のように言う：彼らは神の子らであり、恩寵からこの状態に受け入れられている、そしてしかも――先行することから見て取られるように――今や成長した子らとして。その際、次のことに気づかれねばならない：子らがまだ小さい限りでは、彼らはより厳格さとしつけをもって扱われるということに。そこでは、奉仕の若者らと子らにいかなる大きな違いもない。したがって、パウロは次のように言う：しかし、私は言う：相続人が未成年である限りは、彼と従者の間に違いはない、彼があらゆる財産の主であるとしても：そうではなく、彼は後見人と保護人の下にいる、父から定められた時まで〔同1－2節〕。よってそのような子どもに自由はない。彼は、人が彼に言うことを為さねばならない。彼は、自分がそこへと望むところへ行くことは許されない。彼は常なる強制の内に、しつけの下に立つ。それでも、子らが大人になったならば、彼らは自由を得る、たとえ、彼らが両親に従順であることを義務づけられたままでいるとしても。それでも、このことは今や、もはや強制からではなく、自由をもって生じる。彼

xxiii 『エルベルフェルダー聖書』では、「しかし汝らが息子たちであるが故に」。『メンゲ訳聖書』では、「しかし、今や汝らが子らである故に」。

らは多くのことを自分からすることを許される：というのも、人は彼らに次のことができると思うからである、彼らが自らを彼らの限度に留めておくことができると。小さい子らには、人は、それは許さないであろう。彼らは自由を容易に濫用しうる。大人の場合は、人はもはや鞭をもって後からついて行くことはない：そうではなく、人は活発に言葉をかけることで済ませておく。

さてそれを使徒は聖職者においても適用する：『旧約聖書』のユダヤ人たちを彼は、なお従者的に扱われるであろう小さい子どもたちに例える。彼は次のように言う：そこで信仰が来る以前には、我々は律法の下で保全され、信仰から閉ざされていた、それはそこで啓示されるべきだったであろう。したがって、律法は我々のキリストまでの厳格な規律励行者であった［同3・23－24］。律法は人々を強制の内に保っていた。それは彼らに、それ自体としては罪でなかった多くのことを禁じていた。しかし、それは彼らを、自由にまだ正しく耐えられず、使うことのできない者として保っていたのである。律法は彼らにとってつらかったし、それは、純粋な脅迫することと強制することの下で、彼らを扱っていた。したがって、彼らの状態はこの点ではより貧弱であった。

しかし、キリストが来たって、救済の業を完遂した。さて、パウロはキリスト教徒たちの状態を、大人になった子どもたちのそれに例える。[186] 彼らはもはや鞭の下で生きていない。彼らはなるほど両親に少なからず従うが、しかし、より大きな自由においてである。彼らはもはや強制を必要としない、なぜなら、彼らは今や彼らの両親をより良く知っているからである。彼らはまた、彼らに対してより一層の信頼を抱いている。使徒は次のように言う、ガラテヤ人たちはそうした子どもらであると。彼らは、彼らが福音と洗礼から捉えた信仰によってそうなったのである…次のように言われるように…というのも、汝らは皆、キリスト・イエスへの信仰によって神の子らとなったからである…というのも、汝らが洗礼されただけ、キリストを着たのであるから［同26―27節］。[187]

勇気づけのために、我々は、我々の感謝の念を、キリストによる救済からの『新約聖書』のこの優位によって思い出す。[188] キリストは救済した、律法の下にあった者たちを、我々が子どもであることを受け取るように［同4・5］。昔の人々もすでに神の子らでなかったというようにではないが。我々はそれを彼らに否認することは許されない。彼はそれでも、子どもであることについて語る、そこにおいて、今や子どもたちが子どもらしい自由をもち、強制のない子どもたちと見なされるような。それは『新約聖書』の財産である。昔の人々は、従者的な霊をもっていた、彼らは子どもたちであったにもかかわらず。彼らはなお多くの点で従者的に取り扱われた。しかし今や、我々は子どもとしての霊「ローマ8・15」をもっている。我々の神への信頼は、なお厳格なしつけの下で保持されていた昔の人々におけるよりも、恐れと混じっていない。ここから次のことが帰結する、恩寵と祈りの霊は――そしてよって祈りの賜物も――『新約聖書』の方が『旧約聖書』よりも豊かであるということ。[189] なぜなら、我々の下で信頼を強めることができるものは、今やより大きな程度存在しているので、祈りの力もより大きくなっている、ということ以外にありえないから。

善行とはそれ自身次のことを言う：神が彼の息子の霊を汝らの心の内に送ってくれたこと［ルカ11・13］。神とはここでは天なる父を意味する。我々の全救済は彼に帰せられる。彼は我々の救済のために息子を送り、聖化のための霊を送る。[190] 次のようにも言われるように：天にある父は聖霊を、それを請う者に与えるであろう。それによってしかし、息子は排除されない。そうではなく、この者が彼の霊も送るのである。彼が次のように言うように：しかし、もし慰め手が来るであろう場合、それは私が汝らに父から送るのだが、それは父から出る真理の霊である［ヨハネ15・26］。したがって、聖霊降臨[191]のための奇跡を起こすような霊の注ぎ出しについて次のように語られる：さて、彼は神の法によって高められ、父からの聖霊の約束を受け取られて、それを注ぎ出した、それを汝らは見、そして聞くのである［使徒2・33］。そうした奇跡の注ぎ出しを行った者はまさに、霊もきちんとした仕方で、注ぎ出す。そう、霊は自分自身を伝え、それは好んで来る。

しかし、彼の息子の霊について語られている。それは霊であり、神性の第三位格である。それは息子の霊［ヨハネ16・7］と呼ばれる。キリストがそれを我々のために獲得し、受けるに値するものとしなければならなかった。キリストは若者らにそれを伝えた、彼が彼らに息を吹きかけた時に［同20・22］。

我々も既に聞いたように、彼はそのような霊を注ぎ出した、彼が父の法へと自らを立てた時に。その本質に関しては、霊は父からも、息子からも出る。[192] したがって、我々は我々の小さなテキストの節に、三位一体の証をもつのである：(1) ここで、送るのは**父**［使徒2・33］である。彼は彼自身の息子をもつ。(2) **息子**は父自身の息子である。よって彼は、彼から生み出されねばならない、したがって、神以外でありえない。(3) **霊**は父と息子の霊である。したがって、それは彼らにおける最奥にあり、他の本質ではない。それ故、信者たちは**神の神殿**［Ｉコリント3・16］と呼ばれる、なぜなら、彼らの内に霊が住むからである。特に我々は次のことを見る、聖霊が父と息子から出るということを。よってそれは、その本性を彼らの本性から永遠に得ている。したがって、それは永遠なる神以外ではありえない、他の二つと同じく。父についてははっきりと引用された言葉に次のようにある：**それは父から出る**［ヨハネ15・26］、と。そのようにここでもまた次のことが妥当する：父が霊を送るということ。命令する仕方でなく：彼の下にいる者として。それは、その本質を父から得ている。しかし、それはまた、息子からも出る、我々のテキストが証明するように。それは次のように言う：彼の息子の霊、と。そのように主ははっきりと次のように言う：彼は、**父がもつすべて**［同16・15］をもつ。我々は、よって、そこから、霊を送る力を排除することは許されない。そのように、それはまた、**キリストの霊**［ローマ8・9］でもある。それ故に、両者が、父と息子が、聖霊を送るのである。[xxiv] このことは、ギリシア正教的な教師に抗して主張された、[xxv] 彼らは、聖霊の父からの発出は認識しても、しかし、息子からのは認

識しない。[xxvi]

さらに、霊は信者たちに、その作用と力に関して贈られるだけではなく、真にそれ自身をその位格と本質に関しても贈られる。神の息子が父によって送られたように、その位格に関しても―そこからの力としてのみならず―、そのように同じことが霊に関しても確かである。それは自身で送られるのである。そして、この神的位格は信者たちの心に住む。パウロはコリント人[193]たちに次のように問う：**汝らは知らないのか、神の霊が汝らの中に住んでいることを？**［Ｉコリント3・16］そして、彼はエフェソ人[194]たちに次のように書いている：キリストによって、**汝らは約束の聖霊をもって封をされた**［エフェソ1・12–14。4・30も参照］。一方、そもそもやはり位格が贈られるのみならず、その賜物と共に贈られる：**霊は汝らの下で行いを為す**。これについてはさて、次のように言われる：父は霊を送った［ヨハネ16・7］。それも、ある主が、同じ権力をもつ彼の代理人を送ったというようにではない：そうではなく：父が、霊が信者たちに伝わるように、指示するのである。しかし、もし父がそれを送っているとしても、それはやはりなお父の内にあり、彼の内に留まっている。魂が言わばその思惟と情熱を自身から発出させるように、これらも魂の内に留まっているにもかかわらず。太陽はその光とその温かさを自身から発出させている：そして、それでもそれらもその内に留まっているのである。

それから、次のように言われる：**汝らの心の内に**［Ⅱコリント1・22］。我々は知っている、聖書において一般的に――そして、そのようにやはりここでも――*Herz*とは、胸の左側に位置する器官を意味しない。[195] そうではなく、Herz ということで、その最も卓越した力をもった魂が理解される。魂は、その最も卓越した生命力を心の内にもつ。そのように ― そのことを使徒は言いたいのであろう ― 霊によって魂の内に新たな生命力が、霊的な生命への力が来たる。霊は、耳や口の内に送られるだけではない［ガラテヤ3・5］― 偽信者たちの業はたいてい口の業のみであるように ―、そうではなく、心に送られる。そこにそれが住む故に、そこでそれがその作用においてその力を人間全体に注ぎ込む故に。

xxiv ニカイア・コンスタンティノポリス信条。

xxv 381年のコンスタンティノープル公会議は、大国の教会を一つにするために、皇帝テオドシウス一世（379－395）によって召集された。

xxvi この箇所には次のようにある：我々は信じる……活かす者である主なる聖霊を、それは父から出て、同時に父と息子と共に崇拝され、称えられ、預言者を通じて語った。カルケドン公会議（451年）はこのことを東西の全教会のために承認した。しかし、トレド公会議（589年）では ―― スペインの西ゴートの首都で召集、なぜならゲルマンの征服者たちには、従属したローマ人たちの信仰に改宗する以外になかったからである ―― 冒頭の宣言で付加が読み上げられた：そして息子から（ラテン語でソシテ息子カラ、あるいは息子カラモ）と、その結果、次のようになる：それは父と息子から出た。この付加は差し当たりフランクの教会で、後にはローマ教会でも受け入れられた。シュペーナーはこれを聖書において基礎づけられたものと見なす、ギリシア教会が、彼らによって以前に共に決定されたもののみを承認した一方で。（ミルプト、原典120番：リン－ユンクスト、教義史読本133頁：ヘルツォーク－ハウク、百科全書、第二版、15巻、716頁以下。）

III

我々はなお、霊をそのように送られることの果実について考察する。それは心において何を作り出すのであろうか？　次のように言われる：それは叫ぶ：アッバ、愛する父よ！　それは叫ぶ。これは次のことを意味する：それはそのような祈りを我々の内に生じさせる。それは、そのための力、意欲、光と真剣さを与える。こうしたすべてが、真剣なこととしての叫ぶことによって示唆されている。そしてしかも、それは、それが送られたところで、叫ぶのである：すなわち、心の内で。そのように、時に祈りも心の内にのみ留まる。そして、それでもなおそれは、その真剣さのために、神の耳には、純粋な叫び声として尊重される。[196]　モーセには、次のように言われた：汝は何を私に叫ぶか？〔出エジプト記14・15〕彼は、民に対する恐れと不安からそれほどの言葉を語ることはあえてしなかったにもかかわらず。時に、内面的に叫ぶことも、ため息や、あるいは言葉に移行する。それは、この叫ぶことに付随している。しかし、そこで、外へと現れることも内面から来なければならない。[197]

さて、そこには次のようにある：それは叫ぶ：アッバ、愛する父よ！　次のような見解ではない、それがただこうした言葉のみを発することを教えているというような、その結果、それらの下に留まるように。そうではなく、それによって、霊が作り出す祈りのあり方が示されている。我々は神をこの霊の衝動から父と呼ぶ。我々は彼に対して子どもらしい信頼をもつ、ちょうど、そうでなければ、ある子どもがその父にもつのが常であるように。

アッバという言葉はシリア語である[xxvii]。それは、まず、アッバやあるいはパパと話すのが常であるような子どもたちの喃語と一致する。それはそれによると次のものとして説明される：父。このことは、子どもたちの真剣さの徴であろう。時に人は、事態を、同じか、似たような言葉で繰り返す、もしそれがその人にとって全く真剣な関心事である場合には。その言葉は、ここでは二つの言語で載っている：シリア語で――それは当時のユダヤ人たちの言葉だった――そして、ギリシア語で。ここから次のことが推論できよう、子どもであることは、ユダヤ人にもギリシア人にも等しく関わるものであったことが。

しかし、それによってまた次のことも示されている、信者は神と、子どもたちがその両親に対するのと同様の信頼をもって付き合うということが。したがって、そのように霊から正しく出る祈りこそ真に子どもらしい。霊は、子どもであることの霊であり、息子の霊である。それは我々の心を、神、父へのそうした信頼で満たし、我々は我々の関心事を彼より先に捨てる、ちょうど子どもらが彼の父より先にそうするように。したがって、我々は次のことを確信する、祈りは神的であって、聞き届けら

xxvii　シュペーナーがシリア語と表記しているものは、今日では広範にアラム語と呼ばれている、シリア語はその方言である。

れるべきであることを、我々が我々において感じる信頼が、より一層心からのもので、より喜ばしいものであればあるほど。神はそのことをなお我々の下で促進しようとする、彼が我々に祈ることを教える場合には：**我らの父よ**。我々のルターは、それを、非常に力を込めて次のように説明している：**神は次のことによって我々を誘おうとする、我々が次のことを信じるべきであることによって、彼は我々の正しい父で、我々は彼の正しい子らである、と、それに基づき、我々は安心して、あらゆる確信をもって、彼に祈るべきである、ちょうど、愛する子どもたちが、彼らの愛する父にそうするように**。[198] ここから我々は次のことを見て取る、キリスト教徒は、彼らの神の恩寵について不確実となるには及ばないということを。彼らはそれについて疑うにも及ばない：子どもが父の愛を疑わないのと同じくらいに。

C　教え

再生からのキリスト教徒の新しいあり方には次のことが属している、彼が彼の父にいつも心から霊によって祈るということ[xxviii]が。

(1) ここではすべての可能な祈りについて語られているのではない。そうではなく、唯一心からの祈りについてのみであり、それについて我々は次のように歌う：与えよ、口だけの祈りではない：助けよ、心からの根拠があるものである。その反対を神は罰する：こうした民は私にその口で近づき、その唇で私を称えるが、その心は私から遠く離れているが故に［イザヤ書29・13］。そしてイエスも次のように言う：神は霊である、そして彼を崇める者たち、彼らは彼を霊において、そして真理において崇めなければならない［ヨハネ4・24］。これは次のことを意味する：その霊の力において、我々の霊からということを。我々が祈り、求めるものは、我々の心から出るのでなければならない。すべては内面から来なければならないので、それゆえ、我々は祈りにおいても外面的なことにはこだわらない。[199] 心なく生じる言葉は祈りではない。それらは無駄話である。それらが神の気に入られえようはずもない。それらがまったく、故意の不注意から来るのならば、それらは神を最高度に侮辱している。ダビデは祈りの二つのあり方を区別している：**私の口の語りと、汝の前での私の心の語りが汝の気に入られますように、主よ、私の避難所であり、私の救世主よ**［詩編19・15］。それはもちろん、口での祈りと、内なる祈りの区別である。[200] そのように、そこでは口が語るのでなく、すべてが内面からのみ生じるようなものこそ、真の祈りである。[201] しかし、たとえ人が祈りを口でしたとしても、それでもそれは同時に、心の対話でなければならない。我々はまた次のことを述べる：もし、祈りについて語られるとするなら、我々はすべてをやはりまた同時に感謝の言葉から理解する必要があるということを。願

xxviii　ＥＫＧ２４１：１：天の王国の我らの父よ……マルティン・ルター（1483 - 1546）による

いからだけではなく。

(2) そのような祈りは自身の力から由来するのではない。そうではなく、我々は、本性からは、我々が世に出た時、他のすべての善に対してと同様に、この祈りに対しても無能である。もちろん、我々の下にも、本性から神の認識の火花がなお残っており、良心の動機も残っているように、人間にもある程度は祈りへの本性的な性向は存している。[202] 特に、彼が苦境に陥った場合には。したがってまた、すべての異教徒もその苦境においては彼らの神々に呼びかけた。我々はそれをヨナ[203]の物語において、嵐における船乗りたちに見る：船乗りたちは恐れ、叫んだ、各々がその神に［ヨナ書1・5］。しかし、我々自身からは、我々は、神の気に入りうるように、そのように祈る力はもっていない。したがって、子どもらしい霊から来たのでありえないすべての祈りは何も獲得しない。我々のテキストによれば、霊がすべての祈りを作り出さなければならないのである。[204] したがって、それは恩寵と祈りの霊［ゼカリヤ書12・10］なのである。それは我々に永久に、我々が何を祈るべきかを教えるだけではない：そうではなく、それは我々をまた、それへと駆り立てる、パウロが次のように言うように：霊は我々の弱さを助け起こす。というのも、我々は、我々が、ふさわしいように何を祈るべきか知らないからである。そうではなく、霊そのものが我々の代理を務める、最善には口では言い表せないため息によって［ローマ8・26］。よって、霊は祈りのために必要である、祈りがそれなしには神の気に入られようがないほどに。そのように『旧約聖書』の時代には、神は、異郷の火［レビ記10・1］によって点火された薫香をほとんど気に入られなかった。[205]

(3) 祈りにおいては、神に対するすべてのこれまでの義務が訓練される：何よりも先に、イエス・キリストの義に対する信頼が。祈りは聞き届けられるという確信の下での信仰において生じなければならない。[206] ヤコブは次のように言う：彼は信仰において求め、疑わない：というのも、そこで疑う者はちょうど、風によって追い立てられ、作り出された海の大波の様だからである。そうした人間は次のようには考えない、彼が何かを主から受け取るであろうとは［ヤコブ1・6－7］。しかしまた、それは我々の救世主としてのキリストへの信仰において生じなければならない。彼は我々を父と和解させ、彼は我々に代わって、父の愛と義を獲得した：したがってまた聞き届けも。よって、祈りのこの霊的供物は神にとってはじめて、イエス・キリストによって、好ましい［Ｉペトロ2・5］ものとされる。次のような信頼が我々を祈りへと駆り立てるのでなければならない、我々が、我々は父と和解していると知っているという信頼が。そして、この信頼はまた祈りの練習をする。祈りはしかしまた、愛の果実でもある。それは愛において生じなければならない：というのも、祈りにおいて我々は一層密接に神と一つになるからである。また、祈りは神への敬意から、そして彼への恐れから生じる：というのも、祈り自身が神に負っている尊崇の一部だからである。

(4) 神への信仰と愛、そして神への恐れが再生に由来するように、祈りもやはり再生に由来するのでなければならない。よって、それは新しい本性の力である。少なくとも、次のことは既に、再生の一つの果実である、我々が祈り、祈りにおいて神に接近してよいということは。いかなる敵も、侮辱された王に近づいてはならないし、彼に何かを請うことも許されない。それはまさにまったくの反抗と見なされるであろう。そして彼はただ、それだけ重い不興を身に負うであろう。単なる従者は彼の主に、すべてを確かな確信をもって請い願い、あるいは期待することはできない。さて：我々が再生において受ける恩寵の外では、我々は神の敵［ローマ5・10］である。せいぜい、我々は彼の従者［ガラテヤ4・7］である。しかし、子どもらは自由にその両親の元へ行ってよいし、彼らにすべてを請い願うことが許される。まさにそのように、我々の祈る権利は、神の子であることに由来する。しかし、我々はこれを再生から得る。祈りは、いかにして我々が父に近づくかという最も主要な事柄の一つである。父への接近は、あらゆる場所で、キリストの特別な善行として証言されている。それに我々は再生によって与る。したがって次のように言われる：今や我々はそこで信仰によって義とされたので、我々は我々の主イエス・キリストによって神との平和を得る：それを通じて、我々はまた、信仰において、我が在るところのこの恩寵へ接近したのである［ローマ5・1－2］。――我々は喜びをもち、信仰によるあらゆる確信において、彼へ接近する［エフェソ3・12］。特にヘブライ人[207]への手紙は次のことを明確に思い起こさせる：それ故に、我々を、喜びをもって恩寵の椅子に加えさせる、我々が慈悲の心を受け取り、我々が助けを必要としているときに、恩寵を見出すことによって［ヘブライ4・16］。

(5) 我々は、再生からまた祈りへの衝動も手に入れる。我々が聞いたように、神のよく気に入る祈りには、神への信仰、愛と敬意を表す恐れが属している。これらはすべて、再生の果実である。そして、そこから我々は祈りへの衝動も手に入れる。さらに我々は次のことも聞いた、祈りには聖霊が必要であることを。それから出たのでない祈りは、神に気に入られることはできない。さて、我々は霊を、そこでそれが**豊かに注がれる**［テトス3・6］、**再生と改新の水浴**において受け取る。[208] それはそれが住んでいる心の内で叫び、そこで呼びかける。

(6) 次のことは再生に由来しなければならない、祈りが神の気に入り、それ故聞き届けられるということは。祈る力をもたない者は神の子どもらではない。よって、それらの祈りは聞き届けられえない。[209] **罪人たちの祈りを神は聞かない**［ヨハネ9・31］。もし、神が我々の祈りを気に入るはずであるなら、よって我々はもはや、この意味において罪人であってはならない。[210] すべての我々の罪は許されたのでなければならない。聖化と霊の力によって、罪はその支配を取り上げられたのでなければならない。その力は弱められたのでなければならない。これは再生において生じ、その力によって継続される。他方、我々の祈りは聞き届けられえない、もし、我々がキリストの内になく、彼の内に留まらず、彼の義と彼の霊に与っていないなら。というのも、主は次のように言うからである：**そのように汝らが私の内に留まり、私の言葉が汝らの内に留まるなら、汝らは、汝らが望むことを願い、それは汝らに起きるであろう**［同15・7］。よって：もし我々がキリストの内になく、留まらないならば、我々の祈りは聞き届けられない。次のことは再生において生じる、我々がキリストの内に来たり、彼に与るということは。そして、そこにおいて我々が彼の内に留まらなければならないのは、再生の力である。

(7) そのように、祈りはいずれにせよ再生の果実である。それは新しい人間のあり方に属している。そしてしかも、祈りは言わば、常に新しい人間の中にある。他の事柄――信仰、愛、神への恐れ、神に対する従順とそれを進んでやること――が、時々にのみ再生者の内にあればよいというのではなく、いつでもなければならないのとも同様に…しかも本当に。ある行為はあらゆる瞬間には実行されえず、ただ機会をまって結果するにすぎないにしても。しかし、信仰、神への愛、神に対する敬意、従順は、そのような機会が存在するやいなや、現に生じるのであり、人間がまず外からそれへと駆り立てられなければならないということはない。ある時には、心の内に隠されていた祈りが、本来のいわゆる祈り、あるいは、人が神の前へもち出す感謝の言葉へ移行するであろう。それははっきり表明された言葉でか、あるいは単にある思惟をもってのみでか。それは、人間が外面的に祈りの時間をとったのであろうと…人が教区民の間で他の兄弟たちと祈るのであろうと…あるいは、祈りへの機会が、自身の関心事の、あるいは隣人の関心事の考察において訪れるのであろうと。しかし、まさにそこに示されているのである、祈りが常に魂の内にあるかどうかが、なぜなら、すべての機会がそれを自ずからほとばしり出させるのであるから…多くの熟慮や想起なしに。水で満たされた器から、水が直ちにこぼれ出るか、あるいは漏れ出すように――その都度どれだけ開口部が大きいかに従って――、それがいくらかでも開けられるやいなや。これが、聖書がそれについて語っている、恒常的な祈りであるだろう。[211] 救世主は次のように言われる、**人は常に祈り、止めるべきではない**［ルカ18・1］。そしてパウロは次のように催促する：**絶えず祈れ**［Iテサロニケ5・17］。考えられていることは、跪いて外面的に祈ること以外何もすべきではないということではない。それは神にむしろ反するであろう、彼の気に入るよりも：というのも、我々の他の義務も中断することなく、為されるであろうからである。それはむしろ次のことを意味する：心が常に祈りへと傾けられているべきであり、あらゆる機会にも、それが現実の祈りへ移行するというようにあることを。そのように、すべての内的な徳があらゆる機会にその実行へと姿を現すのと同様に。したがって、心がそのような内的な、いわば深く根差した祈りに満たされているところでは、そうした移行は何度も生じるのである。よって人間は、朝に、夜に、机で、あるいは特別の機会に祈るのみではない：そうではなく、よりしばしば、その仕事の最中に心を立ち上げ、神へ目を向けて、ため息をつくことで、短い祈りによって。もし心がそのようであるならば、それは神の前では：常に祈ることである。その魂の内に信仰があるキリスト教徒について本当に次のように言われるように、彼は常に信仰していると。たとえ、現実の行為や信仰の実行は永久には生じえないにもかかわらず。

そのような恒常的な祈りにはなお、次のことが属しているであろう ―― しかしそれはまた再生を通じて作り出されねばならないことなのだが ―― キリスト教徒の心が真に、すべての行為において神の意志を成し遂げ、彼の名を称えよう、したがって神の栄誉を促進しようという欲求に満たされているということが。[xxix] それが魂に深く刻み込まれているところでは ―― それは、それが為すすべてのことにおいてこの目的を眼前にもつことになるが――、そこでは、我々は真理をもって次のように言うことができる：そのような神の子はすべてのその行為において、すべてのその行為を通じて祈る、と。それは、すべてのその遂行を通じて、主が我々に我々の父の最初の三つの願い[212]において祈るよう命じたことを満たそうと努力する。よって、これが本来、内から染み出し、新しい本性のあり方に属する祈りである。

D 訓戒

さて、我が愛する人々よ：新しいあり方のこの部分を、我々は再び我々の吟味に用いねばならない。我々は次のことを調べなければならない、我々がそれをもっているか否かを。見よ、我が愛する人間よ！ 汝が次のように考えるだけではそれは十分ではない：汝が教会において、朝に、夜に、机で、ある時間に祈ると。それは間違ってはいない。[213] そうではなく、我々の外面的人間を規則的生活に保ち、我々自身を勇気づけるには善い。したがってそれは怠られるべきではない。しかし、汝は次のことを熟慮しなければならない、汝の祈りが霊から由来する祈りであるかどうかを、そして、その際彼――霊――が心の中で叫んでいることを。よってそれが、信心をもって生じ、汝が別の、回り道を進む思惟を制御しているかどうか――汝の弱さにおいて可能な限りで――、汝をそこから次第に解放していくために。祈りが、我々が常に思い浮かべているべき、神的権威に対する敬意の念をもって生じているかどうかを。それが神への愛において果たされているか、あるいは、我々が祈りにおいて我々の利得のみを求めていないかを。祈りとそれが聞き届けられることによって、偉大な神が称賛されているかを。しかし、特に、それが次のような子どもらしい確信と次のような信頼をもって生じているかどうか、次のように言われるような：アッバ、愛する父よ！　これは次のことを意味する、我々が神と、我々の最も愛する父とのように語るということを。祈りのこのあり方のみが、新しい本性の証である。我々はよって、我々を吟味する必要がある、恒常的で内的な祈りが我々の下にもあるかどうかを。したがって、我々が我々の心を常に神へと向け続け、それがあらゆる機会に、別の祈りのあり方に移行するかどうか。というのも、心を満たすものは、口に移行する［マタイ12・34］からである、主の言葉に従って。我々がここにおいて見出すものは、そのために我々が、神に感謝し、彼にそうした善における成長をさらに請い願う必要があるものである。しかし、それが欠けているところでは、そこでは我々は、新しい本性に属しているものを得ようと努力する必要がある。

ここでは何も強制をもって為されるのではない。強制された信心は心情をさらに拡散させる。しかし、我々の信仰を強化できるすべては、それは特に真の祈りを強化する：というのも、それは総じて新しい人間を強化するからである。よって、正しい祈りに至ろうとし、その力において増大しようと

xxix　マタイ6・9－13を参照。

する者は、次のことを求めようと努力する、信仰において強められることを…彼はしばしば自分の洗礼と、そこにおいて受けた子どもの権利を思い出す…というのも、そうした想起は、子どもらしい信頼を増し、そのように祈りを促進するからである。古いキリスト教徒たちの下では、洗礼された者が、まさにこの言葉を発するのが常であった…アッバ、愛する父よ！　彼らが洗礼の水から上がってくるとすぐに…そしてしかも、心からの信頼と受けた子どもらしい霊の証に。人はまた、人が受け、人がなお享受し、そして、人がさらに期待する、すべてのその他の神的善行を想起する。人はそれを可能な限りの熱意をもって為す。人はそれを正しく心に刻む。そして人は神的愛の言わばそのような火を自分の心にもたらし、それをそこに受け入れる。というのも、次のことが確実だからである…そのような神的愛が我々の内で感じられればられるだけ、それはそれだけ一層、我々に対する愛と常なる祈りを起こさせるということが。そしてそれはそのための力を与える。したがって、神的言葉のあらゆる取り扱いは、主にそれを目指すのでなければならない。我々はまた、聖餐の心からの使用もそうした方向へ引っ張る必要がある。それは内的人間と、よって特にまたその力を強めるのである。

　しかしさらにそれには次のことが属している、ある者は、彼がそれらをもち合わせたいとするなら、こうした祈りと新しい人間のこのあり方を自ら妨げないということが。[214] それは悪しき生活によって起きる。祈る才能をもった者は、それを――総じて霊と同様に――失うであろう、もし彼が、悪意をもって罪に仕え始めたならば。[215] そう、祈る力は弱められるか、あるいはまったく消えてしまうであろう、さて彼が敬神の訓練において怠惰で油断しているようになり始めるところでは。あるいは、もし彼が自らを、ふさわしい以上に、世の虚栄に編み込ませてしまうならば。それによって霊は――失われないとしても――それでもそれだけ悲しませられる。よって、それに対して人は用心しなければならない。しかし他方、人は次のことを確信してもよい、敬神な生活も、正しい祈りへの一つの手段であることを。

人間と祈りの新しいあり方が次の空想によっても妨げられるなら∴祈られたことは祈られたことであるという。もし、ただ言葉が発せられたにすぎないなら！　我々が言葉を理解せず、あるいはそれについて考えたこともないにもかかわらず、それでも神はそれを理解する。しかし、我々は次のことをよく考えなければならない、神は、心から出た以外のいかなる祈りをももとうとはされないということを∴単なる唇の業だけでなく。

祈りについてのさらなる警告を挙げるのは、時間が許さない。ただなお、このわずかなことだけ言われよう∴祈りの才能もまた神とその霊の貴重な贈り物である。したがって、それらは他の才能と同様に、請い願われなければならない。我々は神に、まず真っ先に祈りを請わねばならないのである。したがって、私はそれを特に有利なことと見なす、突然に、考えもなしに始めないということを、もし人が祈るべきであるとするなら。そうではなく、人は次のことに慣れよう、まず内面的に人がそれへと祈ろうとする神へと自らを高めることに。そして、それは全く短期間で生じうるのであるべきである。人は少なくとも、とっさの短い祈りや、ため息のみで、あるいはただ内心で神を仰ぎ見ることで、人が意図する祈りへの彼の霊を請い願おう。

E　慰め

慰めは、我々が祈りを通じ神によってすべてを獲得できるということ[216]：**私は汝らに次のように言う：汝らが汝らの祈りにおいて願うすべてのことは、ただ次のことを信じよ、汝らはそれを受けるであろうし、それは汝らの下にあるであろう**［マルコ11・24］。我々に祈りの恩寵は欠けていないであろう、もし我々が神的秩序に適合するならば。神の栄誉の一部は次のことに存する、すべての肉が彼の下に来たるということに。特に、彼の子らは、深く信頼した祈りをもって、彼の前に現れるということ。よって彼は、それを自ら妨げない者にそのための十分な恩寵を与えることを止めない。

しかし、特にこのことも一つの慰めである：神の子らは次のことを見出す、彼らからはあらゆる機会に、ため息と祈りが心に生じることを。彼らにはその仕事の最中でも祈りが思いつく。これは彼らにとって、彼らの内に存する新しい本性と再生の状態の確かな証なのである。それについて彼らは心から喜んでよいし自分を慰めてよい。

しかし他方、もしいくらかの善き魂が否認の由来をそこに求めるならば――そして、再生にないと思うならば――、なぜなら彼らが祈りにおいてそうした怠惰、散漫と冷淡さを感じ、彼らがそれへと自らを強制しなければならない故に、そこでは以下のことが慰めとして気づかれるべきである：彼らが誠実な吟味に従って次のことを意識する限り、それが彼らにとって真に神のために為されていること、そして、彼らがあらゆる熱意をもって彼の命令に従って生きようとしていることを、私はそのような魂に次のことを問う、彼らの下に常に、神的恩寵への小心な欲求と、また神の栄誉と隣人の救済の促進への欲求が存在していないかどうかを。――もちろん、それを望まず、罪に仕える者たちを、私は祈りの故に慰めようとも、別の不平の故に慰めようとも望まない：というのも、彼らの下には何ら誠実なものはありえないからである。――祈りへの誤って思い込まれた無能さは、肉体的素質の、自然的悲哀と怠惰の結果でありうる。その際、熱情や喜びは何においても感じられえない。あるいはそれは、神の特別な聖なる思し召しでもありうる、彼らの下で、祈りに際し信心を感じることを、彼らの恭順と、浄化におけるより一層の熱心へと引き戻すような。しかし、祈りそのものに関して言えば、それは常に彼らの下にある、もし彼らがそれをただ正しく理解してさえいれば：もし彼らがそれについて不安になり、神的恩寵にないのではないかと考えるならば、彼らはそうただちにそれを求める：というのも、まさに、祈りの信心への欲求こそ、常なる祈りだからである：おそらく、彼らやあるいは他者の目にはそうでなくとも、しかし、真に神の前では。もし彼らが信心を感じないとしても、それでもやはり、それへの欲求は彼らにおいて存在している。祈りはそう実際には神への願いや欲求に他ならない。それが言葉において生じているというあり方においてだけではない：そうではなく、単に魂においてのみでも同様に。それらが祈ることができない故に正しく不安においてあるそうした善き魂は、絶えず祈っているのである：というのも、彼らの不安は純粋に本当の祈りだからである。そしてしかも、正しく内から生じたそうした祈りは、何ら偽信的なものをもっていない。言葉と、そうした祈りにおける定式化された思考が少なければ少ないほど、それだけ一層その内には心がある。

最後の慰めは次のことである：今や、我々と他者にとって神への現実の祈りであるすべてのことは、そこでは、純粋な感謝の言葉と神への称賛に変化するであろうということ。これは、我々の心と我々の口を永遠に満たすであろう。

F　祈り

ああ、偉大なる神よ：誠実なる父よ！　汝はすべての被造物から称賛されるに値する。しかし、汝は我々人間に常なる祈りをもって汝の恩寵の玉座の前に現れる力と命令を与えたもう。汝は知る、我々がこの善に我々のみによっては役立たないことも。汝の聖霊を我々の心に送り給え、それはそこで次のように呼ぶのである：アッバ、愛する父よ！　我々を汝への愛と、汝の権威に対する敬意をこめた恐れと、しかし特に、汝に対する子どもらしい信頼で満たし給え。そして、常に我々の心の中にあるものは、あらゆる機会と必要の際に、汝の気に入る祈りとため息になる。しかし、我々にまた常に、必要な信心と汝の前で、汝の気に入るように祈る力を与え給え。しかし、我々の祈りが決して、そうあるべきように、純粋に熱意において生じないなら、それを父のような同情をもって見給え。そして、我々の祈りに欠けていることを、汝の愛する息子の十分な功績と彼のとりなしと、汝の霊の言葉にしがたいため息によって置き換えさせ給え。常に汝の意志に従って、汝の栄誉と我々の救済にとって最も有用なように我々の願いを聞き届け給え。そうすれば、我々は汝を、感謝をもってあちこちで称えよう。アーメン。イエス・キリストのために。アーメン。

訳注

181 「真に我々の魂がそれ自身においてすでに常に神的恩寵を熱望し、我々によって彼の栄誉が促進され、彼の意志が完遂されてほしいと熱望すること、その誠実な熱望が、神の前での真に常なる祈りである」(WP209)。

182 Vgl. Erk23。

183 祈りとは「信者の神との会話であり、その内で彼は彼に何かを願い、あるいは彼を賞賛し、あるいは受けたものについて彼に感謝する」(Erk248)。したがって、「人が祈る場合には、心は神に対するそうした専心の内にあるべきであり、祈りの種類によって、賞賛、感謝、とりなし、願いあるいは等々であり、神に対する愛、信頼と敬意によって満たされているべきであろう」(SHS368)。

184 小アジアのガラテヤ地方でパウロが組織した共同体のキリスト教教徒たち。

185 律法には、「ユダヤの教会の律法」と「ユダヤ民族の世俗的律法」も含まれる(Erk17)。

186 シュペーナー自身も、「私自身をキリストにおける哀れな子どもとしてではもはやなく、その年齢に応じて成長した大人として認識している」（L47）という言い方をする。

187 キリストこそ、その従順と苦難、そして死を通して我々を罪と死と悪魔から救済したのであり、「なぜならしかし、我々はその死において洗礼され、洗礼においてキリストを着るのであるから」（Erk303）。

188 「熱心に聖書そのものを読むこと、特に『新約聖書』を」（PD196 邦訳120頁）。また、「家でも聖書を、特に『新約聖書』を熱心に読むべきであり、読ませるべきである、それによって彼らの信仰が確立するように」（WP232）。「したがって、本来我々の生活の義務は、『新約聖書』から読み取られる、我々はそれらをより明確に見い出すから」（SHS323）。シュペーナーでは、『新約聖書』の優位は明白である。

189 「したがって、悔い改めようとしないことの罰は『新約』における方が『旧約』におけるよりもきびしい」（SHS391）。

190 我々を聖化するものは、「聖なる神」であり、特に「キリスト、それも我々を聖化したのだが、によって、そのために得るに値し、贈られた聖霊」である（Erk215）。主は「我々に、聖化において増す、善への衝動と力を、我々の成長の我々に定められた程度をもたらすだけ、与える」（WP278）。

191 使徒2・1－42を参照。これをペンテコステと言う。同10・44－47には異邦人が聖霊を受けたという記事がある。

192 6世紀以来、聖霊が父からのみ出るものか、子からも出るものかという聖霊発出論争があった。いわゆるフィリオクェ問題であり、東方教会と西方教会の分裂の一因ともなったが、11世紀には教皇も、聖霊が父と子から出るものであることを承認し、西方教会であるルター派教会もこの立場に立っている。

193 古代ギリシアのポリスであったコリントのキリスト教徒たち。パウロは何回かこの地を訪ねて宣教している。

194 小アジア西部のエフェソ（あるいはエペソ）で、パウロが作った共同体のキリスト教徒たち。パウロはエフェソの教会共同体を重視し、何度も訪問している。

195 言うまでもなく、その場合は「心臓」という意味になる。

196 最高の祈りは「言葉においてまず発せられようと、まったく魂の内に留まろうと」(PD248 邦訳152頁)、神はそれを見い出す。

197 「しかし、口のみで祈り、その際に心がないならば、そう魂の願望に祈りは本来存すべきであるから、そうしたものは、そこにおいて人間は神自身をただ嘲笑し、彼の名を非聖化しているので、神なる主にとって、嫌悪(Greuel)である」(Erk253)。

198 出典不明。

199 祈りが「跪いて、横たわって、あるいは立って為されようが、それについて特別な命令はない」(Erk253)。

200 「我々が唯一我々の心において彼と語ろうと、我々が我々の舌と言葉を、肉体も聖霊の神殿であるがゆえに、祈りにおいて彼の栄誉のために聖化しようと、どちらでも神の気に入る」(Erk253)。

201 「外面的に口で祈るのでは十分ではなく、真の最高の祈りは我々の内なる人間において生じる」(PD248 邦訳152頁)。

202 堕罪の後も、「神と善の認識のわずかな光、それから良心、それにおける善への若干の、にもかかわらず弱い動機」(Erl160)は残ったとされる。

203 『ヨナ書』の主人公。ユダヤ人の預言者で、巨大な魚に三日間呑まれていたという。

204 シュペーナーは、我々は自力では祈ることができないとし、「恩寵と祈りの霊としての聖霊が、そうしたものを作り出さなければならない」(Erk249)とする。

205 アロンの子、ナダブとアビフは、炭火でたいた香を神に捧げたが、それは神の命じた規定に反しており、二人は火が出て焼け死んでしまう(レビ記9・1－2)。

206 祈りは「信仰において、願望された聞き届けられるということの善き確信において」(Erk252)生じなければならない。

207 ヘブル人とも。東地中海沿岸で活動していたセム語を話す民族。一神教のユダヤ教を信仰し、自らはイスラエル人と名乗ったが、他民族からはヘブライ人と呼ばれた。後にユダヤ人と呼ばれるようになる。この手紙はパウロがユダヤ人キリスト教徒に宛てたものとされてきたが、正確な著者と宛先は不明。

208 「再生と改新の霊は、内面的で正直な敬神のそうした誠実な実在を我々の内に作り出すはずである」(SHS530)。

209 「聞き届けられるように祈りたい者は、心からの悔い改めと真の信仰の内にいなければならない」(Erk248)。また、聞き届けられるよう祈るには、「心からの神への恐れと、神の気に入る生活にあらねばならない」(SHS384)。

210 「というのも、なるほど神は、悔い改める気のない祈りを嫌悪するから」(Erk249)。したがって、祈りつつ、「常に世間に従って生きていてよい」(SHS383)ということにはならない。

211 人は「常に」祈るべきなのだが、「すべての時間を外面的な口頭の祈りに費やし、それ以外に何もしないというようにでなく、すべての仕事においても心を神に向け、彼に恩寵と助力を望み、期待する、これが常に続く祈りである」(Erk815)。シュペーナーのこの教説は、確かに敬虔なのだが、同時に教会の意味や、祈りの形式の意味をなくしてしまう。

212 「御名が崇められますように。御国が来ますように。御心が行われますように」(マタイ6・9－10)。

213 シュペーナーによれば、「ある場所での祈りが別の場所でのより好ましいと人が空想しようとするなら、それは迷信」であり、「したがって、人が公的な会衆において、教会堂で祈る必要があるにしても、それは偽信と虚飾なしに生じる限り、家で、彼の小寝室においてであろうと、同様である」(Erk255)。

214 シュペーナーは、「我々が聖霊を追い払わず、悲しませず、彼において彼の居住を意図的な罪によって妨害しないこと」(Erk214)を求める。しかも、「聖霊はすべての人間に吹き付けている」(SHS411)のであり、つまり、シュペーナーの自由論では、再生者は聖霊の働きを妨げる自由をもっていることになる。またシュペーナーは、「魂が律法における神の言葉からの聖霊のこうした働きに自身の下で場所を残す」（WP174）ところで、聖霊は真なる信仰を目覚めさせるとしている。聖霊に魂への強制力はないのである。

215 「人間が知っていて、意図をもって悪を為し、それに彼の満足を覚え、その内で続行し、よって罪に自らを支配させるならば」、それは悪意の罪であり、「そうした罪は、聖霊を以前はもっていた者においても、それをただちに追放し、人間を実際に神の怒りと永劫の罰に突き落とす」（Erk110f.）。「罰の義の実行は、あまりにも神に反する罪によって引き起こされるに違いない」（SHS363）。

216 「神的栄誉のために、霊的なものと肉体的なものにおいて、我々と隣人の救済に役立つすべてのものを」（Erk251）請い願うべきである。

6　霊的諸事物の尊重

テキスト：コロサイの信徒への手紙3章1節、2節

今や、汝らがキリストと共に復活したとするならば、天上にあるものを求めよ、そこにキリストはいるからである、神の右に座しつつ。地上にあるものではなく、天上にあるものについて考えよ。

A　冒頭

新しい人間のあり方について、我々は神の恩寵により主要な部分は検討した：信仰、愛と恐れである。しかし、別のものも付け加えられた：神的命令に対する従順である――それが強制からではなく進んで遂行されるように――、さらに、祈りへの動機も。今度は、我々は、新しい人間が神的なものに対してどのように考えるかを考察しよう。主は我々自身の目を開き、我々は霊的なもの、神的なものにおいて卓越性を認識し、しかし、地上的なもの、時間的なものにおいては、そのはかなさと弱さを見る：その結果、我々はすべての我々の愛と希望をかの真なる財産に向けるのである。イエス・キリス

トのために。アーメン。

B　テキストの言葉の説明

我々は言葉の内に二つの部分を見る：一つの義務の根拠と義務そのものである。

I

根拠に関しては、それについて次のように言われる：今や、汝らがキリストと共に復活したとするならば。今やという言葉から次のことが見て取れる：使徒は次の彼の警告に手を付けているということが：コロサイ人たちは、人間的な規約や教えに執着するべきではない[xxx]という。主イエスは彼らをそれらの有用性から解放した。ここで彼は、彼の勧告を継続する。しかし、彼は彼らをさらに導き、彼らにそのことの根拠を示している：キリストと共に、彼らは天的な生活に入った。したがって、次のことがふさわしい、彼らが、人間の規約によってとらわれないということが。[217]また、他の、現世に属

xxx　例えば、コロサイ2・20、8、12、13。

する地上的な事物によっても。キリスト教徒の奉仕は天上的で霊的な奉仕である。これは、天上的である彼らの状態に対応している。パウロは、彼がここで言うこと —— 彼らがキリストと共に復活したこと —— を既に以前にも教えていた。そこでは次のように言われる：汝らは彼と共に洗礼によって埋葬されたのであるから：そこにおいて、神が作り出した信仰によって復活もしたのである、それは彼を死から呼び覚ました。そして彼は汝らを彼と共に生きた者とした、汝らは罪の中にいたので。パウロは彼らにこのことを非難した。今や彼は次のことを示そうとする、彼らの振る舞いが、彼らの召命が求めるようなものでなければならないことを。また次のように言われるように：そのように我々は霊において生きるので、やはり霊において振る舞え［ガラテヤ5・25］。キリスト教においては、すべてが正しく相互に適合していなければならない。

　しかし、彼は言う、彼らは復活した、と。これは次のことを意味する：彼らは、霊的な死から —— 人間すべてが本性からそうであるような —— 生き返らせられた。次のように言われるように：我々は罪において死んでいたので、彼は我々をキリストともども生き返らせた［エフェソ2・5］。そして：彼は我々を彼ともども呼び起こし、彼ともども天上的な本質へ、キリスト・イエスの内に置いた［同6節］。このことは、コロサイ人[218]たちの回心において生じた：そしてそれは洗礼において封印された。我々は次のことを見た、使徒が特に洗礼［コロサイ2・12を参照］[219]を引き合いに出していることを。とすると、よって復活するとは次のことを意味する：本性から罪の死にある人間が生きたものとなることを[220]：それはすなわち：再生することである。[221] この復活の下で我々はしたがって**再生**以外の何物も理解しない。これはその内で義認をつかむ：我々は神とその法廷の前でキリストの義に与るようになる。しかしまた、新しい人間の創造もそれに属している：我々は霊から新しい生命力を受け取る：そして我々は、別の生命に有能となる。本性からは我々はそうではなかった。それは、以前に我々がその内で振る舞っていたのとは全く違う生命への復活である。[222] キリストが自然的な生命の後に別の、すなわち霊的で永遠の生命に入ったように。

そしてしかも、テキストには次のようにある：**キリストと共に**。よって、キリストも復活した：例えば、我々だけでなく、我々が共に彼の復活に与り、我々が共にそのために権利と力を手に入れる者も。そして、我々の再生が明白に彼の復活の結果であるように。次のように言われる：神と、**我々の主イエス・キリストの父は称賛されてあれ、彼は我々をその大いなる慈悲に従って、死からのイエス・キリストの復活によって活き活きした希望へと再生させた**［Iペトロ1・3］。ここで、再生の力ははっきり復活に割り当てられている。この**キリストと共に**という言葉は、我々に、我々の救世主との結合を指摘する。信仰によって、我々は彼と統合される。キリストに降りかかるすべてのものは、彼において、彼と共に、我々にも降りかかる。**アダムにおいて**［ローマ5・12、Iコリント15・22］、我々はすべて罪を犯し、我々は彼において死んだ。我々とアダムの間に存する自然的な結合により、我々はその本性に関して、アダムに由来する。[223] 同様に、我々はキリストの内に**植えつけられる**。彼の死に関することと同様に、それに続く復活に関することもまた［ローマ6・5］。我々はよって、キリストと統合されている。彼に降りかかることは、我々にも関わる。それは彼から我々に来たる。

ここから我々は次のことを読み取る、本当のキリスト教徒たちはキリストと共に、彼の力において既に復活していることを。(1)彼への信仰によって、彼らは罪の死から解放されている：しかも、神の法廷の前で、**罪の赦しと彼らに送られた義**［同4・25］によって、そのために彼は我々のために復活したのであるが。[224] (2)キリストの復活によって、彼らは再生を通じ、**新しい生命**［Iペトロ1・3］を受け取るか、あるいは霊的な生命力を。彼らはもはや、罪の死の内にはない、さもなければ本性からそうであるようには：そうではなく、彼らは今や真に、霊的生命への生命力を受け取った。そこから、彼らは今や、自分自身から生きている他の人間たちとは異なって生きることができる。この天上的な力から、彼らは神的生命を送ることができるのである。**生命と神的振る舞いに役立つもの**は、彼らに真に贈られている［IIペトロ1・3］。そのような可能性を否定しようとする者は、彼は同時に、我々の内なるキリストの復活の力も否定せねばならないであろう。しかし、我々はまた、我々の霊的生命力を、振る舞いと、そのような生命の果実[225]によって証明するよう努力しなければならない。さもなければ、我々は次のことについて苦情を言うことができないであろう、もし人が我々の復活の名声に疑念をもつ場合に。それどころか、復活に――キリストにおけると同様に――昇天が続かなければならない。我々が再生から得る我々の生命は、もはや、地上的なものではありえない：そうではなく、それは真に天上的でなければならないのである。[226] それは、以下のテキストの言葉が教えてくれる：天上にあるものを求めよ、そこにはキリストもおられる、神の右に座しつつ。そして、次のように言われるだけではない、彼が我々をキリストと共に呼び起こしたと、そうではなくまた、彼は我々を彼と共に天上的な本質へと移し置いた［エフェソ2・6］、とも。

II

さて、我々はまた再生者たちの義務を見る。これは次のように言われる：天上的なものを求めよ、そこにキリストはいるから、そして、天上的なものを得ようと努力せよ、地上にあるものをではなく。(1)そこでは二種類の諸事物について語られている：一方の諸事物は、天上的なものと言われ、他方は地上にあるものと言われる。

（a）天上的であるか、あるいは上である諸事物：ここではすべての者が次のことを見てとるであろう、その位置に関して――地面から測って――天上的なものについて語られているのではないということを：太陽、月、星やあるいはそうしたものがそこにあるように。[227] そうではなく、我々は、天上的なもの、あるいはより高次のものであるそれを――地上から測って――より高貴な、より素晴らしい、より明るい、より堂々としたものと見なす、我々の小さな、黒い、粗い地面よりも。そのように神は最も高貴なものと言われる、なぜなら彼は最も完全で、最も素晴らしいからである。彼については次のように言われる：彼は高いところ、聖なるところに住む［イザヤ書57・15］、と。それ故に、天上的な、とは、すべての――彼のように――神的で霊的なものを意味する、位置に関しては地上にあるにもかかわらず。神の王国については次のように言われる：それは義であり、平和であり、聖霊における喜び［ローマ14・17］である、と。神の王国は地上的なものではなく、天上的な何かである。[228] したがって聖書にはたびたび天の王国[xxxi]とも言われる。そして、それでもそれは地上にある。義と平和と霊における喜びも同様に。それらは地上的な財産ではない：そうではなく、それらは真に、天上的である諸事物に共に属している。そして、やはり信者たちはこれらを享受する、彼らがなお地上に生きている間に。よって我々は、正当に、天上的である諸事物ということで、神そのもの、それを享受すること、すべての彼の恩寵の財産とその手段を理解する。そのように、神の言葉［Iペトロ1・23］は地上的な財産には属さない、それが地上において説教され、聞かれるにもかかわらず。そうではなく、それは天上的で永遠な財産に属する。それははかないものではなく、天上的で永遠な何かである。そして、我々が聖なる洗礼において再生した場合には、次のように言われる、我々は上から[xxxii]生まれた、と：洗礼は地上であり、それは地上的な要素、水、によって生じるにもかかわらず。[229] それはそれでもやはり天上的な何かであり、天上的な諸事物に属している！　再生からの新しい人間もそのようである：彼は上から生まれたように、よって彼はそのように天上的である。彼は新しい被造物［IIコリント5・17］と呼ばれる。アダムからの古い人間は土からであり、地上的［Ｉコリント15・47］である。そのように、新しい人間はキリストからである。これはアダムに対し、天の主である。そのように、聖なる聖餐も天上的な何かである。[230] それは、天上的である諸事物の下にある、地上で行われるにもかかわらず。その中では、地上的なパンと地上的なワインが存するにもかかわらず、それでも、キリストの肉と血は地上的なものではなく、天上的な何かである。[231] さらに：神の恩寵、彼の永遠の愛とイエス・キリストの義、彼の功績と彼の贖罪、召命、霊感、聖化、すべてを我々の内に作り出すはずの聖霊の力、――また作り出された財産そのもの：信仰、[232] 愛、希望、忍耐、祈りのような――それらのすべてについても次のように言われる、それらは天上的［IIコリント5・2］である、と。最終的に、天上的な財産には、なお、永遠の栄光という財産が属する。我々はそれを天上的に、そこでは人が天上的な像（似姿）［Ｉコリント15・49］そのものを担っている天において享受すべきである。天上的であるものとはこれを意味する。

しかし、その際、次のことがある：そこにキリストがいるので、神の右に座しつつ。これは次のことを示す、この天上的にという言葉が、天上的である位置について言われているのでないことを。というのも、神の右はそう、父の全能なる力だからである。しかしこれは、地上に対して上と言われる位置によるものではない：そうではなく、それはいたるところにある。[233] したがって、我々の愛する救

xxxi 例えば、マタイ3・2、13・11、18・4、19・14、23、23・13。
xxxii ヨハネ3・3、ギリシア語は anothen（上から）。「新たに」とも訳される。

世主は、神的な仕方で遍在しなければならない：肉体的な仕方でではなく。我々は次のように考えてはならない、キリストが昇天によって我々から取り去られ、我々は彼と統合されることはできない、なぜなら、我々は地上にいて、彼は天にいるから、というように。[234] 我々は聞く：彼は神の右に、偏在する素晴らしさにおいて座している、と。我々は彼をあらゆる場所で現前してもっているだけではない：そうではなく、彼の全能の力は我々を含み、我々は彼と統合されうるし、我々は彼の内に天上的な財産を求め、見い出す。こうしたすべてのことは次のことを示している、**位置について語られているのではなく、状態について語られている**、ということを。もしキリスト教徒が、彼らの頭であるキリスト[235]と統合されるならば、そこに、その立場に彼はいるのだが、そこから次のことが帰結する、彼らもまたそのような立場にいなければならないことが。彼がそこで次のように言うように：**私は、私の父のものである者の内にいないに違いないのではないか？**〔ルカ2・49〕[xxxiii] キリストは今や、もはや肉体的、自然的な生命を生きてはいないように、キリスト教徒たちもそのような生命をもたねばならない。それは単に自然的で肉的ではなく、霊的である。その下にキリストがいるすべての者は、生命のそのようなあり方にある。このあり方は、霊的で天上的である。したがって彼らは地上において天にいる。**キリストは神の右に座している**〔コロサイ3・3〔1〕〕——よって神的栄光において統治している——ので、彼の下にはすべての天上的な財産があり、それらについて我々は得ようと努力する必要がある。したがって、我々も彼の下にいる、もし我々がこうした財産の内にあるならば。彼の下には、永遠の栄光という財産もある。我々は彼の下でこれを享受すべきである、もし我々が、彼の下に常にある［Ｉテサロニケ4・17］ようならば：もし我々が主の下で自宅にある［Ⅱコリント5・8］べきであるならば：もし我々が顔と顔で［Ｉコリント13・12］彼を見るならば。彼の下にはまた、恩寵の王国の財産もある。これを我々は既にここ地上において享受する、よってそこに主もまたいる：彼は信者たちの心に住むのである［エフェソ3・17］。しかし、そこにまた神の王国は内在する［ルカ17・21］。[xxxiv] したがって、すべての霊的な財産はキリストの下にあり、永遠に属する。[236]

（b）それと並んで、我々のテキストによれば、地上の諸事物もある。これらはすべて、現世に属し、この地上的な本質に属する。その下には悪徳もまた含まれる。それについては次のように言われる：そのように、今や、地上のものである汝らの四肢を殺せ、姦淫、不浄、恥ずべき発情、悪しき欲望と吝嗇を、それは偶像崇拝である［コロサイ3・5］。すべてのこうした悪徳は、地上的事物の熱望と支配に存する[237]：欲望や富や名誉における。そしてそれは世間を意味する、すなわち、目の快楽、肉の快楽と虚栄の生活［Ｉヨハネ2・16］を。[238] そこには、若干の者が彼らの神としてしまう腹［フィリピ3・19］も属している。そこにはまた、人が自分自身で作り、その内に特別な神への礼拝を見るすべての外面

xxxiii 「父の家に」とも訳される。

xxxiv ホルスト・バンナッハ、天国はもはや上にない（コロサイの信徒への手紙という鏡に映る20世紀の諸問題）、シュトゥットガルト、クヴェレ出版。

的な規約［ガラテヤ4・3］も属する。[239] 地上にあるもの［同9節］とは、それ故、総じて、我々がここ現世の生でもち享受するすべてのものを意味する、心がこれら事物にこだわる限りで。そこから、我々自身、神的被造物と我々が食料や飲料に用いるものを除外してはならない：すべての銀と金と富[240]：すべての名誉と尊厳：立場：世間的で地上的な仕事：そして、霊的なものと永遠なものに対置されるであろうもの。人はそうしたすべてのものを必要とするべきであるが、しかし、求めるべきではないし、それを得ようと努力すべきでもない。[241]

さて、我々には**義務**が示されている。これは二重である：**求めることとそれを得ようと努力すること**である。（a）それは次のことを意味する、我々は、**天上的であるものを求めるべきだ**ということを。求めるということは、それを得ようと努力すること、事柄を獲得し享受しようと努めることを意味する。**第一に神の王国を得ようと努力せよ**、とは、本来次のことを意味する：そうした**王国をその義と共に求めよ**［マタイ6・33］、[xxxv] 汝らがその内にありその内に留まるように、ということを。

（b）次のようにも言われる：**それを求めて努力せよ**、[xxxvi] とも。人は次のように言うことができるかもしれない、それは先のことと同じである、と。しかし、もし我々が、それを根本の言葉において見るならば、それは本来次のことを意味する：**それに従って考えをもて**［フィリピ2・5］。使徒は再生者たちに、外面的に生じる求めることを要求するのみではない：そうではなく、彼らも自身でそのような考えであることをも。彼は次のように言う：**いかなる人も**、外面的に、キリストが彼にその手本によってやり方を教えたことを為すばかりではなく、彼が、イエス・キリストもそうだったように考えるように、と。というのも、外面的に求めることと求めて努力することは、偽信になるからである、もし、心が内面でもそのような考えでないならば。次のように言われる：肉的な者は、肉的な考えである：しかし、霊的な者は、霊的な考えである。しかし、死は肉的な考えである、そして、生命と平和は霊的な考えである。というのも、肉的な考えであることは、神に対する敵対であるからである［ローマ8・5−7］。ここから我々は次のことを読み取る、霊的と肉的の真の区別は外面的な行いにはなく、主に考え方に存するということを。そのように、我々のテキストでは復活にふさわしい考え方が要求されている。彼らは正しく次のことを洞察すべきである：時間的で地上的な事物の無意味さと、それに対して：天上的で霊的で永遠な財産の卓越性を。その結果、彼らの意志は後者のみを愛し、尊重する、その内に魂がその真の幸せとその安息とその満足を求めるものとして。もし、こうした考え方が第一のものであるとするなら、そこでそこからは次のこと以外は帰結しえない、すべての思念も努力も現に

xxxv　フリードリッヒ・ランキッシュ：『ドイツ語・ヘブライ語・ギリシア語索引聖書』（第二版、1688年、1677年3月9日の上級宮廷牧師ドクター・マルティン・ガイアー、ドレスデンにおけるシュペーナーの友人であり前任者、の序文）、シュペーナーが自分の聖書著作において使用していた、求めることと考察することという言葉の下に。

xxxvi　『エルベルフェルダー訳聖書』は、コロサイ3・2を「上にあるものを思え」と訳す。

それに従って調整されているということ。しかし、それは次のことを意味しない、人は地上的諸事物を扱うべきではないということを。[242] そうではなく、人はそれらについてだけ考えている、あるいはそれらについてだけ求めて努力するべきではないのである：というのも、それらは使用のために与えられているのであるが、しかし、愛や信頼や、そして尊重のためにではないからである。

（c）次の対命題についてもよく考えられるべきである：**天上的であるものを求めて努力せよ、地上のものをではなく。**人は次のように言ってはならない：もちろん人は、天上的で霊的な財産を真剣に求めて努力しようとする、しかし同時に地上的で世間的な財産についても。人は同時に二つのものを求めて努力することはできないのである：というのも、人は二重の仕方で考えをもつことができないからである。そうではなく、ただ一意にのみ：地上的であるか、天上的であるか、である。その際次のことが残っている：**誰も二人の主に仕えることはできない**［マタイ6・24］、[243] それらがそれに加えて非常に異なり、一方が他方に対立するとすれば。両者への奉仕に相互のいかなる共通性もない、**光と闇、キリストとベリアル、**[244] **義と不義**［IIコリント6・14－15］のようにまったく。[245]

C 教え

すべての言われたことはよりよく理解されるであろう、もし今や我々が、主要な教えとして次のことを考察するならば、いかにして、新しい、再生した人間のあり方に、次のことが属しているかを、彼が神的で霊的な諸事物のみを尊重し、しかし、地上的で時間的な事物はしないということが。それに加え、我々は以下のことを付言する：

⑴再生者たちはなおここ現世の生にある。彼らはなお肉体に取り巻かれ、肉の内にある。よって、彼ら自身はなお地上にいる。したがって、彼らはなお地上的な事物も必要とする：彼らの食糧、飲料、衣服、住居、等々を。彼らはそれを扱わねばならない。[246] それどころか、神への奉仕と隣人への愛は、地上的なものに携わる多くの業を必要とする。よって、地上的な諸事物の使用や、それへの労働とそれらの扱いは、神によって禁止されえない。[247] むしろ、それらは彼の秩序に属している。再生者が生きようとし、彼の父の栄誉のために振る舞おうとするならば、彼は食べて飲まなければならない。[248] 彼は自分自身を、なぜなら、それが地上的な何かであるという理由で、それらの節制によって、害してはならない、もしかすると、死んでしまってもならない。しかし、彼が食べて飲もうとするならば、彼は―あるいは他者が彼のために―それらを扱わなければならない。土地は耕作されねばならない。神的祝福によって、それから、彼が食べて飲むことができるものは、実現されねばならない。そして、人間的生命は今や、労働なしには獲得されえない多くのものを必要とする故に、全員にとって、彼ら自身の必要のために、あるいは隣人への愛から、働くことは義務である。次のように言われる：以下のことを求めて努力せよ、汝らが静かで、汝らのことを成し遂げ、そして、汝ら自身の手で働くことを、

我々が汝らに以下のことを命じたように、汝らは、外にあるものに対して、立派に振る舞い、汝らが何も不足しないようにと［Ⅰテサロニケ4・11―12］。そして：しかし、そうしたことを我々は命じ、我々の主イエス・キリストを通じて彼らに次のように勧告する、彼らが静かな活動によって働き、彼ら自身のパンを食べるように［Ⅱテサロニケ3・12］。これは、キリストの名において命じられた次のことと同じことである、神が既に堕罪の後、呪いにおいて、人間に次のように告知したことと：汝の顔に汗をかいて、汝は汝のパンを食べるべきである［創世記3・19］、と。よって我々は次のことを見る、地上的な仕事も、よって、地上的な諸事物を扱うことも、神の子らに対し、キリストによって命じられていたことを。[249]人間的必要は多くの身分を必要とする。すべての者が彼の定められた仕事をもち、地上的な諸事物を取り扱う：そこには次のようなものがある：手仕事、商売、技術、等々である。神の秩序は明白に以下のことを望む、これらすべてが生じ、為されることを：というのも、それは我々に隣人への愛を命じるからである。[250]それどころか、我々も地上的財産を享受してよいし、我々の必要のために、元気づけのために、そしてある程度まで喜びのために用いてもよい。[251]その限り、我々はそれを求めて努力しなければならない。すなわち、我々は、我々の必要に属し、我々が神と隣人に対して課せられている義務を行うことに属する、それだけ多くのものを獲得し、それだけ多くのものを入手することに努力しなければならない。[252]それ故に、次のことは断言されるべきである：我々は地上のものを求めて努力するべきでなく、天上的であるものを求めて努力するべきであるということから、人

郵便はがき

恐縮ですが
切手を
お貼りください

113 - 0033

東京都文京区本郷 4-1-1-5F

株式会社ヨベル YOBEL Inc. 行

ご住所・ご氏名等ご記入の上ご投函ください。

ご氏名：　　　　　　　　　　　　（　　　歳）

ご職業：

所属団体名（会社、学校等）：

ご住所：（〒　　　-　　　　）

電話（または携帯電話）：　　　　（　　　　　　）

e-mail：

表面に ご住所・ご氏名等ご記入の上ご投函ください。

●今回お買い上げいただいた本の書名をご記入ください。
書名：

●この本を何でお知りになりましたか？
1. 新聞広告（　　　）2. 雑誌広告（　　　）3. 書評（　　　）
4. 書店で見て（　　　書店）5. 知人・友人等に薦められて
6. Facebook や小社ホームページ等を見て（　　　）

●ご購読ありがとうございます。
ご意見、ご感想などございましたらお書きくだされぱさいわいです。
また、読んでみたいジャンルや書いていただきたい著者の方のお名前。

・新刊やイベントをご案内するヨベル・ニュースレター（E メール配信・不定期）をご希望の方にはお送りいたします。
（配信を希望する／希望しない）

・よろしければご関心のジャンルをお知らせください
（哲学・思想／宗教／心理／社会科学／社会ノンフィクション／教育／歴史／文学／自然科学／芸術／生活／語学／その他（　　　）

・小社へのご要望等ございましたらコメントをお願いします。

自費出版の手引き「**本を出版したい方へ**」を差し上げております。
興味のある方は送付させていただきます。
資料「**本を出版したい方へ**」が（必要　　必要ない）

見積（無料）など本造りに関するご相談を承っております。お気軽にご相談いただければ幸いです。

＊上記の個人情報に関しては、小社の御案内以外には使用いたしません。

は次のことを結論してはならない：人は世間的な何物もしてはならないし、働いてもならない。[253] そうではなく、人は例えば、ただ、ある一角に座って、そして祈り、よく考え、あるいは本を読み、あるいは人間的仕事から免れ、荒れ野へ行かねばならないだけであるとするなら。こうしたすべてのことは神的秩序に反しているであろう。彼は次のように望んだ、人間たちが愛の実行のために、相互の間に住むことを。そして彼は、すべての彼の秩序を彼らの間で保持しようとしている。したがって、彼は、次のことは許さない、我々がこれら地上的諸事物を愛にとって不利になるように、あまりに早く止めてしまうことを：すなわち、我々がなお世界に生きている限りは。したがって、それを空想された、特別な聖職性から為そうとする者たちは、罪を犯すことになるであろう。というのも、神は次のことは望んでいないからである、我々が彼に、それが我々にとって最善に見えるように仕えることは：そうではなく、我々は彼に彼の命令に従って、彼の指図通りに仕えるべきなのである。次のように言われる：**この世界を用いる者ら、彼らはそれを悪用はしない**〔Iコリント7・31〕。よって、この世界の使用はなお現世の時間に属している：神の子らにおいても。ただ、人はそれを悪用しないのである。[254]

(2) それに従えば、再生した者たちが、地上にあるものを求めて努力しないということは、次の点に存する：彼らがそれに従うような考えをもつべきでない、という点に。[255] 彼らは、地上的な諸事物を大切にし、愛すべきである、特に、それらの内でも被造物を、それが神の被造物であり、あるいは彼の秩序である限りにおいて。それでも、彼らはこれらを次のような仕方で尊重するべきではない、彼らが、それらの内に、それらの所有の内に、あるいはそれらの使用の内に彼らの魂の幸せが存すると思うようには。それ故に、彼らは、必要な、あるいは神の栄誉に必要とされる以上に、それを享受しようという欲求をもたない。彼らはその心をそのことには愛着させない：富が汝らに転がり込んでも、心はそれに執着しないように〔詩編62・11〕。心のそのような執着は次のことに存する、人がこれら諸事物を上述された無秩序な仕方で愛し、そして ―― 人がもしそれらをもつならば ―― それらを喜んで、何よりもそれ故に自身を幸福だと見なすということに。それに対して、人は非常に悲しむ、もし人がそれらを得られないか、あるいは再び失う場合には。人は、必要が求める以上に、それらを扱い、しかも、霊的なものを顧みることなく。こうしたすべてのことを再生者はしない、彼は、地上的なものと霊的なものを相互に比較することを学んだので。

(3) そうではなく、彼は、神が彼に贈った時間的なものは使用する ―― 我々が聞いたように ―― 彼の必要のために。彼は、所有とその使用に喜ぶこともできる。しかし、地上的なものそのものにではない。そうではなく、彼は、神の美と、甘美さと愛らしさを被造物たちの内に認識するのである。よって、彼の喜びは、彼が享受する被造物を通じて神に向かっている。彼はよく、あれこれのものを彼の労働によって得ようと努力もする。[256] しかし、彼はその内に彼の安息を求めるのではない。そうではなく、彼はそれをするのである、なぜなら彼にはそれが必要だから、そして、なぜなら彼がそれを自身の使用と愛の訓練のために用いようとするから。その際、彼は全くの進んでしようとすることに満足する、もし主が彼にわずかなものしか与えないとしても。彼は、彼の地上的な諸課題を果たす。しかし、その内で安らぐためではない：そうではなく、彼の神に従順を遂行するためである。よって、神的な任命の故と、神的な命令の故にである。そうした心でもって、彼は彼の地上的活動を真に霊的な礼拝とする。もし彼が世間的な仕事をするとしても、彼はそれでもなお、地上にあるものを求めるのではない。彼はそれに従う考えであるのでもない。そうではなく、彼の意図と彼の考え方は、地上的な活動の際でも真実に天上的である。我々の愛するルターが、十分な根拠をもってそれを常に繰り返すのが常であったように：もし、貧しい従者や女中が、彼らのつらい、あるいは汚い仕事をするならば[257]——そして彼らがそれを不機嫌にではなく、彼らの主人に対する恐れからでなく、報酬を意図して、等々でなく、神への現実的な愛から彼らをその召命へと導いた彼に対する従順からそれを為すなら——彼らはつまり、パウロの言葉に従えば、キリスト自身に、キリストの従者として仕えているのであり、彼らはそうした神の意志を、心から、善い意志をもって為しており、彼らは主に仕えているのであって、人間にではないと思うのである［エフェソ6・5－7］——：そこで、そうした従者やそうした女中は神に対する同様な聖なる奉仕をしているのである、他者によって教会において神的言葉を適用して生じる奉仕がそうであるような。なぜならば、にもかかわらず、地上的諸事物を取り扱うことは、心をたいてい不安にさせ、霊的なものにとってしばしば、支障になる故に、再生者は、地上的な仕事によってあまりに多く、必要なしに背負わされないように、思慮深くある。彼はただ、神に対する従順が彼に求めるだけのことをするだけである。もし彼が正しく考えているのであれば、彼は地上的仕事を、それへと神が彼に命じた屈従と見なす。[258] 我々はそれを、忍耐をもって、そして従順をもって負わなければならない…というのも、それは呪い［創世記3・17］[259]から来るからである。そしてそれは、人がそれに夢中になり、その内に彼の幸せを求める事柄ではない。もし人がそれに反して、人がそれを必然的に為さねばならない以上に、それにより没頭するならば、それは次のことの徴である、人がそれを地上的なものへの愛から為しており、神に対する従順からではないということの。

(4) しかし、再生者は次のような性質をもつ、彼が神と、すべての神的なものを心から愛するという…同様に、我々を神の享受へともたらす、すべての霊的なものも。そして、しかも、神をそれ自身のために、他のものはしかし、神と彼の栄誉のために。これら諸事物のみを彼は、彼の愛と彼の尊重にふさわしいと見なす。彼は次のことを信じる、その内にのみ、彼の福祉が存していることを。彼はそれに彼の信頼を置く。そして、彼は自分の心を正しくそれに執着させる。彼は次のことを知っている、彼の魂の至福が——永遠の霊としての——ただ、それが深く神の内に入り込み、彼と統合されることにのみ存していることを。[260]

(5) それ故に、彼はあらゆる仕方、神的秩序のあらゆる方法で、次のことを求めて努力する…彼が、神的言葉を熱望していることを。[261] これがこの統合の主要な手段である。なぜなら彼はそこから再生したのであるから、彼はそれに対し、新生児が母の乳を求めるような渇望をもつ。これについては、我々は次回に取り扱う必要があるであろう。彼は、神的言葉に彼の喜びをもち、その結果、それは常に彼の考えにある。彼はそれに飽きることができない。これについて、彼の下では常に次のように言われる：**私から食べる者は、常に私に飢えている；私から飲む者は、常に私への喉の渇きに苦しんでいる**［シラ書24・28－29〔21〕］。これに対して、彼は自らを次のようなものに用心する、それについて彼が、それが彼にこれらの真なる神的財産の妨げとなることを知っているものに。それらの所有と享受のみが彼を喜ばせる。そして、その喪失のみが彼を悲しませる。よって、彼は、それらの保持に熱心である。すべての彼の地上的で時間的な諸事物を、彼は喜んで次のことへ整える、それらが彼にとって、霊的なものの促進になることへ。もし彼が何か美しいものを見、あるいは何か愛すべきものを享受するとすれば、彼はしばしば、その魂において、その際、彼の神の美しさと愛すべきことを想起するように、高まる。彼の喜びと共に、彼は、被造物よりもいっそう創造者に基づいている。もし、彼が、彼の時間的で世間的な仕事を果たすとしても、彼は次のことを求めて努力している、それらも霊的な目的のために果たすことを――我々が聞いたように――そしてそれらを一つの礼拝とすることを。したがって、彼が霊的なものそのものの内にのみならず、すべての内に求めるものは、霊的なものである。

(6) そのすべては、必然的に、再生に由来する。というのも、それは神から生じるからである：それは彼の霊に由来する；それは、霊であり力である、神的言葉から生じる。そのように、再生において**神的本性**［Ⅱペトロ1・4］が作り出される。これは、人間がその肉的誕生からそうであったのとは全く異なるあり方である。なぜなら、我々は肉から肉で生まれ［ヨハネ3・6］、そのような生まれつきの本性も肉的で地上的だからである。それ故に、それは、そのあり方に適う地上的な諸事物以外は愛することができない。確かに、人間は罪深く、堕落した肉から生まれる故に、彼はまた肉的で堕落したあり方をそれ自身にもっている。そしてそれ故に、彼は罪への欲望をもつ[262]：というのも、熱望は、そこからそれが生じてきたものに向かうからである。そのように、霊から生まれた本性は、霊的な以外の考えでありえない。そして、それは、霊的である諸事物を、他のすべてのものよりも好む。なるほど、人は次のように考えるべきであろうとしても、魂は本性から霊的なものへの好意をもつと、なぜなら、それはそれ自体そのものとして、その本性において霊であるから。そして、そのようであるとしても、もし魂がなおその創造の状態にあったならば、である。しかし、我々は次のことを知らねばならない、それが堕罪により、その諸性質において、肉的となっていることを、それがなおその本質に関しては霊であり続けているにもかかわらず。それ故に、その欲求はその限り、肉的で現世の時間の事物に向けられている、それが、再生によって再び神的なあり方へと至るまでは。というのも、再生において、最初の人間たちの内にあった神的似像は改新させられるからである。[263]これが、その神と交わること、そしてすべての被造物の内にこれ自身のみならず、神とその栄光を認識し、享受する以外に何物についても欲求をもたなかったとすれば、彼は、言わば常に、地上においても、自らの周りに、天をもち合わせているであろう。もし、再生においてこの似像が再び始まるならば、それは次のこと以外ではありえない、人間が、この地上的であるもの以上に純粋により素晴らしい諸事物に関してのみ、熱望を抱くということである。

(7)しかし、たびたび次のことが想起させられる、神の子らにおいても、再生からの新しい本性と並んで、なお古い本性も残っていることが。[264]後者は、地上にあるものに欲望をもつ。それは他のようではありえない。新しい人間のこの性質からは次のことが帰結する、彼の下にもなお弱さが存在することが。彼の新しい人間に従えば、再生者は神的なもの、天上的なものにのみ欲望をもつ。それに対し、彼は地上的なものをわずかしか尊重しない。しかし、彼の肉はそれでも、地上的なものに欲望をもつ。それに天上的なものは反する。したがって、この点にも、霊と肉の戦いは存在する。[265]強調して次のように言われる：**それらのものは相反する、汝らが望むことを汝らはしないというように**［ガラテヤ5・17］。これは次のことを意味する：汝らが為すことは、そうあるべき程に、そして、汝らが好んで欲する程には、完全に善ではないということを：また、もし純粋な霊がそこにあれば、そうなるであろう程にも。よって、次のことは真である：再生者は真実において次のように言うことができるということは、彼が内なる人間に従って、霊的なものと永遠なものに、その喜びと欲望をもつ、と。しかし、彼は次のことを十分に阻止することはできない、肉がなお、地上的なものを熱望しないようには。それ故に、それは彼を霊的なものにおいて怠惰にさせ、あるいはやはり彼の熱意を非常に挫く。したがって、霊は常に肉に抵抗しなければならない、肉からだんだんに、力と地上的なものへの愛好を取り去り、肉を弱めて、それによってその熱望を行使しないようにするためには。これはやはり霊が達成するので、その結果、肉は支配できない。しかし、霊は次のことを十分に阻止できない、肉が彼において霊的なものへの欲望をしばしば弱め、これを地上的な欲望で汚すということを。ここに次のようにある場合：**求めよ、そしてそれを求めて努力せよ**、使徒はコロサイ人たちに、その下で霊的な考え方が始まった者たちとして、勧告しているのである、彼らはそうキリストと共に復活したのであるから。しかし、彼らはなお激励を必要とする、霊的な心情を改新[266]するために。ここにはまた、それに続くことも属している：**古い人間をその業と共に脱げ** ―― だんだんに汝らを、汝らにおいてなお地上的諸事物に従って考えるすべてのものから浄化せよ ―― **そして新しい人間を着よ、それはそこで、それを創造した者の似像に従って、認識へと改新される**［コロサイ3・9－10］。始まった天上的な考え方においてだんだんに汝らを強くせよ。新しい人間が成長し増大するだけ、それだけ地上的なものの欲望は減る、[267]我々がついに肉を脱ぐと共に、地上的な考え方も総じて失うまで。そのとき、我々の下には、新しい人間以外に何物も存在していないであろう。永遠において、我々はいずれにせよ、いかなる地上的なものも我々の周りにもつことはない、そこでは我々にとって神がすべてにおけるすべてであるはずであるから。

D　訓戒

さて、私の愛する教区民たちよ、我々を吟味しよう、我々が新しい人間のこうした性質に関して、合格するかどうか、そしていかに合格するかを。というのも、我々は再生しているはずだからである、そこで、今それについて語られたものが、真に我々の下に存在しなければならない。[268]よって、よく考えよ、愛する友よ：汝は次のように考えないか、汝は地上的なものを汝の必要の一部分として以外に見なさない、と？　ある意味において奉仕として？　汝はなるほどそれを取り扱うが、しかし、汝は心をそれに執着させない。あるいは、汝の良心は次のことを確信させるのではないか、汝の愛、汝の喜び、汝の欲求がなお地上的なものに基づいていて、それに執着していることを？　他方、汝は真実をもって次のように言えるだろうか、すべての天上的なものが汝の唯一の満足である、と？　汝はそれを、世間が汝に示すすべての他のものよりも喜ぶだろうか？　あるいは、神的諸事物に対するすべての生得的な怠惰と、それについての不機嫌の下に留まるのか？　あるいは、ただ純粋な強制によって進行するだけなのか？　もし、汝が汝に注意するならば、汝に対し汝の心は吟味において示すであろう、汝の下に新しい本性が存在するか否かを！　また、それが強いか、弱いかを。そこから汝は、為されるべきことを見て取る必要がある。我々を安心[269]させないようにしよう、我々がこの試験にも合格するまでは。総じて次のことをよく考えよう、我々の魂はその本性とその本質に従って、それだけ地上的なものに執着するには、確かに既にあまりにも高貴であることを。よって、我々は我々のそのような愛をある程度台無しにすることを望む、理性になおそれが可能な限り。我々は次のことを異教徒たちにおいても見い出す、彼らが地上的諸事物の虚しさを認識していたということを。

それでも、理性のそのような考察は、なお十分に力強いものではない。したがって、我々は何よりも、神の言葉から、神的諸事物を熱心に熟慮するようにしよう：しかし、特に、キリストが我々に獲得してくれ、そして彼が喜んで我々に贈ろうとしてくれている、我々の至福の宝[270]を。そして、神に、彼の霊を求めて呼びかけよう、彼が我々にこれらの宝を彼の光において認識させてくれるように。というのも、もし我々が、それらを正しく、根本的に認識するならば、次のことは確実だからである、我々がそれらも愛し、尊重するとともに、それ故にそれらを現実に熱望するということは。それ以外のことは不可能である。というのも、我々は地上的なものの虚しさを当然のように、我々が望む通りに認識するからである：魂はそれに対する熱望を止めることはできない、もしそれがよりよいものを見ないのであれば：というのも、それは常に、それが愛する何かをもたねばならないからである。水に沈む者は、彼を助けることができる、隣にあるものに頼る：それがたとえ、彼を傷つける棘の茂みであったとしても。しかしもし霊が我々に、霊的諸事物を、それらが愛に真実にふさわしい――そして魂がそれを洞察する――ような姿で紹介するならば、人は、それへの熱望と欲求に至る以外のことはありえない。人はその他のことは進んで、あきらめる。最も吝嗇な者であってさえも、彼が保管し、そのためなら彼はそれ以外には彼の生命も置き忘れる、少しのお金を喜んでささげるであろう、もし彼が、その代わりに、彼がささげるヘラー銅貨[271]に対して千ターレル[272]を受け取るとしたならば。ああ、我々はすべて、主に心から呼びかけよう、彼がそうした霊的な考え方とそうした認識を我々の内に作り出してくれるように、そして、それがすでに存在するところでは、増やしてくれるように！

E　慰め

慰めはこうしたものである：神は進んで、これもまた我々の内に作り出そうとされる。というのも、彼は我々を、地上的なもののためにではなく、霊的なもの、永遠なもののために、創造したのであるから。[273]よって、彼は彼の側では進んで、我々をその活きた認識へともたらそうとする。とりわけ、彼の栄誉にとってそれが重要なのである。

その際、次のこともまたこうした慰めである：地上的に考える者は、まさにそれ故に不幸である：というのも、すべての地上的な熱望は、人間を常に不安にするもの以外ではありえないからである。他方、天上的に考える神の子らにとって、その内では快適である。彼らはその内で既に、こうした仕方で至福なのである：というのも、天上的な財産のみが彼らを安心させ、満たすからである。我々は次のように言うことができる：そのように天上的に考える神の子はそのような財産も所有し、それらを享受する：たとえもし、世間では、それについて世間的に考える者がその満足を得るような何物も得ないとしても。それでも、それはより陽気で、より至福である、後者がそのあらゆる余剰においてそうであるよりも。これはただ、不安を増すだけである。しかし、最も高級な慰めはこのようなものである：ここで、天上的である諸事物を求めて努力した者、そして、それに従って考えていた者は、確かに、彼の永遠において、あらゆる天上的な素晴らしさの完全な喜びに至る。というのも、彼が既にここでそれについて味わうことができるものは、彼をこの生と彼の認識の尺度で満足させるからである。そこで彼は初めて正しく満足するであろう、もし彼が神の像に従って目覚めるであろうならば［詩編17・15］。

F　祈り

ああ、忠実なる天上の父よ！　汝が我々を創造されました。汝の息子によって汝は我々を救済されたのです。そして、霊によって汝は我々を再生されました。この時間的生命や、あるいは地上的である諸事物の享受のためにでなく：そうではなく、天上的であるもののために、そこにキリストはおられるのであるから、神の右に座しつつ。ああ、我々の魂を、我々の下で、世間と地上的なものへの愛のなお残っているすべてものから浄化し給え。我々に次のことを活き活きと認識するよう教え給え、汝が創造された、我々の永遠の不死なる魂は、地上的な何かによって満足させられ、楽しませられうるには、はるかにあまりにも高貴であることを[274]：それにより、我々はその乱雑な愛をもっては安心することなく、よりよいものを妨げてしまう。我々の心に、汝の霊の光において、天上的である、永遠で天上的な財産を紹介し給え、それによってそれらが我々に理解できるように：その結果、そこで我々はこれらのみを愛し、それらを求め、それらを求めて努力し、そのような努力と使用において汝に忠実に仕えるように。そのように我々は、それらをこちらではこの時間性の尺度に従って享受し、そちらでは汝の下で永遠に、そして完全に、汝の称賛のために。アーメン。

訳注

217 「近年のものにおいては、我々が聖書を超えて賢くあるべきでない事物において、人間的な広壮な学識と、作為しすぎた物事、そしてまた出すぎた小理屈の多くの道具が見いだされる」（PD126 邦訳78）。シュペーナーは、「もちろん、あるいはなお彼らに啓示されていない知を望み、彼らの能力を超える事物を探求しようとする」人々の罪を指弾し、「素朴な真理の下にしっかりと立ち続けること」を求める（DigF122）。

218 古代ローマの属州であった小アジアの南西フリギアの古代都市、コロサイ（現トルコ）の教会のキリスト教徒たち。

219 洗礼によってキリストと共に葬られ、キリストと共に復活させられたという一文がある。

220 水の洗礼とは「古いアダムが我々の内で、日々の悔い改めと贖罪によって溺死させられ、すべての罪と悪しき欲望と共に死に、再び日々、義と浄化において神の前で永遠に生きる新しい人間が現れて復活するべきこと」

(Erk313) を意味する。洗礼は「真なる水浴あるいは再生の手段」であり、神が定め、「彼の恩寵の働きに抵抗しないすべての者において」、我々は再生されるのである (WP196)。

221 「そのように、私はまた、洗礼とその力をいくら高く称賛してもしすぎるということはなく、それは、聖霊の再生と改新の本来的水浴であることを信じている」(PD148 邦訳91頁)。シュペーナーは端的に、洗礼において「再生は生じ、そして改新が始まっている」(DigF55) とも言う。

222 我々はキリストの復活によって、「我々の義と完成された救済を保証され、彼の生命から、霊的生命と活きた希望の新しい力を受け取り、その時、彼の力において至福へと復活するはずである」(Erk201)。

223 シュペーナーは罪の原因の一つとして、「アダムにおいて神から離反し、それ以来、彼を罪へと刺激するほど悪くなった人間の自身の意志」(Erk115) を挙げる。「アダムの堕落から彼ら［キリスト教徒たち］がそれ自体にもっている悪しき本性」(WP160) とも言われる。

224 「信仰のみが我々を義とする、すなわち、信仰が、神がキリストの故に純粋な恩寵から贈った義を受け入れ、よって人間に帰する」(Erk237)。シュペーナーはルターの信仰義認論を踏襲している。義認は「信仰によってのみで、何らかの業によってではなく、本性の業によってではなく、恩寵の業によってであり、敬神な生活によってでもなく、むしろ唯一信仰によってのみ」(WP175) なされるのである。「我々の義認も決して、業や我々の聖化に由来しえない」(SHS327)。そして、「人が永劫の呪いから生の義認へと至りうる唯一の道は、すなわちイエス・キリストにおける神の恩寵への信仰のみである」(SHS421)。

225 シュペーナーによれば、新しい人間の「魂が信仰であり、その働きが生命の果実」(PD246 邦訳151頁) に他ならない。したがって、正しい信仰は「素晴らしい果実をもたらし、またもたらさねばならない」(WP170) のである。

226 「我々も地上的な心情ではいけない、なぜなら我々は我々の首長と、よって我々の市民権を天にもつのであるから」(Erk204)。無論、この首長とは昇天したキリストのことである。

227 物理的に天空にある天体ということ。

228 神の王国は、その内でキリストが神と共にすべての被造物を支配する「全能のあるいは自然の王国」、その内でキリストが教会を支配し「天の王国」とも呼ばれる「恩寵の王国」と、その内でキリストが選ばれた民と共に永遠に統治する「栄光の王国」の三つに区分される(Erk175f.)。ここでシュペーナーが言う「神の王国」は、「恩寵の王国」を意味すると思われる。

229 「洗礼とは、単なる水であるのみならず、それは神の命令において書かれ、神の言葉と結合された水である」(Erk971)。

230 聖餐は、「ここ現世における恩寵の王国におけると同様、神の王国における神的恩寵の財産の享受」であり、「したがって、この聖餐に福音のすべての財産が属している」(WP256)。

231 「同様に私は、聖餐において、霊的にのみならず、主の肉と血を秘跡的に口からも食べることの素晴らしい力を進んで認識する」(PD150 邦訳 91f. 頁)。シュペーナーはここで、すぐ後で自分でも言うように、キリストの肉と血を象徴的に理解する改革派教会に反論している。さらに、「まさに、食物と飲み物として我々と合一しようとする最愛なる救世主」(DigF57)という若干神秘主義的な言い方もする。「キリストの体と血は、神的で天上的な力に満ち、我々がそれらを享受するならば、我々の新しい人間も、そうした神的で天上的な力に与かり、そこから彼は信仰、愛、希望、忍耐とその他の例の果実において成長し強められる」(WP261)のである。

232 聖霊が作り出す信仰は「活きた信仰」(DigF33)と呼ばれる。

233 「位置に関してのみ天に保つのではない、神は彼の本質と権力によって、天と地を満たしているから、そうではなく、天上的な力、栄光と善性について言われる」(Erk257)。

234 これは改革派教会の教義である。このため改革派教会では聖餐に象徴的な意味しか認めない。

235 教会は「キリストの霊的肉体」（PD90 邦訳57）と呼ばれる。

236 「しかし、キリストによって聖霊を通じて自らを統治させる者は、それを人は霊の果実によって認識するのだが、神の王国の内にあり、彼の心の内に神の王国をもつ」（Erk263）

237 「すべての罪は心とその悪しき欲求から来る」（SHS551）。

238 シュペーナーは「肉の欲望、目の欲望と宮廷風の生活における世間的精神（Weltgeist）」（PD114 邦訳72頁）を批判している。例として、「贅沢な衣服の華美と趣味の虚栄、あるいはそれ以外に虚栄の別のもの」が「彼の良心が彼に言うように、神の子らの謙遜と素朴と躾に適わない」とされる（WP242）。「多くの事物を世間は本来的罪と見なさない、それらはそれでもそうであるのだが」（SHS506）。こうした批判がザクセン選帝侯の不評を買ったのであろう。

239 「我々が自身の自然的な力と単なる人間的な勤勉から、聖霊の光なしに聖書から理解するすべての学問は、肉的な知にすぎないから」（PD216 邦訳134頁）。

240 シュペーナーによれば、「神によって投げられた富は、それ自体そのものとしては罪深いものではないが、にもかかわらず、その元にはより一層の危険が存在する」、というのも、「心がそれに執着している場合には、富は直ちに罪深いものとなる」から（SHS541）。

241 「我々は切実に富を得ようと努力するべきではないし、主が我々を貧困へと定めているなら、それに文句を言うべきではないし、それどころか、主がそれを我々の魂のために有用と認識したに違いないことを、感謝をもって認識するべきである」（WP223）。

242 シュペーナーは信者の地上的生活自体を否定するわけではない。

243 聖書のこの箇所で言う二人の主とは、神と富（マモン）である。

244 ヘブライ語で「邪悪なもの」、「無価値なもの」という言葉に由来する悪魔とされる。近世においてもジョン・

ミルトン（1608－1674）の『失楽園』などで名を挙げられている。

245 「神と世間に仕えようと常にし続ける」ものを、シュペーナーは「人が一方で神に、他方で世間に気に入られようとするので、そうした半分のキリスト教をもつこと」と呼ぶ（WP248）。

246 ここに見るように、シュペーナーは極端な禁欲主義者ではない。冨をもつことは否定されていないか？　という問いにシュペーナーは否と答える（Erk94）。ただし、神自身が贈った冨の場合であるが。シュペーナーは言う、「それによって人が彼の分のパンを神的秩序において獲ねばならないように、地上的な仕事に関わるだけ」（WP240）であるなら、それは冨（マモン）に仕えていることにはならないと。その場合、冨を得るにしても所有するにしても、人がその主であればよい。

247 シュペーナーは、「我々に命じられていること、禁じられていること、自由に任されていること」（DigF123）を区分する。特に、この我々の自由に任されていることを「中間的な事物」（Mitteldding）と呼ぶ。これはまた、「それ自体善あるいは悪でなく、初めてそうした物に成りうる」（SHS460）事物とも定義され、例えばシュペーナーはあらゆる食料品をこれに数える。

248 ただしシュペーナーは、「食物と飲料において、生命の維持に必要であるよりはるかに多くのものを健康の規則に反しても我々の食欲がもとうとする」（DigF94）ことには否定的である。

249 シュペーナーによれば、「人は彼の生活と彼の仕事において熱心で忠実であるべきであり、そうしたことを神への恐れから為すべきである」（SHS351）。

250 敬虔主義が一種の勤労倫理として機能した理由がここにある。

251 我々の生命を維持するために神が与えたものとして、「衣服、靴、食べ物、飲み物、家、庭、妻、子ども、畑、家畜と、肉体と生命のあらゆる必要と栄養に、我々に豊かに毎日用意されたあらゆる財物」（Erk161f.）が挙げられる。

252 「我々の隣の隣人にとって非常に煩わしく、それどころか彼を抑圧し、寄食する」（PD142 邦訳88頁）ような当時の商習慣をシュペーナーは批判している。

253 「しかし虚しい世間的喜びに関しても、それらはその本性において罪深いかあるいは、過剰やその他の条件によって罪深くなるもの」（SHS556）に区分される。

254 禁止されているのは、「商売と行状において隣人を騙し、彼の損害を自分の利益として求めること、偽の商品、怠慢な労働、贋金、偽の度量や分銅によって、値を高くつけ、不当な価格と、隣人が必要とするものの売り惜しみで、彼を値上げによって害すること」（Erk80f.）である。ここでシュペーナーは一種の商道徳を説いている。

255 「何よりまず富を得ようと努力するのは吝嗇」（Erk94）であり、禁じられる。「我々に神が贈ったものに満足しない人」（Erk93）も吝嗇と呼ばれる。神はすべての人に「吝嗇なき心」（SHS502）を要求するのである。

256 「労働者は彼の報酬に値する」（Erk353）のである。

257 シュペーナーは、「貧困によって、謙遜、勤勉と忍耐の内にそれ「魂」を保持する」とし、「彼らの貧困は神の善なる忠告の一部である」とまで言う（WP222）。

258 それゆえに、「すべてのそうしたことにおいて、彼の神の栄誉と隣人の最善を、彼の身分におけるそのような彼の仕事の意図としなければならない」（PD142 邦訳88頁）のである。のちに敬虔主義が一種の職業倫理として機能した理由がここにある。

259 「お前は、生涯食べ物を得ようと苦しむ」と神が堕罪を犯したアダムを呪っている。「お前は顔に汗を流してパンを得る」（創世3・19）という呪いも。

260 「生においても死においても、死後においても、したがって、時間においても永遠においても、我々の唯一の最高善としての神と不可分に結合されること」（Erk11）が信者の最高の関心事であるべきである。

261 我々と神を統合する道を示すものは、「唯一、神の聖なる啓示された言葉のみ」（Erk11）であるから。ここで、シュペーナーが人間の理性にこの役割を否定しているのが興味深い。

262 例えば、シュペーナーにとって、酒に酔うことは罪である（Vgl. SHS406）。

263 「その本質の似像であるキリストが我々に父によってそのために贈られ、我々のために功を為し、我々が、彼の力から聖霊の働きによって、神的本性に与かり、我々がそのために創造された像へと、ちょうどそれが我々にキリストにおいて表象されているように、改新される、分別の照明において天上的知へ、意志の聖化において誠実なる義へと」（Erk160f.）。ただし、「いかにして聖霊の働きによって再生において行われるのか、人は知らないし、あるいは理解しない、そうではなくそうしたことは隠された事柄であるにもかかわらず」（SHS410）、この働きは否定してはならないし、疑ってもならない。シュペーナーはその神学において聖書にない神秘については謙虚である。

264 再生者の「自身において言わば二つの原理と働く原因が存する。彼の内で一つの原理として働くものは、彼の内に住み、悪を為す罪」で、もう一つは「そうした悪を憎み、為さない新しい本性」である（SHS440）。「我々は、我々の単に古い、堕落した本性に従っては、神の王国へ入ることはできないので」、「我々は神の前で別の人間にならなければならない」のである（DlME662）。

265 「再生者の内には常なる戦いがある、霊（あるいは新しい人間）を肉（あるいは古い人間）に対して求め、霊に反して肉を。したがって、肉は、内なる人間が為そうと企てる善が、そうあるべきほど、そして彼が望むほどに完全でないように妨害し、しかし、後者は、肉が彼の欲望を完遂してはならないように、妨害する」（Erk312）。聖霊と新しい人間が、「支配はしていないにせよ、なお思うように為しうる」（WP206）、我々の内の古い人間を妨げるのである。

266 「人間が一度霊的生命を受けたので、それを改新においてさらに継続し、なお残っている悪がすべての不品行と共に、だんだんに止めさせられる」（Erk311）。再生が霊的生命の開始だとすれば、改新はその継続であり、前者は一度に起きるが、後者には人が日々働かねばならず、前者によって信仰を獲得し、後者はそれを証明する。「まず、再生によって人間の内にそうした新しい本性が創造され、作り出されるにもかかわらず、それはさらにいっそう増大し、成長しなければならないのである」（DIME667）。これが改新であるが、そのため、「我々の聖化も改新もなお現世では不完全である」（WP206）。「我々は我々の聖化の不完全性を認識する」（SHS325）とも言われる。また、再生は神とその恩寵のみによるが、改新は同時に人間に贈られた新しい力にもよる。この

267 改新論のため、シュペーナーの神学は協働説的な色彩を帯びる。

新しい人間は、再生によって生じた当初は「小さな子どもとして、彼は常に成長し、増大しなければならない」（WP203）のである。これは改新による。

268 再生そのものは、「神秘的な仕方で生じ、それがいかに生じるかを人は外面的にみることはできない」し、「すべての者において同一の仕方ではない」のであるが（WP204）。

269 シュペーナーは「肉的な安心」（DigF42）について語っている。

270 至福の財産として次の三つが挙げられる。「恩寵豊かな父の子であること、イエス・キリストの義と聖霊が力強く内在すること」（Erk304）。ただし、「我々が我々の至福のためにキリストの功績を享受しようとするなら、我々は悔い改め、よって心から憎んで罪を止め、罪への奉仕とは両立しえない真の信仰をもって、神の恩寵をつかまねばならない」（SHS364）。たとえ人が、「その信頼を自分の業でなく、キリストの功績に置いているとしても、それでも常なる罪の生活の下では、彼の信頼は決して真の、聖霊によって引き起こされた信仰ではなく、肉的な安心であり、よって悪魔と肉の欺きである」（SHS447）。このため敬虔主義は、信仰義認論に立ちつつも、外面的な生活のありようを重視していた。

271 近世ドイツの少額貨幣。ドイツは各領邦国家によって通貨はまちまちであった。

272 ドイツの通貨単位。ターレルは近世を通じほぼドイツ共通の通貨となった。

273 神が人間を創造したのは「単に自然的で時間的な生命のためならず、あるいはむしろ神的で永遠な生命のためであって、まさにそれ故に彼の似像として」（Erk159）である。

274 シュペーナーは、「魂の不死とそれに続く死者の復活の教説」（SHS352）がなくなれば、全キリスト教も失われると説く。

7　恩寵手段への熱望

テキスト：ペトロの第一の手紙第2章第2節
そして、理性的で、純粋な乳を、今生まれた幼子として熱望せよ、汝らがそれによって増大することを期して。

A　冒頭

我々は最後の回に新しい人間の性質について考察した、彼がいかに、天上的なものと霊的なもののみを尊重し、それを求めるという傾向があるかを。それに対し、地上的なものを彼は低く見積もる。そして彼は、常にだんだん地上的な、すべての本性から生得的な考え方から自らを純化する。天上的で、霊的な財産が、我々にちゃんと、神的言葉と秘蹟[275]によって贈り物として渡される。新しい人間は、そこでこれら恩寵手段についても、その喜びと楽しみをもつ。彼はそれらを愛し、それらを熱心に用いる。――主は我々に、何がそこにおいて我々の義務であるかを認識させ、そして彼は我々の内に、これら恩寵手段への愛を作り出す。そう、彼は我々にその甘美さを味わわせ、それらへの愛とそれらの尊重がそこから自ずと帰結する。本来的な言葉、我々の主イエスの、ために。アーメン。

B　テキストの言葉の説明

我々は、我々のテキストをもっともよくそう次のように区分できる：我々はキリスト教的義務の基礎、この義務そのもの、そしてそれからの果実を考察する。

I

基礎に関しては、次のように言われる：今生まれた幼子として。肉体的な誕生について、そして、幼い乳児について語られているのではないことを、すべての人が自ずから、それについて想起させられることなく見る。よって、霊的再生について理解されるべきである。これについては、以前に次のように書かれていた：彼らがそこで再生したとき、はかない種からでなく、不朽の種から、すなわち神の活きた言葉から再生したのであって、これは永遠にそこにあり続ける［Iペトロ1・23］。ペトロはこの手紙を、異邦人［同1節］に向けて書いた。よって、ユダヤ人に向けて、彼らはあちらこちらに異邦人として散らばっていたのであるが、しかし、彼らは、彼らに説教されていたイエス・キリストの福音を通じて回心したのである。この人々について彼は次のように言う、彼らは再び生まれた、と。そしてしかも、次に言われるように：彼の偉大な慈悲に従って、イエス・キリストの死からの復活を通じて活きた希望へと［同3節］。彼らの回心と洗礼において、彼らには、イエス・キリストの血が注がれることによって、その罪が許されたのである。[276] それから、信仰から彼らの内に新しい本性が生まれた。これを再生と言う。これは、神の活きた言葉という不朽の種から生じた。これについて、我々はしかし、洗礼を排除してはならない。[277] もしたとえ、その際に、力が水から由来するのではなく、言葉から由来するのだとしても：というのも、それは、言葉の内での水浴［エフェソ5・26］であるからである。ペトロは、彼が手紙の受取人を、今生まれた幼子と呼ぶ場合、これを見ている。人はもちろん、そこから次のことも読めたであろう、彼らが回心して長くないことを。彼らは、よって、霊的な年齢に関してはまだ子どもたちであったのであろう。キリスト教徒であることにおいて純粋な子どもたちは存在しない。そうではなく、キリスト教徒は霊的なものにおいて、成長し、増大しなければならないのである、それによって、彼らが子どもたちから若者たちに、男たちに、そして父たちに成るには［Iヨハネ2・13－14］。使徒は彼のヘブライ人たちをこの欠如の故に罰している：汝らはとっくの昔に教師であるべきなのに――従ってもはや子どもたちではなく――再び、次のことを必要としている、人が汝らに神的言葉の最初の綴りを教え、人が汝らに、硬い食物でなく乳を与えることを。というのも、人がなお乳を与えなければならない者は、義の言葉に未熟なのである：というのも、彼は若い子どもであるから。しかし、硬い食べ物は完全な者たちに属し、習慣によって訓練された考え方で、善と悪を区別する「ヘブライ5・12－14」。そのように——私は言うのだが——人はそれをここでは理解できるであろう。しかし、それは正しく適合しようとはしない。というのも、ペトロがそれに宛てて書いた人々の間には、キリスト教において純粋な初心者はありえなかったからである：そうではなく、彼らの間には次のような者たちもいた、既にさらに先へ進んでいたような。よって私は、むしろ言葉を次のように見なす：今生まれた幼子という言葉の下では、最も厳しい意味で、彼が、彼がそれによって語りかけている者たちとしての、子どもたちについて語っているものにおいて、一層直喩を期していると見なされなければならない。子どもたちは長く乳を飲まされるのが常ではない。人はそれを二年目か、あるいはそれ以上までで止める。そのように彼は、今生まれたということについて語っているのである。それは次のことを意味する：まだ華奢な子どもたちということを。彼らはなお乳に慣れている。そのような子どもの状態に、まだ神的乳が必要であるような、しかし、キリスト教における初心者のみならず、——他の者たちと対置するなら——かなり進んできているキリスト教徒もある。[278]にもかかわらず、後者はなおさらなる成長を必要とするのである。それが、すべての神の子らの状態である、彼らがまだ肉の内で生きている限りは。[xxxvii]

xxxvii 「大人」という訳も。

よって、これが、神的言葉への神の子らの欲求の基礎である：彼らはこの言葉から再生している。彼らは、この言葉に適う本性を受け取る。しかし、この新しい本性はいまだになお成長と増大を必要とするのである。[279]

II

それから、我々は義務を考察する。次のように言われる：理性的で純粋な乳を熱望せよ。

1（a）事柄は次のように言われる：乳。ここでは再度、誰でも容易に次のことを洞察できる、自然的な乳や、自然的な誕生について言われているのでないということを。乳とはよって、再生した人間がそれによって養われ、増大していくものであるに違いない：自然的な人間が自然的な乳によって養われるのが常であるように。しかしそれは、神的言葉以外の何物でもない。使徒パウロがコリント人たちに次のように言うように：**私は乳を汝らに飲ませるために与えた、食物をではない**［Iコリント3・2］。彼はしかし、彼らにイエス・キリストの福音を説教した。彼は言う、彼は彼らに、**イエス・キリスト、十字架にかけられた者**［同2・2］以外の何を知らせようとしたのでもない、と。したがって、それパウロはこの箇所で福音の教えを乳と呼んでいる：特に、その第一の最も容易な部分において、それによってキリスト教の基礎が置かれねばならないのである。これについてのみ彼は、コリント人たちに語った。しかし、高い知恵［同1節］の諸事物についてはそうしなかった、それらには彼らは能力がなかったのである。彼は次のように言うのではあるが、それでもなお、そのような知恵は、完全な者たち[xxxvii]の下に［同6］ある、と：というのも、教えは乳でありうるからである。しかし、それは——より深く見るならば——後には、食物、硬い食物［同3・2：ヘブライ5・14］と呼ばれうる。

ペトロは、我々のテキストの内で、霊的適用において、乳と他の食物を区別していない。そのように、我々はここでは乳という名称の下で、そこから人が再生する、福音のすべての神的言葉を理解する、すべての難しい教えと容易な教えと共に。それについて次のように言われたのはよって、総じて言葉である：汝らの間で伝えられているのは、しかし、言葉である［Iペトロ1・25］。しかしそのように、最も簡単なことも、既に相当に進んだ者たちによって、再び考察されねばならない。それは、軽蔑されてはならない：というのも、そこから、成長のあらゆる力が由来するからである。しかし、福音の言葉は乳と呼ばれる、あるいはそれと対比される、なぜなら、それは新しい人間の栄養だからである——自然において乳が子どもにとって栄養であるのが常であるように——、しかしまた、好ましさと甘美さの故に。聖書の言葉は、それ以外には蜂蜜にも対比される。次のように言われる：主の律法は、金より貴重であり、はるかに純粋な金である：それらは蜂蜜よりも甘く、生蜂蜜[280]である［詩編19・11］。あ

---

xxxviii 「成熟した人たち」という訳も。

るいは：汝の言葉は私の口に蜂蜜よりも甘い［同119・103］。救世主である主の善行は、総じて乳とワインに対比される：さあ、汝ら乾いているすべての者たちよ、水のところに来なさい！　そして汝ら金をもたぬ者たちよ、こちらへ来て、買い、食べなさい：こちらに来て、買いなさい、金なしにただで二つのもの、ワインと乳を！［イザヤ書55・1］これは次のことを意味する：すべての、魂を元気づけ、獲得されるべき恩寵の財産を。そのように、福音も乳に対比されている、それがそうした善行を担うのである。我々は次のようにも言うことができる：言葉は乳と対比される、なぜなら、乳は、子どもたちにとって、第一の、最も容易で、最も純粋で、最も体に良い食物であるから。したがって、乳はいかなる子どもにも体に悪いということはありえない。もし、一人の子どもがそれから害を受けたとしたら、原因は、乳が純粋でなく腐っていたことに違いない。神的言葉もそのようである。それは最も簡単な教えである。そして、すべての人にとって、素朴な者たちにとっても、それは適している。○[281]正しく用いられるなら、それは霊的に健全以外ではありえない。

(b) この乳とは、しかしまた、理性的な乳と呼ばれる。これは次のように理解されねばならない、使徒は、自然的な乳について語ろうとしているのではない：そうではなく、分別と魂によって享受されねばならない乳について語っているのである、と。しかし、私は、やはり非難しようとはしない、もし、理性的なという言葉が、ローマ人への手紙において用いられているように、とられるとしても：我々は神に、理性的な礼拝[xxxix]［ローマ12・1］を遂行すべきである、とあるように。これは次のことを意味する：それは分別をもって遂行されるべきであるということを、軽率なやり方ででではなく。その内に知恵があるべきである。そのように、神の言葉は、理性的な乳なのである。その内には大きな分別と、多くの知恵が存している。キリスト・イエスの内に隠されて、知恵と認識のすべての宝があるように［コロサイ2・3］、主はそのような宝を言葉の内にそもそも置かれた。これらは、我々にとって、我々の至福の役に立つ。言葉の内に我々はそれらを見い出す。しかし、我々はここから次のように結論してはならない、理性が我々の信仰や我々の礼拝の規則である、と：そうではなく、この規則という栄誉は唯一神の言葉にあるままである。しかし、神の言葉そのものは理性的である。これは次のことを意味する：もし理性が、それが我々を創造したように、なお光の内に立つなら、それは、この言葉について非の打ちどころはなかったであろう。それは言葉の内の高次の知恵を称賛したに違いなかったであろう。しかし、今や我々の理性はかくもしばしば神的言葉と、その内に教えられている諸真理に反して何かを申し立てるということ、それは次の故に生じる、なぜなら、理性は堕落し、暗くされているから。もし人が、理性が真理に反して申し立てるすべての諸事物を熟慮し、それを言葉と比較するならば、人は常に示すことができる、どこに、自分自身に身を任せた理性の違反が存してきたか、を。あるいは、人は見い出すであろう、理性のみでは真理の高みに至ることはできなかったで

xxxix　「霊的な」という訳も。

あろうことを。よって、それは本来、聖書の神的真理に反する何事も言うことはできず、そうではなく、諸事物がそれにとって未知であることを説明しうるのみなのである。そこで、神の被造物であり、神の光である、現に健全な理性が、神の啓示された真理に決して反してはありえないように。もし理性が、神の光によって照明されているならば、霊的諸事物におけるその業は、全く非難されることはありえない。それでも、その業は、次のことには存しない、自ら、そして自身から、それについて判断し、言わば諸命題を定めるということには：そうではなく、理性は唯一、神的言葉において伝えられたことのみを受け入れ、それを理解し、そこから、あれこれを推論する必要がある。それはそこにおいて女中として振舞う。[282] それは、信仰には抵抗しない：そうではなく、それは信仰の従順の下で仕えるのである。[283]

(c) 次のようにも言われる：純粋な乳、あるいは本当の、それは次のことを意味する：混ぜ物のない[x1]［Iペトロ2・2］乳。人は乳と水を混ぜることができる。それによって、それはその力の多くを失う。もし、あまりに多くがそれに足して注がれたら、それはほとんど乳であることを止める。人はまた、乳の全きあり方を変化させる他の諸事物も、その下に混ぜることができる。そして、もし人が毒を混ぜたなら、その使用は有害である：たとえ、まったく致命的でないにしても。そのように、それ自体では聖なる、ためになる神の言葉[284]も、人間的諸事物を付け加えることで、台無しにされうる。もしこれらがそれをまったく台無しにはしないとしても、それはそれでもその果実の大部分を取り去ってしまう。一般的に生じているように、もし、あまりにも多くの人間的な技術がその下に混ぜられてしまえば。[285] 一般に、人間は自分の力を過大評価している。その上に、彼は正しい力を諦めてしまう。しかし、次のことも起こりうる、間違いと悪が混合されていることも。その時、それは正しく、神的言葉という名前を失ってしまう。したがって、パウロは、自身と彼の同輩について、次のように証言している：というのも、**我々は神の言葉を歪曲する多くの者たちのようではないからである**[286]：そうではなく、**我々は純粋さからとして、そして神からとしてキリストにおける神の前で語る**［IIコリント2・17］。神の言葉は、よって、純粋で歪曲されていないのでなければならない、もし、それが霊的な成長に役に立つべきであるならば。しかし、それが歪曲されていれば、それは成長を何ら助けない。あるいは、それどころか、それは殺してしまう。したがって、神の子らは、唯一そのような歪曲されていない言葉へ以外に、いかなる欲求ももたない。彼らは直ちにそれを知る。そして彼らは、歪曲から区別できるようになる：各々がその尺度に応じて。

2 神的言葉の、この理性的で純粋な乳については、ここにも次のようにある、神の子らがそれを**熱望するはず**である、と。彼らは、それへの、熱望、**心からの欲求**[xli]と熱烈な飢えと渇きをもつはずで

---

xl 『エルベルフェルダー聖書』はIペトロ2・2を「理性的で、混ぜ物のない乳を欲求せよ」と訳す。

xli シュペーナーは次の表現を好んだ：心からの欲求。彼の『敬虔ナル願望（＝敬虔な願望、あるいは聖なる要求）』は、「真の福音主義教会の敬神なる改善への心からの欲求」というドイツ語の副題をもっている。

ある：子どもが、渇いているときに、母の乳に対してそうであるように。我々は次のことを知っている、華奢な子どもたちは、より年取った成長した人々程、長く待てないということを。後者は、昼間には稀にしか食べたり、飲んだりしない。しかし、小さな子どもは、夜昼問わず母の乳房に付いていようとする。それは多くの時間飲まずにはいられない。もしそれがしばらく待たねばならないとしたら、そうするとそれは叫び、泣く、再び飲ませられるようになるまで。そのように、敬虔なキリスト教徒たちにおいても、神の言葉への熱望と欲求は、常に持続する。彼らは、長く、このためになる乳なしにはやっていけない。その結果、若い子どもらにおいては、乳へのその渇きが内面から生じる。彼らはまずそれへと自らを駆り立てる必要がない。彼らが乳についてもつ、彼らの嗜好が、彼らを自ずから、それを熱望するように動かす、もし、彼らが内面的に空っぽになり、渇きを感じ始めるならば。そのように、内面的に健全である神の子らは、まず特に用意せねばならないということなく、神の言葉に欲望をもたねばならない：そうではなく、それへの欲求は内面から出て来るのであり、自ずから生じる。しかし、もし次のように言われる場合は、彼らはそれについて熱望するべきであると、そこには同時に次のことがある、彼らがそれを求めて努力するべきであることと、彼らが、それを扱い、それを受け入れ、それを享受することに熱心であるべきであることが。そのことを愛する使徒は要求する。彼はそれによって次のことを示す、彼らは、若い子どもたちが乳に対してそうであるように、言葉なしで済ますことはできないということを。

III

次のことがなお必要である、我々が果実を考察することが。それは次のように書かれている：汝らはそれによって増大するということ。子どもたちは誕生の後にはまだ非常に小さい。彼らは成長しなければならない。しかし、すべての彼らの栄養と彼らの成長は母の乳に由来する。新しい人間もそのようである。彼は再生において霊から霊に生まれ［ヨハネ3・6］たにもかかわらず、それでも彼はまず初めは、非常に弱い。彼はそのすべての力について増大しなければならない：認識について、信仰において、そしてその果実について。キリストの全き肉体について言われることは、そのすべての部分にも特に真である：愛において誠実であれ、そして、頭であるキリストについてあらゆる部分で成長せよ［エフェソ4・15］。さて、成長の最も高級な力は、キリスト自身と、その霊から由来する。これは、頭である彼から、四肢である我々に入り込む。しかし、彼はそのために彼の言葉を必要とする。それによって彼は我々の内で働くのである。彼は我々に彼の霊と彼の力を分け与える。もし、人間が言葉を熱心に聞き、それを読み、次のことを熟慮するならば、彼が、暗い場所において輝く光に対してのように、それに対して注意するということを、それならば、日が心に差し込み、明けの明星がその内に昇る［IIペトロ1・19］。これは次のことを意味する：キリストと彼の恩寵の財産の活きた認識[287]が、心の中でだんだんに増大していくということ。そして、人間が霊を通じて、それだけ真の霊的で天上的な財産を認識することを学ぶ程に、それだけまた彼は、それらに対する愛においても点火させられる。それに対して彼は、地上的な諸事物にはわずかしか注意しないことを学ぶ。そのように、すべての徳は、神的言葉によって強められ、増やされる。それらは一方で霊の純粋な果実であり、他方で新しい人間の力である。そして、これが意味するのは次のことである、我々はそれによって増大するということ。もしこのように、**言葉が我々の内に植えつけられるならば、それは我々の魂を至福にできる**［ヤコブ1・21］。我々の至福の大きな部分である神の像は、それによって改新され、増大される。

C　教え

我々は、主要な教えとして、いかにして新しい人間の本性に次のことが属しているかを、考察する、彼が、神の言葉と聖なる秘蹟への欲望と熱望をもっているということが。[288]

1　神の子は、神的言葉から[xlii]**再生する。**そのことは既に示した。次のことも証言されている：彼は**我々を、彼の意志に従い、真理の言葉を通じて生み出した、我々が彼の被造物の初子となるように**［ヤコブ1・18］。そのようにパウロも次のように言う、彼は彼のコリント人たちをキリスト・イエスにお**いて、福音を通じて生み出した**［Iコリント4・15］。しかし神の子は、次のことから生み出される、神のそのような種――あるいは言葉、福音――が彼の内に留まる［Ⅰヨハネ3・9］ことである。しかも、彼の記憶の中にだけでなく、全く彼の魂の内に、その最も内的な根底において、そして、その力において。神の真理は彼の分別の中にある。後者は神の言葉からそのために照明される。[289]彼の意志は神的言葉と等しく考える：というのも、神の律法は彼の心の内に与えられ、彼の考え方に書き込まれるからである［エレミヤ書31・33］。そしてそのように、それは正しく彼の内に植えられる［ヤコブ1・21］のである。そう、パウロは次のように言う：汝の心において語るなかれ：〝誰が上へ、天へと行こうとするのか？〟と。それは、キリストを引き下ろすことに他ならない。あるいは：〝誰が下へ、深いところへ行こうとするのか？〟と。それは、キリストを死から取り出すことに他ならない。しかし、何がそれらを言うのか？〝言葉は汝の近くにある、汝の口に、そして汝の心に。〟これが、我々が説教する信仰の言葉である［ローマ10．6―8］。よって、そこに我々は見る、言葉がその時真に人間の内にあるのを。[290]

2 人間は神の言葉から生まれ、言葉は神的な種として彼の内に留まるにもかかわらず、それでも、新しい人間はすべての彼の力に関して、意志と分別において、さらなる成長を必要とする。[291]彼の内の光は常にさらに増大しなければならず、より明るくならねばならない。彼が知っていることを、彼は

xlii　Ⅰペトロ1・23、およびW147-170を参照。

より一層の確実性をもって知るべきである。彼の認識はより一層神的諸真理まで及ぶべきである。彼らは常に乳だけを享受しなければならないはずではなく、硬い食物もまた受け付けられうるはずである［ヘブライ5・12］。これは次のことを意味する：彼らは、キリスト教の一般的で素朴な教えにのみこだわるべきではなく、より難しく、より高次の諸事物までも至るべきであるということを、それによって、彼らが使徒の言葉に従い、完全性へと向かう［同6・1］ように。[292] それは、そう言うならば、始まりつつある日と、明るい昼の間のような、そのような区別である。愛、希望、忍耐とその他の徳も成長し、増大しなければならない。パウロはそうした成長について次のように語っている：彼が汝らに、彼の栄光の豊かさに従って、彼の霊を通じ、内面的な人間について、強くなる力を与えること、キリストが信仰によって汝らの心の内に住み、汝らは愛によって、根付かされ、基づけられていることを、汝らがすべての聖なるものをもって、どれだけの幅、長さ、深さと高さであるかを理解するために：それでも、すべての認識を上回るキリストの愛を理解し、汝らがあらゆる神の埋め草で満たされるために［エフェソ3．16－19］。次のことは、彼の子らへの神の意志である、彼らがそのように成長し、増大するべきことは。パウロがもう一度次のように言うように：さらに、愛する兄弟たちよ、我々は汝らに請う、そして主イエスにおいて勧告する――汝らが我々から受け取ったもの、汝らがいかに振る舞い、神の気にいるべきか、に関して――、汝らがより完全になること、を［Ⅰテサロニケ4・1］。これはその後すぐに繰り返されている：しかし、我々は汝らに勧告する、愛する兄弟たちよ、汝らがなより完全になることを［同10節］。キリスト教はしばしば、変化[xliii]と呼ばれる、なぜなら人はそれにおいては、けっして止まっているべきではないからである、そうではなく、常にさらに前進し、聖化という目的により近く急ぐべきであるから。[293] したがって、使徒は次のようにも言う：私は彼を追及する、私がそれもつかみたいのかどうか。私は自分を、そこで前にあるものまで伸ばし、前に伸ばされた目標を追及する、キリスト・イエスにおいて神の天上的な召命を差し出す宝を［フィリピ3・12－14］。よって、成長し、あるいは増大しようとしない者は、まさにそれ故に、減少し、後退するのである。再生者たちは、キリストの霊を自身の内にもつ。それは力の霊である。それは彼らを次のように駆り立てる、彼らがより一層の成長への欲求をいだくことしかできないように：神それ自身をそれだけ一層賞賛することも、また彼をより一層内面的に享受することも。彼らはそれを求めて努力する。

3　新しい人間は、神とその言葉から生まれる。それ故、彼の成長も神とその霊から由来しなければならない。しかし、神がこの誕生において彼の言葉と福音を用いるように、それはまた、成長の手段であり、増大のそれである。それによって子どもが母の肉体から彼の栄養を受け取る乳糜が後に、それによって、生まれた子どもが増大する乳に変わるものであるように。正しい者は水辺の木に喩えられる：彼は、水の細流の傍に植えられた木のようである、それはその果実をその時期にもたらし、そ

xliii　フィリピ3・20、Ⅰペトロ1・15、17、ヘブライ13・5、13・18、ヤコブ3・13、さらにWegという言葉について使徒9・2を参照。

の葉はしおれることがない∴そして、彼がすることは、それはよくできる［詩編1・3］。そのような水の細流は、まず、木を種から成長させる∴というのも、湿り気がなければ、何も芽を出すことができないからである。しかし、木がより大きくなり、増大し、果実をつけるということは、すべてまさにその同じ水に由来する。そのような水の細流に、神的言葉は等しい、それについて次のことは以前に書いてある、正しい者はそれについて欲望をもつ［同2節］、と。

神的言葉にはまた、聖なる秘蹟も属している。それらはその封印である。言葉はそれらの内にある。洗礼は、言葉における水浴［エフェソ5・26］と言われる。聖なる聖餐にも神的言葉は属している。さらに、聖なる洗礼の内には、聖霊もあり、そこから我々はまた言葉を得る。そして聖なる聖餐の内には、自身が本来的な言葉であり、我々に言葉を啓示し、言葉によって我々と行動する主イエスの体と血がある。しかし、ここで次のことが注意されなければならない、ここでは主に、福音の言葉[294]について語られていることに。そこから、再生させ、栄養を与えるすべての力は由来する。それでもなお、再生者も律法の言葉を熱望する、もし言葉が一度、彼の魂に活き活きと書き込まれ始めるならば。

4　再生者は常なる成長を自身で欲求する。彼は次のことを知っている、神的秩序は彼をそのような成長のために言葉へ向けるということを。彼は既に始めた、自身言葉と等しい考え方をするということを。そのように彼は神的言葉を内面的に愛する。彼はそれを他のあらゆる言葉よりも優先する。そう、あらゆる他の∴それが何であろうと。彼はよって、真にそれについて彼の欲望をもつ。それは彼には、子どもにとって母の乳が味のするような、味がする。それはこれを他の、それ以外のそれだけおいしい飲み物とさえ、交換しようとはしない。神的言葉は彼にとって、他者によって初めて快適とされたり、推奨されたりする必要はない。そうではなく、彼がそれから一度把握した味は、彼にとって言葉を十分に心地よいものとする。

5　もし、再生者が、神的言葉を扱う機会を得るならば、彼はそれを喜んで利用する。彼は好んで聖書を読む。あるいは、彼はそれを読み上げさせる。彼は喜んで説教を聞く。そしてしかも、その内で特に神の言葉と、本来その内で神の言葉であるものを。彼はまた吟味する、彼が説教において聞くすべてのことを、書かれた神の言葉に即して、それがそれと一致するかどうかを、ベレア［使徒17・11］でそれについて聞かれたように。[295] 彼は彼の乳を喜んでは、水やあるいは他の何かと混ぜさせ、駄目にさせようとはしない。もし彼が、聖書を聞き、あるいは読めば、彼は事柄を上辺だけ取り扱うのみならず、彼は喜んで乳を自身の内へと飲む。彼はそれを口の中だけに留めておくのではない。彼はすべての言葉に注意を払う。特に、福音において、キリスト・イエスの内での救済という大切な宝へと。それらは、彼の信仰と彼の霊の最も高級な食物である。彼はそれらを正しく把握しようとする。彼が、彼にとって情報を得ることに役立つ諸事物を読むなら、彼はそれらを心からの信心において祈りをもって熟慮する、その結果、彼の分別はそれによって照明され、彼はそれらを理解する。[296] 彼が聖書の内に見い出す救済の財産について、彼は次のそのような味を見い出す、それらが彼の心を満たすような。それによって、彼はそれだけ一層、世間の否定と聖なる変化への意欲と力を獲得する。[297] 他方、彼は、あらゆる苦難において勇敢に、喜んでいるようになる。次のように言われる：彼らは、彼らの財産の強奪を、喜びをもって耐え忍んだ［ヘブライ10・34］、なぜなら、彼らは知っていたからである、彼らがよりよい、残っている所有物を天上にもっていることを。いかにして彼らはそうしたものをもったのであろうか？　なぜなら、彼らの信仰がそれらを言葉からつかまえ、彼らがこの所有物を言葉の内で自身の下に保持しているからである。したがって再生者には、神的言葉を取り扱うのに、時間は長くならない。彼はそれにうんざりすることはない。彼と神的言葉については次のように言われる、シラ[298]書が神的知恵とよってまた言葉について言っていることであるが：私のところに来なさい、すべての汝ら私を熱望する者たちよ、そして汝らを私の果実で満腹させよ！　私を思い出すことは蜂蜜より甘く、私をもつことは生蜂蜜より甘い。私から食べる者は、常に私に飢えている；そして、私から飲む者は、常に私に渇いている［シラ書24・25－29〔19－21節〕］。神的言葉が彼を満腹にする、主が次のように言うように：彼から飲む者は、もはや二度と渇くことはない［ヨハネ4・14、6・35も参照］、すなわち、他の飲み物に。彼が神の言葉から聞き、把握するものは、彼にとって良い味がするので、彼がそれに飽きてしまうことはありえない、そうではなく、彼は常になおより一層多くを欲求する。したがって、彼は言葉を扱うのみではない、彼がそれを目や耳の前に得る、よって、それを読んだり、開いたりした場合に：そうではなく、常に。彼は、彼の仕事をしながらも、神の言葉について考える。彼はそこから、善い思考で強くなり、自らを元気にしようと努力する。彼に、あるいはあの機会に、それでもって彼が楽しむ、あれこれの金言が思いつく。それ故に、彼はまた聖書から多くを彼の記憶にもたらそうと努力する、それによって、彼に常にその内のいくつかが現れうるように。彼も喜んでそれについて語る、ダビデが至福な者について次のように証言するように：彼は主の律法への欲望をもち、昼も夜も彼の律法について語る［詩編1・2］。そして彼は自ら、次のように言う：私は、私の唇でもって、汝の口のあらゆる権利を物語ろう［同119・13］。私は、汝が命令したことについて語り、汝の道に注意する［同15節］。領主たちも座し、私に反して語る：しかし汝の従者は汝の権利について語る［同23節］。私は汝の証言について王の前で語り、恥じることがない［同46節］。この全体としての詩編119編は、言葉への称賛に満ちている。それは、言葉へのダビデの愛の証言である。それにまた次のことが属している：神の言葉を汝らの間で、あらゆる知恵において豊かに住まわせよ：詩編と讃美歌と霊的に愛する歌を汝ら自身に教え、警告せよ［コロサイ3・16］。

6　我々は秘蹟を共に神的言葉に数え入れた。したがって、再生者たちはそれらについても彼らの喜びとそれらへの彼らの欲求をもつ。しかも、洗礼に関しては、それは決して繰り返されるべきではない。[299] それでも神の子は、それを日々思い出し、その内で神と結ばれた絆を享受することに、大きな喜びをもつ。したがって、彼はまた喜んで、他者の洗礼式にいる、もし彼がそのための機会を得られるならば。それ故に、次のような教区民たちは称賛されるべきである、彼らの下では洗礼が公開で全会衆の前で行われるような。

それから、教区民は祈りに役立つだけではない…そうではなく、その際、各々は彼ら自身の洗礼を思い出す機会も得る。ああ、我々の下でも、そのような聖なる式がより一層の敬神をもって行われていたならば！　聖なる聖餐に関しては、再生者はそれへとよりしばしば霊的な飢えと渇きをもつ、彼の内なる人間を、生命の領主の活き活きとさせる肉と血で強くするために。

7　しかし、彼はこうしたすべてのこと、つまり、言葉と秘蹟を扱い、**事柄**[xliv]が為し遂げられるだけではないようにすることが彼にとって重要であるように[300]…そうではなく、彼は次のことを求めて努力する、この乳を享受し、彼がそれによって**成長**でき、**強化される**ように。よって彼は、何事も上からだけするわけではない、彼が神的言葉を扱う場合に。そうではなく、彼は彼の魂のすべての力を、この彼の関心事に費やす。したがって、彼はそこから現実にも増大する、彼はそれにときどき、自分では気づかないにもかかわらず。しかし、彼はこの手段を必要とする、彼が肉の中にあり、信仰において生きなければならない限りは、彼が見ることへと移行するまで。というのも、信仰は、常に言葉という油を注がれなければならない、小さな炎だからである。

D　訓戒

さて、私の愛する教区民たちよ、我々は新しい人間のあり方のこの部分について一緒に考察してきた。ここでは、それでもう一度次のことが必要となろう、我々が我々を、こうした新生の証拠をなお自身にもっているか、吟味することが。[301] よって、次のことを考察せよ、我が愛すべき人間よ：汝が神的言葉を熱望しているかどうか、子どもが乳をそうするように？ 汝が汝において、それへの内的な衝動を見い出すか？ あるいは、人が汝をまず外からそれへと駆り立てねばならないか？ 汝が喜んで教会と神的言葉の説教に行くかどうか？ あるいは、汝が、こうした機会を、わずかの原因から、あるいは原因なしに逃してしまうか？ あるいは、汝は来るが、しかし、聞くためではなく、習慣や、あるいは他の肉的な原因からであるか？ 汝にとって、神的言葉の取り扱いに際し、時間が長くならないか、もしそれが、通常の尺度を超えていると汝に思われる場合には？ あるいは、それへの楽しみが、すべての不愉快を克服するか？ 汝は説教において言葉に注意を払っているか？ そして、汝は、汝が受け取った賜物の尺度に従って、汝が聞くことを吟味しているか、それが真に神の言葉であるか、あるいは、説教者の言葉にすぎないかを？ 汝は神の言葉においても読んでいるか、汝にそれができる場合には？ 汝は、汝の尺度に従って理解し、それを正しく心の内で把握することに努めているか、もし汝がそれを聞く、あるいは読む場合には、それにとってそれが果実を生み出しうるように？ あ

xliv したがって、単に為サレタル働キ（opus operatum）として＝無思想に為されるだけではなく。

るいは、汝においては、すべてはただうわべだけ生じるにすぎないのか？　汝は神の言葉と聖書を、すべての他の書物よりも優先するか、それらが汝にとって、他のすべてのよりも好ましいというように？　そして、それらは汝にとって、他の人間の学芸よりもよりよく性に合うか？　あるいは、汝にとって、神的言葉の素朴さは軽蔑すべきものと思われるか？　汝は、汝が汝の魂において認識とその果実について増しているか、よって、総じて聖化においてもそうであることを見出すか、否か？[302]　見よ、すべてのこうした事物が、汝に示すであろう、汝がなお新たな誕生の内にあるか、あるいは、再び古い誕生の内かを：よってまた、汝において各々がどれだけ強いかを。

　ああ、私の愛する教区民たちよ、そう、心から、我々の新しい誕生のこの確信を我々においてもつように努めよう。我々の神は、このような機会を欠かせようとはしない：我々は説教をもつ。そこでは、我々に人間によって――それぞれ各々の尺度に従って――神の言葉が朗読され、説明される。我々は、愛する聖書が低廉に買われることができ、それらを調達できるためにはあまりにも貧しい家計はほとんどないという時代に生きている。[303]汝らのキリスト教的愛は次のことを見る、人が、愛する神の言葉をあらゆる仕方で公表し、その実り豊かな使用への指導を与える用意があるということを。そのような機会を逃すなかれ、汝らがそれをもつ限りは！　光を利用せよ、闇[304]が汝らを襲う前に！　もし、人々の間に聖書へのいかなる大きな欲求もないとしたら、その時それは、魂が非常に病んでいることの徴である。子どもにおいて、弱さの徴があるように、もし、彼にとって母の乳房が美味しくなく、それに喜んで飛びつこうとしないならば。それは、堕落した好みの徴であり、そして、人が別の好みを受け入れた徴である、例の乳がもはや美味しくない場合には。堕落した、自然的な食欲と好みの場合、人は肉体を浄める。聖書が人間にとって性に合わないとしたら、それは次のことの徴である、霊的な食欲が堕落していること、そして、胃が不健全な諸事物によって堕落していることの：地上的なものへの愛によって、人間的な知恵の尊重によって、あるいはなにかそのようなものによって。それには、真剣な悔い改めの善き浄化も属する。その後で、我々にそこで言葉は初めて正しく性に合うのである。

しかしまた、神的言葉をしばらく熱心に聞き、読み、そしてそのかなり多くを把握した者たちの乱用は避けなければならない。彼らのいくらかは次のように空想することを始める、彼らは今や十分に神の言葉を内面的に彼らの魂の内にもち、そして彼らは外面的にはもはや言葉を必要としないというように。したがって彼らはそれを軽蔑する。そのような内面的なものは、外面的なものの機会をもはやもたない者にとってのみ、十分なのでなければならない。それでも、誰もそれを内面的に次のようなだけ把握してきていない、彼が外面的なものをやはりその保持と強化に必要としないというだけは。しかし、誰かが、その上外面的なものを軽蔑しようとするなら、神は彼から彼の光と彼の力を取り上げ、その結果、彼はついにまったく彼の空想を神的言葉と思い込み、彼はそれによって神の法廷からは危うく自らをだます。特に、天上の父に自身で謙虚に呼びかけよう、彼が我々に彼の言葉の甘さを味わえるようにしてくれ、彼が我々のそれへの熱望をさらに起こさせ、しかし、彼がそれを我々の下で祝福するように、もし我々がそれを扱う場合には、その結果、我々が実際にそれによって成長し、増大するように。

E　慰め

敬虔な神の子らの慰めはこのようなものである：彼らが神の言葉をなおもっている限り、それを聞き、読むことができる限り、これは、彼らの天上の父の恩寵の徴である。それはなお彼らの上に作用している。この恩寵により、彼は彼らを内的本質において増大させ、成長させようとする。しかし特に、それは慰めである、もし彼らが真に次のことを感じるならば、彼らにとって神的言葉が甘口でまろやかな乳のようによい味わいがし、彼らがそれについて喜びとそれへの熱望をもつことを。これは、彼らがこの言葉から生まれ、その種をなおもっているという保証である。というのも、それをもはや内面的に自身の内にもたない者には、彼が外面的にそこからとったものは、やはり美味しくありえないであろうから。[306]

この次のこともまた慰めである：もし、神の子が、外面的に神の言葉をもはやもちえないという事態に陥った場合――したがって例えば：もし人が不信心者たち、トルコ人たち、タタール人たち[xlv]の下に来る場合：あるいは聴力を失う場合：あるいはそれ以外に、そこではそれなしで済まさなければならない事態に至る場合――、その時、そのような人々にとって、彼らの至福のために、そう彼らのさらなる成長のために、彼らが神的言葉からかつて心にもたらしたもので十分である。そのようなわずかのものが、彼らにとって内面的にそれだけ一層祝福されるであろう。敬神な心においても、ときたま誘惑はある：彼らは次のことを自身の下に見い出し、嘆く、彼らにとって、神的言葉が今や、彼らがそれを欲求するようには、味がしようとはしないことを。彼らの意志に反し、彼らはしばしば、それに対して秘かな反感を感じるのである。あるいは、彼らには、聖書自身よりも、別の霊的書籍が性に合う。それは懸念がないことではない。これは、霊的弱さの徴である。人間は自ら次のことを吟味する必要がある、何によって彼がひょっとしたら自身で、それへのきっかけを与えていたかを。ときどき人は、あまりにも人間的な知恵と技巧に夢中になり始めてしまう。それ以上に、素朴な聖書が不味いものになってしまうのである。私は次のことを確信する、学識者たちの間では常に、その人々にとって聖書が、素朴[307]な人々の間でよりもより性に合わない多くの者がいるであろうことを。[308]しかし、時には、別の原因のせいであるかもしれない。もし人がそうしたものを知覚するならば、既に次のことが思い出されている、人は天上の父に呼びかけてもよいということを、彼が言葉への欲求を我々の内により一層起こさせるように、と。しかし、もしそうした人間が彼の意志に反して聖書からいかなる味も見い出せなくなって、彼が、他者が彼らの聖書の扱いから報告することが感じられないとしたら、その時、彼はそ

xlv　トルコ人たち、タタール人たちというのは、宗教的には、ムハンマド主義者［イスラム教徒］と異端者の例として理解されるべきである。

れでもなおそれについて自身を慰めることができる。彼にとって必要なのは、恩寵の状態を疑わしいものとしないことである、もし彼がそれについて心から悲しんでいて、それにもかかわらず、聖書を熱心に扱うならば、彼が自身をそれへと駆り立てなければならないにもかかわらず[309]：もしただ駆り立てることが肉的な原因にのみ由来するのでないなら。反感と怠惰はなるほど、次のことの証明ではあるが、肉がなお彼の下に存在していることとの。しかし、言葉のより善い味への欲求と、それへと向けられた熱意は、彼にとって、にもかかわらず、次のことの証拠である、彼が新しい誕生の内にあることとの。この誘惑によって、彼はより大きな謙遜と注意深さの内に保たれるのである。

最後の慰めはこのようなものである：乳は、小さい子どもらには有用で、健全で、甘口でまろやかなものである。それでも、彼らはいつまでもその状態にあるわけではない。そうではなく、後には、さらなる生において、彼らはさまざまな種類の多くの食物と飲み物の享受と嗜好に至る。これらは、以前に彼らの乳がそうであったよりも、品がよく、美味しい。そのように神的言葉についても同様である。これが神的知恵について我々の信仰に紹介したものは、差し当たり我々にとって良い味がした。それでも、我々は将来いつか、彼の栄光の内に移されるべきである。[310] そこで信仰は、見ることに変わり、そして、啓示された神的言葉は、父の本質的な言葉の栄光との共同に変わる。これは永遠に持続するであろう。それは我々の飢えを初めて完全に満腹にさせ、我々の渇きを全く静めて、それらは二度と再び来ることはない。

F　祈り

主イエスよ、汝、永遠の言葉よ！[311] 汝は我々に言葉を、汝の天上の父の懐からもたらされた、そして汝はそれを我々の至福のために我々に啓示された。我々から、その使用を奪わせないように：悪魔の外的な暴力によっても、奸智や歪曲によっても。汝は我々を一度言葉から再生した。その力を天上的な種として我々の下に留まらせ給え、我々がそこから、内面から常に、そのような純粋な乳をより熱望するようになり、それを我々の内に取り入れ、その力から新しい人間を育て、増大させるように、汝が我々を汝自身によって完全に満たし、我々の永遠の救済と汝の永遠の称賛のために満足させるまでは。アーメン。

訳注

275　プロテスタントであるシュペーナーは現在も通じる『新約聖書』の秘蹟として、洗礼と聖餐の二つのみを挙げ、カトリック教会の他の五つの秘蹟（堅信・赦し・終油・叙階・結婚）は否定する（Vgl. Erk295）。

276　シュペーナーは、義認と聖化は「もちろんキリストの血に由来する」とするが、それは「イエス・キリストの苦難、死と功績」を意味する（SHS510）。

277　シュペーナーは再生の手段として、「神の活きた種としての神的言葉と聖なる洗礼」（Erk310）を挙げ、後者においても前者が水において力をもっているとする。「洗礼は、我々をすでにここ世間において別の、すなわち霊的な人間にする」（WP192）のである。

278 シュペーナーは、キリスト教徒を「子どもたち、あるいは初心者と完全な者に区分」するが、ここで言う子どもたちが、「まだあまり多くを理解しておらず、キリスト教の実行においてもまだ全く弱い者」を言うのに対し、この場合の完全とは「さらに言わば、認識に関してのみならず聖化の熱意に関しても成長した者」を言う（SHS491）。

279 シュペーナーでは、これは改新による。

280 非加熱の蜂蜜。イスラエルは「乳と蜜の流れる地」（出エジプト記13・5）と言われるくらい古代から養蜂が盛んであった。

281 「そのようにキリストは彼の教えを、この世の知者や賢者に向けたのではなく、素朴な人々に向けたのである」（Erk12）。シュペーナーは、「すべての素朴な者も、彼の至福に必要だけのことを自身で聖書から把握しうる」（SHS316）と言い切る。

282 「哲学は神学の侍女」というスコラ哲学の言葉を想起させる。

283 シュペーナーは、「すべての理性をキリストへの従順の下に捕らえること」（PD88 邦訳56）を求める。

284 「言葉はその神的力を、それを告知する人物からでなく、それ自身の内にもっているから」（PD116 邦訳73）。

285 シュペーナーによれば、パウロは「その知恵を、人間の技術からでなく、霊の照明から得ていた」（PD136 邦訳84）のである。ここには、装飾的修辞を多用したバロック式説教への批判がある。「次のような説教者たちがいる、しばしば彼らのたいていの説教を次のような事物で費やすような、それをもって彼らが学識ある人々の前で提示するという、聴衆は理解しないにもかかわらず」（PD244 邦訳150頁）。それに対してシュペーナーは言う、「説教壇は、人が技巧を見せびらかす場ではなく、主の言葉を素朴にしかし力強く説教する場であるか

ら」（PD246 邦訳150頁）

286 パウロの時代、コリントのキリスト教徒共同体では、党派的な分裂があったようである（Ⅰコリント1・11－12を参照）。

287 「私が聖書の外面的で字面通りの意味をもつべきのみならず、何よりまずその内面的な力、愛すべき、慈悲深い慰めと甘さを心で味わい理解するように努力するべきである」なら、それは「活きた認識」である（Erk26）。

288 秘蹟は「信仰を強め、封印し、神的で普遍的な約束を、各々に特に与え、それから、約束された天上的な宝を実際に提供し、その内で信仰は至福にする恩寵をつかむ」（Erk293）。シュペーナーは決して教会行事としての秘跡を否定せず、「秘跡の軽視は呪われるべきである」（WP191）とまで言う。

289 「聖霊自身が神的言葉から人間と彼の分別を照明する」（WP177）のであり、信仰上の認識や理解は、我々の分別自身の働きではない。

290 「改めて汝らは神的言葉を聞いている。それは正しく為されている。しかし、汝の耳がそれを聞くだけでは十分ではない。汝はそれを内面的にも汝の心に浸透させなさい、そしてそのような天上的な食物がそこで消化され、それによって汝が気力と力をそこから受けるように」（PD154 邦訳95頁）。シュペーナーによれば、「よって、人間がなるほど神的言葉を聞き、あるいは読むならば、それは彼の内に信仰を引き起こすはずであるが、しかし、彼がそれにそうしたものを自身の内に生み出させないなら、言葉の力は彼には何の助けにもならない」（SHS419）のである。

291 神の言葉は「そこから我々の下ですべての善が成長しなければならない種」（PD200 邦訳123頁）である。種であるから、そこからの成長が必要になる。

292 「聖書は、信仰においてようやく初心者や子どもたちではなく、既に信仰と愛において大いに成長し、遠くまで進んだ者たちを完全と呼ぶように、我々は完全性に向けて努力しなければならないのみならず、やはりそれをある程度達成しようとし、そして達成しなければならない」(Erk105)。現世でも達成可能な完全性は、「福音による完全性」と呼ばれるが、これは、「人間が信仰によってキリストに与かり、よって彼と共に、自分に贈られた彼の完全な義に与かる」ような「義認による」ものと、「彼のすべての功績に与かる、イエス・キリストにおける完全」と呼ばれるものに、さらに、「誠実性に存する」ものと、キリスト教徒が「彼の敬神と善を為すという熱意」において完全と言われる場合に区分される、「聖化による」ものに分けられる(SHS490f.)

293 「敬虔なキリスト教徒が前進すればするだけ、それだけ多くが自分に欠けていることをなお見るであろうし、彼はそれだけますます完全性の空想から離れている、彼がそれへ向けて最大に努力している時こそ」(PD180 邦訳111頁)。シュペーナーは、現世では達成されえない完全性と、現世でもある程度まで達成可能な完全性を区分する。「我々はここ、肉の内では聖化においてなお、全き正しい完全性には至ることができない」、なぜなら善への「霊的な有用性と並んでなおずっと、自然的な無能性が我々の内に留まるから」である(SHS470)。

294 福音の言葉は「そこから全き新しい人間が生まれる高貴な種」(DigF45)とも呼ばれる。

295 ベレアのユダヤ人たちは熱心に言葉を受け入れ、それと一致するかどうか聖書を吟味していたという。

296 我々の分別にとってあいまいで困難に見える、聖書における多くのことが「聖霊の照明によって、最終的に明確になり、判明になり、理解しうるものとなり、すべての人間が彼らの至福のための神意をそこから十分に認識しうる」(Erk13f.)。逆に、哲学者、医学者、法律家は「聖霊の特別な照明」を欠き、「創造の際に与えられた普遍的な分別の恩寵から」その技能をつかむが、「神学者とキリスト教徒においては、正しく真なる活きた認識」ではない(WP233f.)。

297 「言葉がそれだけ豊かに我々の間に住むようになればなるほど、それだけ一層我々は、信仰とその果実を生ぜしめるであろう」(PD194 邦訳119頁)。

298 『旧約聖書』の続編、『シラ書』の著者。シラ書はカトリック教会と正教会では『旧約』に含めるが、ユダヤ教とプロテスタント諸派では外典として扱われる。ただし、ルターはシラ書も『旧約聖書』の一部として翻訳している。

299 シュペーナーはここで〈ルター派として〉、幼児洗礼を無効とし、成人後自覚的な信仰告白ののち受洗すべきことを説いたプロテスタント急進派である、再洗礼派を批判している。幼児洗礼が許されるか？という問いに対し、それを肯定するシュペーナーは、再洗礼派の名を挙げて、その主張に反論している（Vgl. Erk299）。

300 シュペーナーは「言葉と秘蹟という神的手段の側でも、為サレタル働キ（opus operatum）という恥ずべき妄想が加わる。これは教会にとって少なからず有害であり、多くの人間を永劫の呪いへ導く」（PD152 邦訳94頁）と批判している。原注にもある、為サレタル働キとは、事効論という、秘蹟の効果はそれを行う牧師にではなく、秘蹟の行為の実行そのものにあるというカトリックの神学思想である。ルター派では、この思想を批判していたのであるが、シュペーナーが批判するように、ルター派自体がこの思想に陥り、非キリスト教的生活を送りながら、秘蹟の効果による救済を信じるという倫理的弛緩を生じていた。

301 シュペーナーは、「我々の魂を見張ること」や「心の探求」が必要とする（DigF107）。

302 「神的言葉の熱心な取り扱い（それは、単に説教を聞くことのみにあるのではなく、読み、考察し、それについて語り合うことも詩編1．2それ自身に含んでいる）」（PD200 邦訳123頁）。

303 この後、18世紀の間に、大量の聖書の印刷と普及を行ったのが、フランケが率いるハレ派敬虔主義である。

304 闇は「光、信仰と聖性」（WP171）に対置される。「毎日その罪から解放されたい者たちは、それ以上闇においてでなく、光において振る舞わなければならない」（SHS512）のである。

305 カトリック的な赦罪（Absolution）にもシュペーナーは否定的で、「悔い改めていない者が赦罪から得るすべての慰めは、恥ずべき欺瞞に他ならない」（SHS414）と断言する。

306 シュペーナーは信者に聖書の言葉の内面化を要求している。

307 シュペーナーは、「人が余計な詮索なく、彼に講じられた事柄を、特に神の言葉を言われているように受け入れ、その言葉の元に留まる場合の素朴」を「賞賛すべき素朴」と呼ぶ（SHS339）。

308 「そこでさらに、キリストと彼の教えの正しい素朴さを把握し、気に入るべきところで、それが非常に困難になる。他の我々の理性にとって快適な事物への趣味に慣れてしまい、彼にとって前者が全く味気ないものに思われてしまうので」（PD134 邦訳83）。シュペーナーは、「我々にとってあまりに高すぎ、知る必要のないものを研究する」よりも、「我々にとって最も素朴に我々の至福に必要なことをまず理解するよう熱心である」ように求める（WP235）。ちなみに素朴は、「人々が神的事物について何も知らないか、あるいは彼らが知ることができ、知るべきであっただけの多くのことを知らない場合の無知」（SHS340）に対置される。

309 こうした表現は、フランケが陥った、自身の信仰への懐疑とそのための絶望、および信者にも回心に先立ってそれを要求するようになったことに対するシュペーナーの警告を含んでいるであろう。

310 最後の審判の後で、ということである。永遠の至福において、「至福者である彼らは、今や神を完全に認識し、面と向かって彼を見、彼との完全な合一にあり、彼は彼らにおいてもすべての人間においてもすべてであるから、したがって、我々は今のところ把握も理解もできないような喜びと栄光を享受し、そうしたすべては終わりなく、止むことがない」(Erk246)。シュペーナーは「この生における至福を彼の生における至福から」(WP198) 区別する。

311 ヨハネ1・1－18を参照。

8　苦難における忍耐

テキスト：ヘブライ人への手紙第12章7－10節

そのように汝らが懲罰に耐えるなら、神も汝らを子らとして申し出る：というのも、父が罰しない息子がどこにいるだろうか？　しかし、汝らが、それへと彼らすべてがあずかっている懲罰を受けないとしたら、汝らは私生児であって、子らではない。そしてそのように、我々は我々の肉体的な父たちを懲罰者にもち、彼らを恐れたが、我々はそもそも、はるかに一層、霊たちの父の家臣であるべきではないのか、我々が生きるには？　というのも、前者たちは彼らの考えに従って、わずかな日数、我々を罰したが、しかし、後者は我々が彼の聖化を獲得するためという利益のためにそうしたからである。

A　冒頭

これまで我々は、新しい人間の神に対する義務を検討してきた。それにはなお、天上の父に対する忍耐[312]が属している、もし、後者が苦難を送るとしても。[313]それについて、今から語られねばならない。

――善き父は我々に教える、十字架の秘密を次のように認識することを、我々があらゆる苦難を通じて彼のその内に隠された知恵と善を見るように：信仰と忍耐の強化のために。[314] イエス・キリストのために。アーメン。

B　テキストの言葉の説明

我々は我々のテキストを二つの部分に分けることができる：我々は、苦難における神的善と、我々の責任を考察する。[315]

I

苦難における神的善に関しては、次のことによって説明される：**1**　彼の子らを扱う神の愛すべきやり方。彼の懲罰は怒りでなく、愛と恩寵である。次のように言われる：そのように汝らは懲罰を耐える、そうすると、神は汝らを子らとして申し出る：というのも、父が罰しない息子がどこにいるだろうか？　手紙の全体は、信心深いヘブライ人たちに信仰における不変性へと勧告し、それによって彼らを強めるという意図をもつ。彼ははっきり次のように言う：**我々はキリストに与るようになった、**

そうして我々はそれ以外にも、始まった本質[xlvi]を最後までしっかりと保持する［ヘブライ3・14］。善き人々にとって、最高級の立腹の種は、多くの苦難であった。すべての人間が出くわす、そしてまた信者たちも出くわす苦難だけではない：そうではなく、当時は激しかった迫害も、それは他の者たちより回心したヘブライ人たちに該当するのだが。彼らは最も激しく、肉に従う彼らの兄弟たち、回心していないユダヤ人たちによって迫害された。それについては次のように言われる：しかし、以前の日々を思い出せ、そこでは汝らは、汝らが照明された後、苦難の大きな戦いを耐え忍んで、半ばは自身で恥辱と悲しみによって見世物となり、半ばは共同体が、よってそれに関わる者たちによってそうした。というのも、汝らは拘束された者たちに同情し、汝らの財産の略奪を喜びをもって耐え忍んだからである、汝らが次のことを知っている者たちとして、汝らは汝ら自身の下で、より良く、永続的な所有物を天にもっていることを［同10・32―34］。その上で、彼は彼らに、忍耐と信仰の不変性へと勧告する。[316]それ故に彼は、全11章［同11章］を通じて、信仰の力を称賛するのである、それは様々な点に存する：しかし特に、苦難を耐え忍ぶことに存する。[317]12章［同12節、特に5―6節］の冒頭で彼は、もう一度、以前にも挙げた例を指摘する、しかし、またキリスト自身の例も。その結果、彼らは次のことを見るべきであり、よく考えるべきである、彼らの苦難は、はるかに、後者にまでは達しないというこ

xlvi 「確信」という訳も。

とを。その後で、彼は彼らを、ソロモン[318]の証言へと導く。そこでは次のように言われる：私の息子よ、主の懲罰を少なからず尊重し、もし汝が彼から罰せられても、気後れする事なかれ。というのも、主が愛する者を、彼は懲らしめるのであるから：そして彼は、彼が受け入れる、各々の息子を苦しめるのであるから［箴言3・12］。今やこの後に、我々の言葉が続く：そのように汝らが、懲罰を耐え忍ぶなら、神は汝らを子らとして、申し出る。その意図は、よって、忍耐への訓戒に関わる。

懲罰について語られる。我々はその下で、信者たちのすべての苦難と、彼らが出会い、彼らの肉に苦痛を与える不都合を理解する。[319]少年の懲罰のために用いられる鞭は、彼に苦痛を与える。人間が出会う苦難は、三重のものである[320]：(a) それは罰である：正しい裁判官として、主が、彼の恩寵の外にいて、けしからぬ罪を犯した者たちの罪を罰するのである。それによって、彼らの改善が求められているのではない、そうではなく、それは、それによって、義が充足されるためである。(b) あるいはそれは、殉教者あるいは証人の苦難である：これは罪を見るものではない。それはやはり、それ自身の故に送られるのではない。そうではなく、それは無罪の者を襲う。人は、主の名前のために、そして真理のためにのみ苦悩せねばならない。(c) あるいは、苦難は懲罰である：神はそれを彼の子らに、彼らに、彼らの以前の、あるいは、彼らにまだ内在している罪を思い出させ、その発生を阻止するという意図で贈る。それにもかかわらず、二つの後の種類は通常一緒になっている。もし人が、真理とキリストのために苦しむ場合 ── その際には、迫害者たちは我々に不正を為し、人は神をそうした苦難によって称えるのであるが——、神はそれでもその際通常、彼の故のそのような苦難にふさわしい者について、肉を抑え、それによって、罪に落ちないようにするという付随的な意図ももつ。[321]

次のように言われる：**肉に苦しむ者は、罪を止める**［Ⅰペトロ4・1］。最初の教会はなお聖性の特別な程度にあった。それでも、それには、義のための苦難として非常にひどい迫害がまず送られた。[322] キリスト教徒たち自身で次のことを告白しなければならなかった時に、彼らが罪でもって重い罪を犯した、と。それによって彼らは次のことを引き起こしたのである、神が彼らに彼らの以前の罪を思い出させ、彼らのさらなる罪を妨げるということを。彼らの苦難は、したがって、一面では真理の証人であり、他面ではしかし、罪の故の懲罰であった。そのように、当時、ヘブライ人たちの下ではあったのである。彼らは、キリストへの信仰告白の故に苦しんだ。[323] 神はしかし、その苦難を、彼らの肉を罰し、彼らの聖化を促進するために、利用したのである。したがって、この苦難はまた懲罰でもあった。

それについて、テキストは今や次のように言う：そのように、**汝らはそれを耐え忍ぶ**。これは次のことを意味する——ソロモンが言うように——：人は主の懲罰を少なからず尊重すべきである。あるいは、ソロモン自身の言葉に次のようにあるように：**我が子よ、主のしつけを非難するなかれ、そして、彼の罰について焦るなかれ**［箴言3．11］。よって、懲罰を耐え忍ぶとは次のことを意味する：それを少なからず尊重し、それを非難せず、それについて焦らないことを：そうではなく、それを進んで受け、それを善行として認識し、それを忍耐強く耐え、よってそれに抵抗しないことを。[xlvii] 次のよう言われる：不幸は忍耐をもたらす〔ローマ5・3〕、あるいは、それはそれを作り出す。苦難それ自体は、神の子であることの証拠ではない：というのも、不服従な神の従者も、多くの鞭打ちで苦しまねばならないからである。彼らはしたがって、子らではない。苦難はただ次の場合のみ、神の子であることの証拠でありうる、もし、それが従順をもって受け入れられ、耐え忍ばれる場合に。[324] それでも、神の子らも、それに襲われる：というのも、使徒は、現実に起きている事柄について、語っているからである。もちろん、神の力は、彼の子らの下でもそこにおいて強く、彼らは苦難を耐え忍ぶことができ、その内で持ちこたえる。[325]

テキストはさらに次のように言う：そのように、神は汝らを子らとして申し出る。[xlviii] 本来は：そのように彼は自らを実証し、あるいは彼は、汝らに近づく。もし、苦難が来て、しばらく持続する場合、そのとき、我々の肉は次のように思う、神は彼から遠い、と。ダビデは次のように嘆く：主よ、何故汝はかくも遠くに来られるのか、困窮の時代に隠れておられるのか？〔詩編10・1〕そこから、困窮における次のような祈りも来る：私から遠くにおられないように、というのも、不安は近いのだから：というのも、ここにはいかなる助け手もいないのであるから〔同22・12〕。そして：しかし、汝、主よ、遠くにおられないように：私の強さよ、私を助けに急げ！〔同20節〕主よ、汝はそれを見ておられる、沈黙されるなかれ：主よ、私から遠くにおられないように！目覚められ、私の権利と私の物のために目を覚まされよ、我が神にして主よ！〔同35・22―23〕神よ、私から遠くにおられないように：我が神

よ、私を助けるために急ぎ給え！［同71・12］これに対してここでは次のことが示された：いや、神は苦難において遠くない：そうではなく、彼はむしろ我々に近いということが。[xlix] しかし、なぜなら、敵意をもって害そうとする者に敵もまた近いのであるから、ここでは次のようにある：**神は子らとして申し出る。**彼は、肉が彼を苦難のためにそう見なすように、敵としてくるのではない。そうではなく、彼は、父が彼の子らのところに来るように来るのである。我々は次のことを知っている、父たちは彼らの子どもたちを愛していることを：というのも、彼らは、彼らの肉であり血であるから。養子に受け入れた子らをもつ者は、やはりこれらを愛する：というのも、愛は、そこから彼らが子らを養子に受け入れる原因であるから。よって、テキストはここで次のことを言おうとしている：もし、汝らが汝らの父の懲罰に忍耐しつつ従うならば、神は汝らに近い、父が彼の子に対してもつのが常であるような、そのような愛において。汝らはしたがって、苦難を彼の憎しみや、彼の不興の証拠と見なしてはならない、そうではなく、汝らはそれを彼の恩寵と愛の徴と見なしてよい。したがって、以前にも次のように言われた：**主が愛する者、それを彼は懲らしめる**［箴言3・12］。そして、次のように言わ

---

xlvii Lでは「神は汝らを教育する、もし汝らが忍耐しなければならないならば！神が彼の子らとして汝らに出会うなら」となっている。

xlviii エルベルフェルダー聖書では「神は汝らを息子として扱う」と訳す。

xlix 順番についてはランキッシュ、単語 fern を参照。

れる：主が愛する者、それを彼は罰する、そして、それでも、彼に満足する、父が息子にそうするように。

2　さて、その証明が付け加えられる：というのも、父が懲らしめない息子がどこにいるだろうか？［ヘブライ12・6〔7〕］それによって、使徒は、父たちの一般的な例を引き合いに出している。もし彼らが賢明であるなら、彼らは彼らの子どもたちをしつけなしにはしておかない。あるいは、彼は再びソロモンの金言を見る。そこでは次のように言われていた：父なる神は、彼が養子に受け入れるいかなる息子も笞刑に処す。父の愛は当然必要とする、それが必要な子どもたちを、懲罰を通じて改善することを。したがって、神もそうする。すべての子らが天上の父によって懲らしめられる原因は以下のものである：なぜなら、彼らはすべてしつけを必要としているから。肉と血によって、我々は罪深い堕落を我々の身に抱えている。その心は、自身の意志である。しかし、これは強くなる、もしそれがそれに従っていくならば。そのように我々は次のことを必要とする、それが我々自身の意志に従わないことを：そうではなく、これがしばしば、さまざまな苦難によって、妨げられることを。それによって、神的意志が我々の下で一層の余地を見い出すのである。次のように言われる：我々の外面的な人間[326]が堕落しているかどうか、それでもやはり、内面的な人間は日に日に改新され［Ⅱコリント4・16］、その力を増す。次のことは、苦しんでいる者にとっても大きな慰めとして役立つ、懲罰が、あれこれのののみならず、すべての神の子らを襲うということは。[327]というのも、もし前者が起きた場合に、苦しまねばならない者は次のように考えることができるであろうからである、父は彼らを愛していない、なぜなら、彼は他の者は大事にし、それに対して彼らには厳しくしておくのであるから。あるいは、彼らは次のことの故に悲しむかもしれない、苦難が彼らに、彼らが他の者たちよりも、彼らの魂において病んでいるということを証明する故に：それ故彼らは、すべての人が必要とするわけでもない、苦い薬を必要とするのだ、と。しかし、懲罰は父の愛と不可分であるから、誰もそれを攻撃としてはならない、彼が苦しむ懲罰が父性的な愛からでなく来たとして。それでも、にもかかわらず、次の区別は残る：天上の父が全員を懲らしめる。それでも、彼は、ある者にはより多くの、他の者にはより少ない苦難を課する：ある者にはこうした種類の苦難を、他の者にはああした種類のを：それぞれ、彼が彼の知恵において、苦難の尺度と種類を役に立つと見なすのに応じて。

3　さて、使徒は命題の確実性を対命題によって証明している。彼は次のように言う：しかし、**汝らが懲罰を受けないとすれば、それは彼ら全員がそれに与るものであるが、汝らは私生児であって、子らではない。**彼は、次の場合について語る、彼らが懲罰を受けない場合である：そして、しかも、彼らが父の懲罰に服そうとしない場合に。彼らは、あるいは真理を否認し、苦難を避けようとするか、あるいは彼らはそうでなければ、彼の聖なる秩序に対して文句を言い、懲らしめられないままであることを望む。そのように、懲らしめられようとしない人々は、実際にも懲罰されないままである。というのも、もし彼らがたとえ、最も辛い苦難を短気をもって耐えたとしても、彼ら自身、次のことを引き起こすからである、それが彼らにとっていかなる懲罰でもないということを。それは真の罰になる。しかし、次のことも起こりうる、神がある者を、より一層懲罰の苦難にふさわしいとすらしないことも、もし、その者が、短気にも主の懲罰に対して抵抗し、それを受け入れようとしないならば。神は次のことに彼をゆだねる、彼が完全に衰えてしまうことに。彼にとっては、厳しい世間的な法廷の内にある方が善い。しかし、そこから、彼の劫罰は増やされるばかりである。まぎれもない無神者たちについてはそれどころか、次のように言われる：**彼らは死の危険の内にはない、そうではなく、宮殿のようにしっかり立っている。彼らは、他の人々のように不幸の内にはなく、他の人間のように苦しめられもしない**［詩編73・4－5］。[328]ヨブは多くの言葉でもって、悪人たちの幸福を記述し、次のことをまとめている：**彼らは良き日々の下で老い、一瞬たりとも死に驚かない**［ヨブ記21・13］。それに対し、我々のテキストにおいては、次のことがもう一度繰り返されている：すべての真の神の子らは、懲罰に与らねばならないということが。父は彼らに苦難を贈った：そして、彼らはそれを子どもらしい忍耐でもって受け入れた。それは真に懲罰であり続けた。しかし、懲罰を受け入れることができなかった者たちについては、次のように言われる、**彼らは私生児であり、子らではない**と。彼は彼らを次のような者たちと見なす、一度は再生し、神の子らに受け入れられたような。しかし、彼らは、真の子らであることを止めたのである：そして彼らは、父のあり方ももはやもっていない、なぜなら、彼らは父に不従順となったから。彼らは**私生児**である：ある者に彼の子どもらの間にこっそり押し付けられた、しかし、彼によってもうけられたのではないある者のような。よって見解は次のようである：それは彼らがもはや真の神の子らではない証拠である、と。[329] 彼らは外面的にのみ名前をもち、他の者たちにそれだけ長く混じっている、父が彼の真の子らを、それ以外から区別するまでは。ここから我々は次のことを見て取る：キリスト教の教会には、純粋に真の神の子らのみがいるのではない。なるほど、それは神の子らから成っているべきである。[330] それでも、彼らの間には、神から生まれたのではない私生児もいる。[331] 彼らは彼の真の本性をもっていない。彼らはただその他の子らの味方をするだけである、彼らが彼の時にあたって、明白になり、引き離されるまでは。我々の救世主は、この教えをいくつかの比喩[1]によって証明している。それにもかかわらず、次のことは彼らに役に立たない、彼らが外面的に、真の神の子らの多数の間で、その家にいたということは。[332] というのも、神は、彼に真に属している者たちを、いつか、押し付けられた者たちから区別するであろうから。[333] 彼は、遺産を真の子らにのみ与える。

これによって使徒は、一つの慰めを与えた。苦しんでいる者は、そこから、神の敵意を推論するべきではない、そうではなく、むしろ、彼らの父の愛を推論するべきである。もし、彼らが苦難を欠いているとすれば、彼らは、真の神の子らであることに、まったくいかなる取り分ももっていないとい

1　マタイ13章を参照。

うことがありうる。よって、次のことは成り立ったままである：キリスト教徒のすべての苦難において示されるのが、特別な神的善であるということ。彼らはそれによって、彼らが子らであることを保証されるのである。[334]

II

我々はなお、我々の義務を考察する：我々は苦難を、忍耐をもって受け入れるべきである。[335] 使徒は我々にこのことを、世間における、肉体的な両親とその子どもらの間で起きることから、示す。彼は二つの結論を引き出す：

1 そのように我々は、我々の肉体的な父たちを懲罰者にもち、彼らを恐れた、我々がそこではるかに一層、霊たちの父の臣下であるべきではないのだろうか、我々が生きるには？ 彼は、相互に、肉体的な父たちと霊的な父たちを対置する。肉体的な父たちというのは、我々をこの肉体的な生命において作り出した者たちを言う。この肉体的な誕生はそれになお、罪ある堕落が付着している。偉大なる神は、霊たちの父と呼ばれる。彼は我々を、霊的で来世的な生命へと再生する。それでもそこから次のことは帰結しない、我々の魂が両親によって作られたのではなく、神のみによって直接に創造されたということは。若干の者たちは、これを誤ってそれから推論しようとする。次のこともまた、そこからは帰結しない、神が肉体を創造したのではない、なぜなら、ここでは彼に霊的な創造が帰せられているのであるから、ということも。対命題の力は以下の点にある：我々は、肉体的な両親による懲罰を免れなかった。そしてそれでも、我々は彼らから、ごくわずかな善行を受け取った、すなわち肉体的な生命を。また、彼らの教育も、何よりそれを目指している。それに対し、我々は神から霊的な生命を得る。その力は懲罰によって強められるのである。

肉体的な両親について、我々はここで次のことを読む、我々は彼らを懲罰者にもったということを。彼らは我々を懲らしめる権利をもつ、なぜなら、彼らは我々、彼らの子どもたちを愛しているからである。彼らはまた、我々の成功を促進することを願う。しかし、彼らは懲らしめる権利をもっているのみならず、そのための神的命令ももっている。彼らは罪を犯したのである、もし彼らが彼らの義務を怠り、それによって次のことを引き起こしたとしたら、子どもたちがその我儘の内で育ち、そのために堕落してしまうということを。次のように言われる：子どもたちを懲らしめることを放棄するなかれ：というのも、もし汝が彼を鞭でもって叩いても、人は彼を殺しはしないであろうから。汝は彼を鞭で叩く：しかし汝は彼の魂を死から救う［箴言23・3－14］。そして：彼の鞭を大事にする者は、彼の息子を憎む：しかし、彼を愛する者は、彼を容易に懲らしめる［同13・24］。シラハもまたそれについて力を込めて扱っている。彼は、子どもたちに対し優しすぎる両親を罰している：自分の子どもを愛する者は、それを常に鞭の下に保つ、彼が後にそれについて喜びを体験するように。自分の子どもをしつけの内に保つ者は、喜ぶであろうし、それを知人たちの下で恥じる必要もない［シラ書30・2－3］。しかし、自分の子どもに対して優しすぎる者は、彼のみみず腫れを嘆き、驚く、それだけしばしばそれが泣くので。甘やかされた子どもは、野生の馬のように我儘になる。汝の子どもを甘やかしてみよ、そうすれば、汝は後にそれを恐れねばならない［同7－9節］。青少年期に彼を彼の意志に任すな、そして彼の愚かさを許すな。それの首を曲げよ、それがまだ若い内に［同11－12節］。我々は次のように言うことができる、使徒は我々に両親の例を示しているのだと、主の懲罰を忍耐をもって受け入れるように。そこで、両親は、主の見本を示しているはずであり、それによって、彼らは彼に従い、彼らは彼らの子どもたちをしつけなしにはしておかない、もし、これがそれらに必要であるならば。そこで次のように言われる：我々は父たちを懲罰者にのみもったのではない、そうではなく、我々は彼らをまた恐れた。恐れるとはここでは次のことを意味する：誰かをそれだけ尊重し、人が、何かを彼の意志に反してするのを恐れること。人は彼を従順をもって尊崇する。見解はしたがって次のようである：我々の両親にいかなる立腹ももたらさないために、そしてそのような懲罰のために、我々は両親を恐れた。我々は彼らの懲罰を受け入れ、彼らに従順であった。それを使徒は、起きるのが常であるのみならず、神的秩序に従っても起きるべき事柄として言っている。以下のことは、子どもたちが彼らの両親に対して負っている敬意の念の一部である、それらが彼らの怒りを恐れ、彼らを刺激せず、彼らの懲罰を受け入れるということは。もし、それに対して、それらがそれらの両親のしつけに抵抗し、それ故に彼らを憎むならば、これは敬意の念に違反し、従順に違反する。さて、彼はそこから次のように推論する：我々がそこではるかに一層、霊たちの父の臣下であるべきではないのだろうか、我々が生きているということは？　次のように推論される：我々が両親のしつけによって得る善は、一般的に、何か肉体的なものである。彼らは我々を大きく養育し、我々が世間において成功するように我々を導く。というのも、ここでは本来、彼らが両親である限りでの両親についてのみ語られているからである。キリスト教徒の両親にとって、教育の配慮は続くべきであろう：それはしつけと主への訓戒［エフェソ6・4］であるべきである。しかし、神の懲罰はより卓越した目的をもつ、すなわち、我々の聖化を促進することである。前者の肉体的な利益は大いに価値があり、子どもたちは両親の懲罰を忍耐強く受け入れる：というのも彼らはその善い意図を認識しているからである。[336]我々が神の懲罰から享受する、より高級な利益は一層大いに価値があり、彼を、意志をもって、そう感謝をもって受け入れるようになる。というのも、次のように言われる場合：臣下である、と、そこで考えられているのは、懲罰を拒絶せず、それを、忍耐をもって耐え忍ぶことなのである。そこから、次の果実が帰結する：我々が生きること、すなわち、霊的に、そして永遠に。しかし、我々は次のように思ってはならない、至福と神の前での生命は、我々の苦難と忍耐の果実であると。というのも、聖書が至福の原因を取り扱う場合、それはこれを人間の側では、唯一信仰に帰しているからである。しかし、何度か聖書はそのように語る、それが至福を、真の原因ではない諸事物に帰すごとく。それらは唯一、その上を神が彼の子らを、信仰を通じて至福へ導く道に属している。次のように言われる：時間的で軽いものである我々の悲しみが、永遠であらゆる尺度を超えて重要な栄光を作り出す［IIコリント4・17］。すべての人が次のことは理解する、諸苦難それ自体は至福の原因でありえないことを。それらはせいぜいそのための手段である：というのも、そのような苦難は、それによって我々が至福になる信仰を促進するからである。次のように言われる：汝らの信仰が誠実で、火によって実証されたはかない金よりもはるかに貴重と見い出されるように［Iペトロ1・7］。しかし、何によってそれは信仰に生じるのか？　彼らが、さまざまな試練において悲しんでいる［同6節］場合に。信仰はそれによって吟味されるのみならず、また浄化され、強められる。苦難によって、聖化とあらゆる徳は促進されるのである。[337] しかし、これらは真に、救済、あるいは至福の一部である。それらの内に神的像の改新は成り立ち、それは無論我々の至福に属している。聖化と、そこにおいて起きる改新は霊的生命の大きな一部である。[338]

2　それから、使徒は、なお若干の特別な事情に言及する。彼は次のように言う：というのも、前者は我々を彼らの考えに従って数日間懲らしめ、後者はしかし、次のような利益のためにそうしたからである、我々が彼の聖化を獲得するという。[li] ここでは、神と肉体的両親の間の二重の対命題が語られている。後者は我々を数日間懲らしめた：これは長く続かない。なぜなら、両親は子どもたちより先に死ぬからというだけではない：そうではなく、何よりも、なぜなら彼らの教育はたいていい、それらの若い年代にのみ関わるからである。というのも、それらが成長した場合には、それらは鞭と他の懲罰から解放されるのであるから。それ故に、従順な子どもは、それがそれでもやがてそれから全く自由になるということを考慮して、しつけを免れない。それはそれに耐える、両親がそれを有用と見なしている限りは。それに対し、神の我々に対する権力は、我々がここに生きている限り、そのままである。[339] 彼の教育では間に合わなくなるほどには我々は決して成長しない。我々にとって、それを免れる必要はない。若干の者たちは次のこともそのように理解している：彼らは我々を数日間懲らしめたということも：それは次のことを意味する、彼らのしつけの利益はこの生の時間にのみ関わる。しかし、神的懲罰の果実は、永遠にまで及ぶ。

その後、肉体的な両親については次のように言われる：彼らは我々を、彼らの考えに従って懲らしめた。したがって、常に子どもたちの真の利益になるようにではない。次のようなことがおそらく起きる、悪い両親が子どもたちを全く悪人へと教育しようとすることが。彼らはそれらを懲らしめる、子どもたちが悪を為そうとしない場合に。あるいは、彼らは全般的にそのような善意のない考え方で、彼らは叱ることと叩くことしかできないようである。ときに、両親は怒りによって自身を規定させてし

---

li　Lでは「彼らにとって善く思われるように、しかし、この者は我々の最善のために、我々が彼の聖性を部分的達成するように」。

まう。彼らが怒っている場合、彼らは子どもたちを激しく打つ、ただ、それによって、彼らが彼らの何らかのものへの興奮に任せてしまうためだけに。ひょっとすると全く不当に…あるいは、子どもたちが、そのような激しい取り扱いにふさわしいことを何もしなかった場合に。彼らはまたしばしば都合の悪い時に罰する。[340] 別の時には、それに対し、彼らは子どもたちを大事にする、彼らがそうすべきではない場合に。したがって、パウロは彼らに次のことを想起させる、彼らは子どもたちを**怒りへと刺激したり、憤激させたりしない**［エフェソ6・4、コロサイ3・21］べきであることを。これは特に、時宜を得ない、過度の懲罰によって起きる。両親は自身に気をつけるべきである、彼らが怒りや、情熱によって、かっとなり、懲罰に際して正しい程度を超えてしまわないように。[341] 彼らはそれらの人間的弱さを知っている、それがたとえ子どもたちの懲罰に関してであろうと。しかし、それでも、子どもたちは、**それらの両親に忍耐をもって敬意を表すること**［シラ書3・9〔7〕］、と彼らに抵抗しないことを義務づけられている。だが、両親はそれによって重い罪を犯すことになる…彼らが常にまた怠られたしつけによって罪を犯しうるように。[342] 一般的に、彼らはそれによって、懲罰が作り出すべきすべての利益を駄目にしてしまう。使徒は次のように結論する…両親は懲罰に際して容易に過ちを犯す、と。彼らはこれを、それが我々の利益に役に立つようには行使しない。しばしば彼らはより一層駄目にする。それでも、我々は彼らの懲罰に服してきた。どれほどのより一層の根拠を我々はもっているだろうか、神の懲罰を拒絶しないことの…というのも、我々は次のことを知っているからである、彼がしつけにおいて、決して多すぎたり少なすぎたりしないことを。彼はそれだけ善良であり、我々にとって有益であるだけ我々を大事にする。彼の知恵において、彼はしかし完全に次のことも理解している、どの程度が我々にとって善いか、あるいは善くないかをも。それ故に、そのような懲罰を通じて、彼によって常に我々の利益が求められているのであり、そして――もし我々自身がそれを妨げないなら[343]――また達成される。

最も高級な利益は、**我々が彼の聖化を獲得する**ということである。神は聖［レビ記19・2］である。したがって、いかなる悪も彼の内にはない。しかし、彼の命令に従って、**我々も聖であるべき**［Ⅰペトロ1・15－16］なのである。本性から我々は聖ではない。我々はまず聖化を必要とする。我々を聖化するのは聖霊である。[344] それを我々は我々の教理問答書[lii]から学ぶ。聖化のこの業のために、聖霊は神的言葉と聖なる秘蹟を用いる。[345] それらは本来的に働く手段である。しかし、我々のテキストではまた、苦難や、あるいは懲罰も――ある程度本式の――我々の聖化のための補助手段と呼ばれている。というのも、聖化は主に二つの部分から成っているからである：(a) 我々の内に存する罪からの浄化と、あるいは日々**古い人間を脱ぐこと**［エフェソ4・22］に、そして (b) 善の成長、あるいは**新しい人間を着ること**［同24節］に。[346] 苦難は特に、最初の部分の役に立つ。もし人が神の忠告に自らの下で活動の余地

lii　ルター『小教理問答書』Ⅱ部3項解説。

を与えるならば、苦難の火は、悪しき習慣の多くの燃え殻を焼き尽くす、吝嗇、高慢、肉欲とその他のより多くのもののそれを：そう、またそれへの傾向性も。それによって、我々は聖霊の働きのためにそれだけ一層準備される。それは我々において新しい人間の内なる力を強め、よって聖化を続行する。しかし、次のように言われる、我々は彼の聖化を獲得すると、あるいは、我々はそれに与るであろう[liii]と。これは次のことを意味する：我々は聖化においてだんだんに増していき、彼の聖化により一層近づくということを。いずれにせよ、次のように言われる：我々は再生によって神的本性に与るであろう［Ⅱペトロ1・4］、と。これはその後、改新においてより一層増すべきである。ここで、それに対して、懲罰がそのための手段として挙げられる。

我々の全義務は、したがって、次のことを目指している：我々が両親の懲罰を拒絶しなかったことを。我々は次のように思った、我々は抵抗することによって、妥当性と、我々自身の利益に違反する、と。それ故、我々は、天上の父のしつけも拒絶すべきではない。我々の利益のために、それは他のものに対して大きな優位をもつ。

C　教え

苦難における忍耐のための主要な根拠の一つは、神が再生によって我々の父であることである。彼はよって、我々を懲らしめる権利をもつ。そこにおいて彼は、我々に対し、彼の愛を及ぼす。しかし、今度は、主要な教えを付け加えている時間が許されない。それは次のようなものであろう、苦難における忍耐がやはり、人間の新しいあり方の一部であるという。これは、15分間では、我々の教化のために十分に詳論されることはできない。それ故、我々はそれを次の回まで延期する、それだけ詳細に取り扱うために。今回は、我々は、テキストそのものから明らかになる教えで満足しなければならない：我々は次のことを求めて努力するべきである、主の懲罰を自身に免れさせないことを、そうではなく、それを進んで受け入れるべきである。それによって、我々もこの再生の徴を我々自身にもつ。それから、我々は次のような慰めで満足しよう、懲罰と苦難が我々にとって神的愛の証拠であるという。

D 祈り

義にして聖なる神よ！ 聖なる父よ！ 我々は、我々が我々の罪によって純然たる罰と汝の強い怒りに値しながらもっている、汝の恩寵と善を称賛する。それでも、汝は我々の罪を、汝の息子のために許される。そして、値する苦難を汝は我々から取り去られる。一部、汝はそれらを我々においてあ

liii エルベルフェルダー聖書はヘブライ12・10次のように訳す：それによって我々が彼の聖性に与るであろうように。

まりにも有益で、ためになる懲罰とされる。毒を汝は薬に変えられる。それでも、聖霊の光において、我々に対する汝の愛のこの部分を認識することを教え給え、それによって、我々の信仰が雲を通して、汝の恩寵と父性的愛と、苦難の素晴らしい利益を認め、それによって強められるように、もし、理性が苦難において、怒りと損害以外を認識させようと思わなくても。我々の肉から、あらゆる短気と、苦難故のあらゆる文句と、不満を取り去り給え。我々の魂を、苦難を進んで受容するように指導し給え、それによって、我々が汝の聖化を獲得し、そしてそれによって我々が霊的に、永遠に生きるように、もし、我々が我々の愛する救世主の、十字架への道における彼の苦難の力から、後を追うならば。アーメン。

訳注

312 「人が彼の神のために、さもなくば肉と血に反するすべての苦難に進んで耐え、それが彼の手から由来するままに切願し、その内の彼の恩寵を信頼すること、それが彼の気に入る限り、そうしたものを不平なく耐え、苦難において自身で彼を賞賛し、彼の時に、彼の賢明で善い手からの助けを期待するという決意と共に」(Erk34)と定義される。

313 シュペーナーは、「神に由来する善い誘惑」と「悪魔、世間、自身の肉に由来する悪い誘惑」を区別する(Erk276)。

314 シュペーナーがここで忍耐を強調しているのは、敬虔主主義者の中に、ルター派正統主義からの迫害に耐え兼ねてルター派教会から離脱してしまう者が数多く出たためだと思われる。忍耐は「本来の侮辱者や敵に対する温和」(DigF104) とも言われているのである。すでにフランクフルトで、1682年、シュペーナーの信奉者だったヨハン・ヤーコプ・シュッツ (1640 - 1690) の指導の下、大規模なルター派教会からの分離が起きている。これ以降もシュペーナーの友人や知人からも教会離脱が相次ぎ、シュペーナーを悩ませることになった。ただし、シュペーナーの『敬虔ナル願望』が巻き起こした激しいルター派教会批判がその一契機となっていたことも想像に難くない。シュペーナーはこの書において、ルター派教会の三身分すべてを厳しく批判している。

315 「苦難は神的怒りの通告では、そう、ありえない」し、「外面的苦難は神的恩寵のなさの証拠と見なされない」上に、「我々の内なる人間が神的意志に従うそうした苦難からいかに大きな利益を得るか」は保証されている (DigF115)。「起きるすべてのことは、天上的父の意志に従って起き、天上的父の意志に従って起きねばならないので、いかなる被造物もそれに反して完遂することはできず、子らも、いかなる被造物も彼らを害することはできない、彼らが父の恩寵の内にある限り、という、こうした保証をもち、のみならず、彼らはすべて、彼らの意志をもってであろうと、反してであろうと、彼らの真の最善を促進するに違いない」(DIME639) のである。

316 シュペーナー自身も「明らかに神なき世間や偽の兄弟たちから加えられる迫害と困難に耐えて、そうした苦難の中で我々の神を称える」(PD98 邦訳62頁) ことを求める。新約時代のキリスト教徒たちは「進んで迫害に苦しんだ」(DigF136) とも言う。当時、シュペーナーの信奉者たちへのかなりの迫害と蔑視があったことが想像される。シュペーナーは、「人が苦しまねばならない迫害は、真理の徴」であり、迫害の力は「反キリストと反キリスト的霊の証拠」とまで言っている (WP224)。ただしシュペーナーは、「すべての苦難が、神的な恩寵の子であることとの証拠ではない」(SHS553) と、苦難にある敬虔主義者たちが宗教的に思い上がることへの警告も忘れない。

317 シュペーナーは「現在の苦難を、それが神の気に入る限り、進んで耐え、将来の、においても、彼がさらに課して来るであろうすべてのものを喜んで受け入れるよう決意すること」(Erk341) を求める。また、人が「しばらく忍耐強い苦難において訓練される」(DigF113) ことが求められる。「この世におけるあらゆる苦難と悲惨」は「忠実なる父の、害にならない、いや有用なしつけと見なされてよい」(WP199) とも言う。

318 『列王記』の登場人物。イスラエル王国第三代の王。ダビデの子。神から知恵を与えられたとされる。

319 「かなり以前から、そうした教会に属する王国や諸邦は、様々な程度において、様々な期間によるにしても、そうしたもののすべては、ペストと飢餓、そして特にずっと続き、あるいはなおしばしば繰り返される戦争において災厄を何度も経験しなければならなかったが、聖書によれば、それらによって義なる神はその怒りを証し、示唆するのが常であった」(PD104 邦訳66頁)。つまり、シュペーナーはペストや飢餓や戦争を、神の怒りによる懲罰と見なしていたのである。

320 シュペーナーは苦難を二種類に分けることもある。その場合、一方は「本来の罰」であるもので、もう一方は、「躾と吟味のために神の子らに贈られる」ものであり、「十字架の苦難」と呼ばれ、「霊的な洞察においては純粋な善で善行に他ならない」(WP220)。「神は彼の子らを怒りにおいてではなく純粋な愛から、彼らの最善へと躾ける、よって、現世におけるすべての苦難は彼らにとって、そのいかなるものも彼らの父の意志なしには彼らを襲いえないから、至福なる、そして非常に有益な十字架となる」(DIME641)

321 それゆえにシュペーナーは、「そうした悲惨を最も軽いものとしてではなく、それどころか、善行と見なす。それによって神は、なお多くの彼の者たちを保持し、常に肉体的に無事であることによって、より絶望的になるであろう害を、いくらか避けるから」(PD105f. 邦訳66頁以下)。苦難は、「金が、その貴重さを示すように、精錬し純化するような火」(SHS477) にも喩えられる。

322 キリスト教の初期教会はまずユダヤ人から、次にローマの民衆から、最終的にはローマ皇帝から迫害を受けた。

323 初期キリスト教徒についてシュペーナーは次のように言う。「何という心からの神への愛だったろうか、彼らがその証言のために最も残酷な拷問に、それらを恐れるよりもむしろ、急いだというのは、彼らの最も愛する救世主の信仰告白が問題である場合には」(PD188 邦訳115頁)。

324 「こうした点について、反対の心をもつ者たちからいささか苦しまねばならないとしたら、それは我々の業が主の気に入ったそれだけ確かな指標であるとしましょう、というのも彼はやはりそれをそうした試験に逢わせるからです」(PD100 邦訳63頁)。シュペーナーはここで、初期キリスト教徒の受けた迫害について語りつつ、シュペーナーの信奉者たちがルター派正統主義者たちから受けた迫害を念頭に置いているのは間違いない。

325 「その以前には、迫害は常に次のことを引き起こした、キリスト教徒が増えるということを、それ故、殉教者たちの血は彼らにとっての最も力強い肥料と見なされたのである」(PD108 邦訳68頁)。「人が宗教の真理のために迫害され、あるいはそれ以外に敬神と善き事柄のために憎まれ、辱められ、誹謗され、悪しく取り扱われる場合を、外面的な本来のキリスト教徒の十字架と言う」のであり、これはまた「義のための苦難」とも言われる(WP221)。やはり、迫害されている敬虔主義者たちへの励ましの意図があるのであろう。「正しいキリスト教徒を偽信者や、偽善者と見なす者たちこそ実際には最大の偽信者である」(SHS370)と反論しているところから見て、敬虔主義者は偽信者扱いされたものと思われる。シュペーナーは、「聖化を真剣に求めるような教師を人は偽預言者と称している」(SHS548)とまで言っている。

326 我々は「今や肉的な存在者に堕しているのであり、我々の幸せを地上的な事物に求めようとし、それらは我々の外面的な人間の満足と、その欲望の充足に属している」(DigF35)。

327 敬虔主義者たちは全体として迫害を受けたものと思われる。

328 『ヨブ記』の主人公。神から不条理な目に遭わされつつも、耐え抜いて信仰を貫いた。

329 これは受けた迫害からルター派教会を離脱していった敬虔主義者たちに対する警告であろう。いわゆる急進派敬虔主義者を中心に、ルター派教会を離脱した敬虔主義者は多い。彼らに対してシュペーナーは、『堕落せるキリスト教についての嘆きの誤用と正しい使用』（1684年）などの著作で警告している。
330 シュペーナーは、「すべての真なる神の子らと敬虔な人々の集合」を「見えざる教会」と呼び、「神の言葉を公的に聴き秘跡を用いる人々の集まり」にすぎない「見える教会」から区別し、さらに見える教会を「真の見える教会」と「偽の見える教会」に区分する（WP270）。シュペーナーにとっては、ルター派教会が「真の見える教会」である。
331 「ここ地上におけるキリスト教教会には、その外面的な共同体に関する限り、なお無神者たちや偽信者たちもいる」（WP273）。
332 シュペーナーは、「確かに、場所は神聖にもしないし、あるいは至福にもしない」（SHS333）と断言する。教会に通うだけでは不十分なのである。
333 「主は、悪しき者たちの間でも彼の者たちを知っている」のであるが、「自身そのものはともかく、しかし、他人を吟味することと、自身はともかく他人を裁くこと」は主によって否定される（WP265）。
334 これも迫害されていた敬虔主義者たちに対するシュペーナーの慰めであり、勇気づけであろう。
335 求められるのは、「忍耐をもって多くのことを耐え忍び、その上で、時間に助けを期待する」（WP277）ことである。
336 シュペーナーが子どもにその両親に対して求めるものの一つが「天の父に反しないすべてのことにおける従順、彼らがそれらを善へと指導する場合には、進んでの服従の義務を、彼らのしつけの忍耐強い受容を伴って」（Erk362）である。また「さもなければ牧師職が教区民に対してすること、すなわち彼らを教え、厳しく訓戒し、慰め、警告し、罰すること」（SHS456）も子どもらと召使に対するすべての両親の義務である。そのために特別な召命は不要なのであって、これがシュペーナーの霊的祭司制の一端を為す。
337 「我々は、キリスト教会を、使徒の時代以来、それが最も残酷な迫害の下にあった時より以上に、より善い、神からの栄光に満ちた状態で見い出さない」（PD106 邦訳67頁）。シュペーナーによれば、「時代が今悪しく危険であるとしても、最初の時代も同様に悪しく危険であった」（SHS481）。シュペーナーが、当時迫害を受けていた敬虔主義者たちを励まそうとしていることは明らかであろう。

338 聖化とは、聖霊が「信仰を通じて我々にイエス・キリストの真なる義を与え、贈り、それによって神の子であることへと再生し、次に、信仰からの聖なる行状への善き動機を我々の内に作り出して、よって、我々の内の神的似像を再び改新すること」（Erk221）である。その意味で義認と聖化は区別されるが、両者は「分離されてはならない」（WP176）と、シュペーナーは言う。また、「我々の改新と聖化は、主に外面的なものやその変化、あるいは外面的な業の自由と変化にではなく、内面的なものに、我々の心の変化に存する」（WP207）と言うように、内面性も強調される。主語はあくまで聖霊であり、「我々が望みさえすれば、そうした悔い改めと心の変化を自身で成し遂げられるというのは、ペラギア主義的であり、誤っている」（SHS399）とシュペーナーは言う。ペラギア主義は、信者の自由と自力を強調する当時の異端。

339 神は人類を統治し、「我々の為すと為さないは彼の手の内にある。彼は力を与え、あるいはそれを奪う。彼は事柄を、彼が思う通りに、成功させ、あるいは成功させない。彼は自分の業を、それを知らない者たちを通じても遂行し、すべてにおいて自分の業を、驚くべき仕方で、賢明に取り出す」（Erk162）。ただし、神が人間の意志をコントロールしているわけではない。人間の自由な決定を先読みして、行為結果をコントロールしているだけである。これがシュペーナーの先慮思想の特徴であり、人間の自由意志と神の全能を両立させている。「よって汝は、汝を回心させるような全能の力を待っても無駄である」（SHS452）とも言っている。

340 シュペーナーは、両親がその子どもたちを「時宜を得ない罰と、度を越えた厳格さで、自身とあらゆる善に対する憎しみに刺激し、彼らがその上それによってあらゆる善に役に立たないように」（Erk361）してしまうことを禁ずる。

341 「怒りそれ自体そのものは罪ではない」が、「怒りにおいて罪を犯すことほど容易なことはない」と、シュペーナーは言う（SHS540）

342 シュペーナーによれば、両親に義務づけられていることの一つが、「彼らが子どもたちにあらゆる悪をさせず、善へと駆り立て、彼らに何か正しいことを学ばせ、彼らを必要に応じ適度に懲罰するしつけ」（Erk361）である。

343 「我々が我々の内における神的業を妨げないこと」（Erk227）が求められる。

344 聖霊は、「我々に神から贈られており、今日でも、我々の内において聖化の業を為すことが、よりできなくなったわけでも、より怠慢になったのでもない」（PD190 邦訳116頁）。「しかし、聖化は我々の内での神の業であるはずなので、我々はその力と忠実を否定してはならないのと同様に、他方で我々は、我々の堕落を告白し認識すべきである」（SHS329f.）。

345 シュペーナーは聖化の手段として福音を挙げるが、それを「キリストの恩寵についての神的言葉、その封印、聖なる秘蹟と共に」（Erk216）と言い換える。秘跡は「霊的な享受で、言わば我々の信仰と内なる人間の日々の食事」（WP262）なのである。

346 聖化は「彼らがもはや肉をそれ自身にもっていないということにではなく、内面的で勝利豊かな霊のそれに対する戦いにこそ存し、それを通じて肉と古い人間が次第次第にその力を失う」SHS485）のである。

［8章の続き］

9　苦難における忍耐、新しい人間の一つのあり方

以前のテキスト：ヘブライ人への手紙第12章7－10節

そのように汝らが懲罰に耐えるなら、神も汝らを子らとして申し出る：というのも、父が罰しない息子がどこにいるだろうか？　しかし、汝らが、それへと彼らすべてがあずかっている懲罰を受けないとしたら、汝らは私生児であって、子らではない。そしてそのように、我々は我々の愛する父たちを懲罰者にもち、彼らを恐れたが、我々はそもそも、はるかに一層、霊たちの父の家臣であるべきではないのか、我々が生きるには？　というのも、前者たちは彼らの考えに従って、わずかな日数、我々を罰したが、しかし、後者は我々が彼の聖化を獲得するためという利益のためにそうしたからである。

A　冒頭

我々は新しい人間のあり方の考察に止まっている：そしてしかも、彼が彼の天上の父に対してどの

ような考えであり、彼がどのように振る舞うかという。前回、我々は次のことを考察した、それにはまた、天上の父が贈った苦難における忍耐が属していることを。我々はその頃、これらの言葉を簡単に検討した。しかし、我々は、主要な教えにおいて事柄を本式に取り扱う時間がなかった。したがって、我々はそれを今まで先送りにしていたのである。ただ想起のために、我々は我々のテキストの内容を繰り返し、そして、そこで教えを付け加える。天上の父は我々に彼の子らのこのあり方を正しく認識させるのみならず、また自身の経験においてその内に、我々が子であることの証明を見い出させる。イエス・キリストのために、忍耐の最高の実例たる。アーメン。

B　テキストの説明の繰り返し

我々は、苦難における彼の子らに対する神の愛豊かな善を考察した。使徒は彼らに次のことを思い出させた、彼らには多くの苦難が間近に迫っていることを。彼らはこれらを真理のために耐え忍ばなければならない。しかし、彼らはその内に懲罰も認識する必要があったであろう。それを彼らは、心からの従順と満足をもって耐え忍ばなければならなかったであろう。[347]もし彼らがそれをしていたら、神は彼らに近づく。彼らの苦難をしたがって彼らは、不興の徴と見なしてはならないであろう。一般的な生活においても、両親は、彼らの子どもたちをその最善へと教育することを必然と思う。彼らはそれを彼らの義務の一部と見なす。もし必要なら、彼らはそれを厳しいしつけによって行う。神は同じことをする。あれこれの、のみならず、彼のすべての子らに対して。それでも、全く同じ程度によってではない。使徒はこれに次のことを付け加える：汝らは神の子らであることを止める、もし汝らがそのような懲罰を受け入れようとせず、それらを逃れ、それらを避けようとするならば。すべての他の子らは、それらに与り、苦難を忍耐強く受け入れた。[348] 汝らはその時、彼の子らの誠実なあり方を汝ら自身にもはやもっていない。よって汝らはあり方から叩き落されている、汝らが外面的にはなお、他の子らの共同体の中にいるにもかかわらず。しかし、汝らは遺産にいかなる取り分ももっておらず、汝らはそれを将来的にも手に入れることはないであろう。これに続いて、彼はヘブライ人たちに、苦難を、忍耐をもって受け入れるという彼らの義務を思い出させた。彼はそれを次のことから証明する、いかにして世間において肉体的な両親と子どもたちの間で進行するか、から。肉体的な両親からは、唯一、再びはかない生命のみが由来する。我々は彼らに従順を果たした。我々は彼らに進んで懲らしめられた。これから我々は、肉体的以外のいかなる利益も得ていない。そのように次のことは正当である、我々がまた我々の霊的父の懲罰を受け入れ、彼から霊的で永遠の生命が由来するということは。それにより、我々の霊的で永遠の生命は促進されるのである。彼は二重の対命題の内に結論を引き出している：前者は数日間懲らしめる、我々がなお若くあった限りで。利益は短い時間に、すなわちこの生命に関わる。それ以外に、彼らは、彼らの判断に従って懲らしめる：彼らがそれを善いと見なした都度に。彼らはその内でしばしば誤った。彼らはあまりにも多く、あるいはあまりにも少なく為した。それでもなお、我々は彼らの懲罰を耐え忍び、彼らの愛を、従順をもって見た。しかし、神は我々を大いなる知恵をもって懲らしめる。彼は、あまりに多くも、あまりに少なくも為すことはない。その利益は非常に大きい、もし我々が、懲罰を、忍耐をもって受け入れるなら、すなわち彼の聖化である。それは、苦難によって、その力において非常に促進される。我々は彼の像にだんだんに似ていくようになる。

C　教え

次のことは、再生からの新しい本性の一部である、神の子らが、最も愛する父の手からのすべての苦難を進んで、そして忍耐をもって甘受するということは。これについて我々は語ろう。

1　そのような忍耐は、神の子らの下に真に再生から来る。ときどき、忍耐は、他の、神の子らでない者たちの下にも存在する。そのように、異教徒や、あるいは、他の不信心者たちの下にも：外面的なことに関して言えば、我々は彼らの下にもそのような例を見い出すであろう、彼らが、誠実なキリスト教徒たちや神の子らと同様に —— そう、人が外見だけを見るならば —— 多くの者たちに勝るという。しかし、彼らの下ではそれは忍耐の全く異なるあり方である。それは唯一、不可避な必然性への分別ある熟考から来る。異教徒は、彼が出会った苦難をときどき大きな忍耐をもって受け入れ、耐え抜くであろう。彼はそれに対して抵抗しない、言葉によっても、身振りによっても、業によっても。彼は次のことを知っているのである：他人においても世間ではやはりそうだということを。彼に人は他のことをできないであろう。彼はまた次のことも知っている：彼の短気によって、それでも彼は、彼がそれだけ一層苦しみ、苦難がより重くなるという以外のことを達成することはないということを。よって、それは、ただ強制された活動である。外面的なものは忍耐強さを示す、なぜなら人はそれでもそれを苦しまねばならないし、そしてなぜなら、人は苦難を自身から取り去らないであろうから、どれほど人がそれに対して抵抗するとしても。一般的に、異教徒的、哲学的な慰めの根拠はそこに向かうのが常である。[349] しかし、心は決して真には忍耐強くないし、あるいは満足してもいない、神の子らにおけるようには。異教徒のたちの他の徳と同様に、忍耐もまたしばしば高慢に由来する：人はその忍耐強い苦難から、人々の下での栄誉を受けようとする。しかし、**神の子らの忍耐**は全く異なるあり方をしている：それは再生に由来し、深く魂そのものの内にある。それは、**信仰と希望と愛と神への恐れの果実**である。すべてのこうした部分は、再生に由来する、我々が見てきたように。忍耐もまたそのようである。すべてのこうした主徳はその内に再び存する。真のキリスト教的忍耐も、それなしにはありえない。

2 最初に、**忍耐は信仰**に由来する［ヘブライ6・12］。したがって、これら二つは聖書において何度も一緒に名を挙げられている：汝らが怠惰でなく、信仰と忍耐によって約束を相続する者たちの後継者であること、それは至福を意味する。ヘブライ人への手紙11章では、すべての聖人の苦難と、その内での彼らの忍耐が、信仰に帰せられている：モーセは、神の民と共に困難に苦しむことをはるかにより好ましく選んだ、罪の時間的な楽しみをもつことよりも、そして、キリストの恥辱を、より大きな富として、エジプトの宝よりも尊重した；というのも、彼は報酬を見ていたから［同11・25］。別の者たちについては、次のように言われる：別の者たちは、砕かれていて、いかなる救済も受け取れない、彼らはより善い復活を獲得することを期するが。若干の者たちは、嘲笑と災厄に苦しんで、それに、枷と牢獄が加わる；彼らは石打で殺され、細かく切り刻まれ、穴だらけにされ、剣で殺された；彼らは、羊の毛皮とヤギの毛皮であちこち歩きまわった、欠乏と共に、悲しみと共に、困難と共に（世界はそれらに値しなかった）［同35－39節］、そして、悲惨において、砂漠の中で、山の上で、地の裂け目と穴の中であちこちさまよった。これらすべては信仰によって証言を受け継いできた。ヘブライ人たちについて、使徒は次のように言う：汝らは、拘束された者たちに同情して、汝らの財産の強奪を、喜びをもって耐え忍んだ、汝らは次のことを知る者として――この知はしかし信仰の認識である――、汝らが汝ら自身の下で、よりよい、永遠の所有物を天にもっていることを［同10・34］。信仰と忍耐は、テサロニケ人[350]たちへの手紙においても、一緒にされている：したがって、我々は汝らを神の教区民たちの間で賞賛する、汝らが耐え忍ぶ、すべての汝らの迫害と不幸における、汝らの忍耐について、そして、**汝らの信仰について**［Ⅱテサロニケ1・4］。信仰は忍耐を、以下のような仕方で作り出す：それは我々に見せる、すべての苦難は神から来ることを。[351] 神はそれを我々に直接に送るか、あるいは彼は、他者を通じて我々に布告する。善なる父の配慮において、**頭の上の汝らの髪もすべて数えられている**［マタイ10・30］。信仰によって、我々は次のことを知る、我々は彼に、善なる父をもっているということを。彼は、我々に、それについて彼が次のことを知らないような何物も起こさせはしない、それが、我々にとって有益で、必要であるということを。[352] 肉的な分別は十字架において、神である主を無慈悲として表象し、十字架そのものを何か害あるものとして表象する。[353] これに対し、信仰は神を、それがそうであるように表象する：すなわち、慈悲深く、彼の子らに対する愛に満ちていると。したがってまた、彼の懲罰もそうした父性的な心からのみ由来しうる。それから、それは十字架そのものも何か有用なものとして表象する：我々の魂にとっての価値ある薬として、そして、我々の霊的な浄化と強化のための貴重な手段として。[354] 信仰は我々に次のことも示す、我々の状態がいかにあるか、我々が肉において生きている限りでは：それは危険な事情である、我々自身の意志と共に。そこに古いアダムの力が存する。我々はよって、次のことを大いに必要とする、古いアダムと自身の意志に対して戦うことを。[liv] しかし、神は我々の戦いにおいて、我々に言わば助けになりに来る：彼自身が我々の敵を弱

liv　人はシュペーナーに個人的経験を感じ取る：彼はドレスデンの失望を経験した。G132頁以下を参照。

めてくれるのである。これは十字架を通じて起きる。そのように信仰は、十字架の多様な利益と、十字架によって促進される霊的で永遠な財産の素晴らしさを示す。それはそれらを比較する、それ故に苦難が我々を襲うのが常であるような時間的な財産と。したがって、我々は、我々が十字架において獲得するものを、我々が言わばその内で失うものよりも、はるかにより高く尊重する。そのように信仰は次のことを示す――そしてそれをそれは確信している――、天上の父はあらゆる苦難において力強く我々を、慰めと、助けと、救出とをもって正しい時期に助けてくれるであろうということを。神は忠実であり、汝らを汝らの能力を超えて試みようとはされない、そうではなく、試みが、汝らがそれに耐えられるという終わりを獲得するようにしてくれる［Iコリント10・13］。したがって、人は次のことを決して心配するべきではない、我々が苦難において耐え抜くことができないということを。こうしたすべてのことは次のことを引き起こす、人が、信仰が我々に何か善いものとして――そして何か悪いものとしてでなく――見なすことを教えてきたものを進んで苦しむよう決意するということを。

3 希望は信仰と近い親戚である。[355] それは言わば信仰の特殊な働きである。そこにおいて信仰は、来世の財産をつかみ、それはそれらを期待する。そのように、それはまた忍耐を作り出す。こうした信仰は、進んでその苦難を引き受ける、神の約束から次の確かな希望において、苦難はあまりにも長くは続かないはずであるという、そして、それは喜ばしい、それどころか至福で素晴らしい結果でもって、最後を飾られるはずであるという。[356] 次のように言われる：**私は次のように見なす、この時間の苦**

難は、我々に啓示されるはずの素晴らしさに値しない［ローマ8・18］、と。したがってまた、苦難においても次のように言われる：希望は正しい時期をつかさどる。神の言葉が約束すること、それは喜びのために我々に起きるであろう、たとえ神がそれを遅らせるとしても。彼は次のことをよく知っている、いつが最善であるかということを、そして、我々に悪意ある策略を必要としない：それを我々は彼に信頼するべきである。[lv] 助けの長い遅延はたいてい、焦りを引き起こすものである。[357] それでも、それに対して信心深い希望は我々に備えさせ、我々に忍耐を固める。しかしそれは、再生した心でなければならない。したがって、次のように言われる：そのようにイスラエルよ、霊から生み出された正しきあり方で為せ、そしてその神を待ち焦がれよ。もしそれが、すなわち朝から、夜まで、そして再び朝まで続くならば。[lvi] 霊から生み出された者以外の何者も、信仰と希望において、来世の見えない諸事物を、確実で、現在あるとは表象しえない。

4 神の子らの忍耐は、やはり彼らの神に対する畏怖と、彼らが彼に対していだく敬意の念から由来する。彼らは彼を彼らの父と見なす。子どもたちは彼らの両親のしつけの下では屈従する。彼らはそれに抵抗しない。彼らはそれをいとう、使徒が言ったように。それは次のことを意味する：彼らは、彼らの心の中でそれを尊重し、自身へのその権利を承認する。そのように、信者たちの彼らの父に対

---

lv　EGK242. 9を参照。

lvi　EGK195. 4を参照。

する子どもらしい敬意の念も次のことを実現させる、彼らが自身への彼の権利と彼の力を承認するということを。彼は、彼らを彼の満足するままに懲罰する権限を有する：というのも、彼は彼らの主であり創造者であるからである。彼から彼らはすべてを得ている。それ故に、彼は、もし彼がそれを気に入るならば、彼が彼らに与えたものを、再び彼らから取り上げる権力をもつ。次のように言われる：**主はそれを与えられた、主はそれを取り上げられた、主の御名は褒むべきかな！**［ヨブ記1・21］ヨブは、彼に以前すべてを与えた者を主と見なした。よって彼は、これを言わば再び返却するよう要求する権力をもっているのである。これには、不正ではないエリ[358]の言葉も属している。彼が、彼と彼の家に通告された厳しい裁きについて聞いた時、彼は次のように言う：**それは主である：彼は、彼の気に入ることを為されよう**［サムエル記上3・18］。特殊な場合には、ある苦難に際し、良心もあれこれのことを示す、そこにおいて人が神に罪を犯し、それによって人が彼にそうした懲罰を言わば強いたようなことを。しかし、一般的に我々は、我々の罪深い堕落のために、あらゆる、また最も厳しい苦難にも値するであろう。したがって、我々はそれだけ進んでそれらを引き受ける、なぜなら、彼は今やそれらを恩寵の試練とするからである。確かに、神的義と欠けている自身の功績を見ることは、さもなければ起きてくる短気を非常に差し止める。神を恐れる魂は[359]ミカと共に心から次のように言う：**私は主の怒りを引き受けよう：というのも、私は彼に対して罪を犯したからである**［ミカ書7・9］。ここで、悔悛した者は、彼が苦しんでいることを、主の怒りと名づける、なぜなら、彼は、普段神の怒りから由来するのが常であること、そして彼が怒りとして受けて当然であったことを苦しんでいるからである。それでも、それは今や彼に対する本来的な怒りではもはやない、彼は神と和解しているのであるから。

5 忍耐はまた、神の子らが再生から彼らの愛する父に対していだく愛からも生じる。そして、彼らが彼の御名において苦しむ必要がある苦難においてのみならず、――また、世間においても人は不平を言わない、もし、人が愛する者のために何かを苦しむ必要があるとしても――、そうではなくまたすべての他の苦難においても。これらの者たちはそれらをまさに次のように見なす：それらが、彼らが愛する手から由来すると。彼らの愛は、彼らを駆り立てる、彼らの父の意志を何としても、好んで遂行し、彼の栄誉を促進するように。その際、彼らは次のことを知っている、彼らがまたまさに苦難においても父のそうした意志を満たし、そして、それによって彼の御名が彼らにおいて賛美されるということを。彼らは、すべてをはるかにより進んで苦しむのである、彼らが愛する者の気に入るために。

6 よって、忍耐は信仰から、希望から、畏怖から、そして愛から、再生を通じて由来する。それは苦難において以下のように振る舞う：（a）神の子は常に、次のことを予測する、彼の生が苦難なしにはないであろうということを。次のことがずっと前に我々に言われている、我々が多くの悲しみを通じて神の王国に行くということ［使徒14・22］が。そこにおいて、我々はキリストの似像と似るようでなければならない。彼もまた苦しまねばならなかったし、そして――そうした苦難を通じて――彼の栄光に至らねばならなかった［ルカ24・26］。このことについて信者たちはしばしば考える。彼らは、聖書のそのような言葉を覚えておく。彼らは常に備えている、よく準備された心性をもって戦いに行くように、もし、そのようなものが彼らにおいても満たされるべきであるとしたら。（b）もしそこである苦難が彼らに降りかかる場合、彼らは、何か滅多にないことが彼らに降りかかったようには、奇異な感じをいだいてはいけない［Ⅰペトロ４・12］。彼らはそれを常に予期してきた。彼らはそれを、彼らに以前常に言われていたことの結果と見なす。もし、神の手から直接的にでなく由来するものが苦難であれば――なぜなら人間たちもそこにおいて彼らの手を共にもっているので――そのように彼らは、それでも慣れる、間接原因や人間を見るのではなく、ただちに、その許しと統治なしには何も起こらない神そのものを見ることに。（c）彼らはそのような苦難を神の不興の徴とは見なさない。そうではなく、彼らは一貫して、見かけ上の怒りの雲を通じて――苦難が当然のごとくいつでも我々に現れるように――愛に満ち、恩寵に満ちた、彼らの父の顔を見るのである。彼らはそれを善意によるとして受け取る。もし、彼らが彼らの良心において次のことを確信しているならば、彼らがそれをあれこれのことにおいて怠ってきたことを、そして、彼らがそれによって懲罰を引き起こしてきたことを、そうだとすれば、彼らは彼らの父の前で屈従する。彼らは許しを希う。彼らはそれを直ちに信仰において確認する。それから彼らは、それをもはや罰として見なさず、懲罰と見なす。（d）彼はそれ故、次のことを用心する、彼らが神に対して性急な言葉に陥らないように。彼らは彼らの嘆きも抑える。というのも、常に嘆く者は、忍耐強い者に妥当するのが困難でしかありえないからである。いつまでもぶつぶつ文句を言い、嘆く［ユダ16節］者たちについては、善いようには聞こえない。これに対して、より善く聞こえる、ダビデが次のように言う場合には：私は沈黙し、私の口を開けるまい［詩編39・10］。[360]もし彼らが嘆く場合も――全く起きないことでもないであろうが――、彼らはそれでもその内で節度を保つ。そして彼らは、苦難について嘆くのではなく、彼らがその中で彼らの弱さに気づくことについて嘆くのである。その際、しかし彼らは、それでもなお彼らの愛する父を大事にし、苦難においても彼の善を称賛する。（e）次のことは忍耐に違反しない、神の子らが苦難において、彼らの逃げ場を天上の父に求め、祈りにおいて、彼の慰めと彼の助けを乞うことは。それを我々は主イエス自身に見る。彼もまた自分の苦難において、彼の天上の父に乞うた。しかし、彼らはそうした助けを、それが彼の善意ある忠告に適っているように以外は、乞わないであろう。彼らは、助けをまた、我々の救世主の実例が彼の祈りに際して次のように証言している以上には、そしてそれ以外の仕方では請い願わないであろう：私の父よ、それが可能であるなら、そのように私からこの聖杯を去らせ給え：私が望むようにはできないとしたら、汝が望むように！［マタイ26・39］この条件を神の子は言葉に関して彼の祈りに設定するのみならず、それは実際彼の心においてもそうである。それは自身そのもの以上に神を愛し、その意志を自分の意志より事実として優先する。（f）それに対して、人が肉体的な手段や、人間の助けを用いうるような苦難の種類においては、信者はこれらの手段を神的秩序のために採る：彼が次のことを認識しない限りで、それらが神的意志に反しているということを。彼はまた、この意志に従って以外は苦難から解放されることを熱望しない。（g）そのように、信者たちは彼らの苦難を次の言葉に従って引き受けるべきである：誰かが私の後を追おうとするなら、その者は自身そのものを否定し、彼の十字架を引き受けよ［同16・24］。彼はそれを自分で呼んでくる、あるいは自身そのものでそれを作らねばならないのではない。しかし、もし主がそれを彼に差し出した場合、彼はそれを自身から投げ捨て、あるいはそこから逃げることは許されない。そうではなく、彼はそれを引き受け、次のことに満足する、神がそれを彼に課しているということに。彼は、神の意志に従って以外に、そこから解放されることを熱望しない。彼は不安にならない。彼は反抗的な態度をとらない。彼は忍耐の内に踏みとどまる。というのも、他の徳と同様に、忍耐もまたいつまでも、最後まで保たれねばならないからである。したがって、彼は主の助けを待つ。次のように言われる：我々は忍耐を通じて待つ［ローマ8・25］。総じて忍耐はそのような事情である。

7 それでも、我々はなお次のことを付け加える、忍耐がその段階を持つことを。（a）最高の段階は、そこにおいて人が苦難を進んで引き受けるのみならず、人が神にそれについて感謝し、それを賞賛し、そしてそれについて喜ぶまでに至ることである。我々はすでに、その財産の強奪を喜びと共に耐えた［ヘブライ10・34］ヘブライ人たちに言及した。使徒たちが、大きな侮辱によって苦しめられた時、彼らは喜んで、最高法院の正面から出発した、彼らは品位があり、主の御名のために恥辱に苦しんだのである［使徒5・40－41］。我々は、愛する使徒たちが、苦難において彼らの喜びについて語った、なお多くの証言を読む。パウロは次のように言う：我々は悲しみを賞賛する［ローマ5・3］。それから：そして、私が、汝らの信仰の犠牲と礼拝の上に犠牲にされたとしても、それで私は喜び、汝らすべてと共に喜ぶ。汝らもまたそれを喜ぶべきであり、私と共に喜ぶべきである［フィリピ2・17－18］。再び：私は慰めで満たされている；私は途方もなくすべての我々の悲しみの中で喜びの内にある［Ⅱコリント7・4］。ヤコブは言う：もし汝らが様々な試練に陥った時、それを喜びとのみ見なせ［ヤコブ1・2］。そしてペテロは：汝らは喜ぶであろう、汝らが今や、それがそうあるべき短い時間、様々な試練において悲しんでいるとしても［Ⅰペトロ1・6］。もし我々のドイツ語で、将来の喜びについて語られる場合、それはそれでも本来、苦難における喜びそのものを意味する。これが最高の段階である。それでも、それはすべての神の子らに存するわけではない：というのも、それには並外れた霊の力が属しているからである。

（b）その後に、中間の段階がある。もし人が、それをそのような喜びにもたらすことができない場合、それでも人はなお、彼の肉をはるかに超克し、人は神的意志に満足する、人がその知恵と善を認識した後で。人はよって、彼の心においてそれについて平安を享受する。ここから、次のようにパウロが言うことは、見積もられることができる：私は善き勇気をもつ――彼のギリシア語では本来：私は、私が満足していることに私の喜びをもつ――弱さにおいて、虐待において、苦境において、迫害において、不安において、キリストのために［Ⅱコリント12・10］。

（c）最後に、なお最下位の段階がこうしたものである：人間が、真理と共に次のように言うことができない、彼が彼の苦難において満足であると。そうではなく、彼は次のように告白しなければならない、彼はそれから解放されたいと。彼はまた次のように感じる、彼の肉が彼を短気で苦しめようとしていると。しかし、彼はそうした心に浮かぶ諸欲望に抵抗し、それらに優位をとらせない。彼は、彼の神に進んで固執するという固い決意の下に留まる。この段階は先行するものに等しくはないにもかかわらず、天上の父は、彼の子らにそれでも忍耐をもってくれる、もし彼らが苦難においてのみ彼に忠実であろうとし、この徳において好んで成長しようとするなら。

D　訓戒

忍耐についてはこうした事情であるように、我々は新しい人間のこうしたあり方を我々自身にもっているかどうか、自身を吟味しよう。[361] 見よ、愛する人間よ、それは汝に関わる：あれこれの苦難が汝を襲った：ある者にはこれが、別の者には別のが：そして、程度に関しても様々で、それぞれ父がどの程度を各々に認めたかに応じて。汝はそこでいかに汝の心を見い出すか？　汝は、それを汝に送った汝の愛する父に満足であったか？　汝はそれになお満足しているか？　あるいは、汝は次のことについて汝自身の内で、腹を立てはしなかったか、汝に父がそれほど多くを送り、課すことに？　特に、もし汝が、実際にか、あるいは汝の考えによれば、それほど多く苦しむ必要のなかった他者を汝の隣に見た場合には。汝の忍耐は強制されたにすぎないのか、なぜなら、汝にはそれを変えられない故に？ あるいは、汝は信仰と神への愛から、進んでする魂をもって、忍耐強いか？ 汝は言葉でもって、神に対し、あるいは人間に対して、神による厳しい取り扱いへの嘆きを通じて、罪を犯したか？ 汝は苦難の中での祈りにおいて常に、神的意志を基礎に置き、それに反して祈ることを熱望しなかったか？ あるいは、汝は神に助けを言わば強いようとし、しかも、汝にとって都合が良かったようなやり方と時期と場所に従って？ 汝は何か許されない手段でもって、苦難を避けようとはしなかったか？ あるいは、汝は手段の使用に際して、汝の信頼を根本的に、この手段に置かなかったか？ 汝はひょっとして、しばらくの間忍耐強く態度を示したか？ しかし、それがより長く続いた時、汝はそこで、性急な態度をとり、汝の父に反してぶつぶつ文句を言い始めなかったか？ 見よ、こうしたすべてのことは汝に、汝が神から生まれたかどうかを示している。というのも、新しい誕生は常に忍耐を伴うからである。この吟味は汝に次のことも示すであろう、汝の新しい人間がいかに強いか、あるいはいかに弱いかを。

我々はそれでも次のことに努力しよう、我々がこの新しいあり方を我々自身にもちえることに。そのためには、次のことを目指すより善いことはない、信仰において、希望において、愛において、そして神への恐れにおいて成長することを。というのも、そこから忍耐が生じるからである。前者が強くなるところでは、忍耐も増す。彼の諸徳を促進する、あらゆる手段と考察は、忍耐も促進する。特に我々は、我々の救世主イエス・キリストの例に注意しよう。そのように使徒は、我々のテキストの前に大声で言う：我々は信仰の創始者であり、完成者であるイエスを仰ぎ見よう：彼は、そこで全く喜びをもっていたであろうので、十字架に耐え、不名誉に注意せず、そして神の席の右に座った。自身に反する罪人からのそのような反論を耐え忍んだ者のことを考えよ、汝らが汝らの勇気において疲れ切り、放棄してしまわないように［ヘブライ12・2－3］。そのようにしばしば、我々は苦難に向かうべきであり、あるいはその重みをすでに感じ、常に次のことを考えよう：ではこの苦難は何であるのか――それを私は罪深い人間として、そしてそれでもなお私の最善のために苦しむのだが――私の救世主の苦難に対置しては。彼は無罪で、自身に何の利益もなく、私の救済のためにこんなにも多く苦しんだ。彼がそれをそのように進んで耐えたのだろうか、私がそこで不平を言おうとしたように？　確かに、このことは忍耐を少なからず促進するであろう。[362]

しかし、次のことは必要となろう、我々が忍耐という贈り物を――すべての他の贈り物と同様に――愛する父に、絶え間ない祈りによって請い願うということは。事柄はその重要性の故に、確かに価値がある。というのも、パウロは彼のコロサイ人たちのために次のことを祈ったからである、彼らが神の認識において成長し、全力であらゆる忍耐への彼の素晴らしい力と、喜びを伴う忍耐強さに関して強められるということを［コロサイ1・11］。そのように、確かに誰もが自分自身のために同様にそのために祈る必要がある。

E　慰め

我々はここで次のような慰めをもつ：我々が苦難における誠実な忍耐から、我々の新しい誕生の慰めとなる証拠としてもつことは、大きな恩寵である。もし我々が忍耐において最高の段階へはもたらせていないとしても：それどころか、中間の段階にさえなく：もし我々が最低の段階しか、正直には我々の下にないとしても！　愛する父は我々に満足してくれようとし、我々の不完全性に忍耐をもってくれようとする、もし我々が意志をもち、不平を言うことなく、我々の苦難に耐えるならば。――なぜなら、我々の忍耐によって我々の愛する父は少なからず賞賛されるので、次のことも慰めである、彼の霊に自身の下で余地を与えたすべての者たちに、彼が進んで忍耐を作り出すということは。――次のこれもまた慰めである：もし苦難が厳しすぎるようになり、神の子らがそれによって過大な要求をされ、短気を発するとしても、神は彼らにそれを父性的に許してくれる、それはそうとしても心が子どもらしい従順に留まる限り、そして、それが、それを熟考する場合に、短気を後悔する限り。[363] 我々は愛するヨブの例をもっている。彼はヤコブからの忍耐の次のような証言をもつ：**汝らはヨブの忍耐**を聞いた［ヤコブ5・11］、これが結局非常に弱いものとなったにもかかわらず。さらに次のことが付け加わる、我々は苦難の素晴らしい利益をもつということが、もしそれが忍耐をもって耐えられるならば。我々のテキストの直後には次のように言われる：すべての懲罰は、それがそこにある場合、我々には喜びでなく、悲哀であるように思われる；しかし、その後、それは、それによって訓練された者たちに義の温和な果実を与えるであろう［ヘブライ12・11］。——最終的に、次のことは、最大で最終の慰めである：汝らがキリストと共に苦しむことを喜べ、汝らもまた彼の栄光の開示の時に、喜びとこの上ない幸福をもつように［Ｉペトロ4・13］。そして：私は、この時の苦難が、——もしそれがすなわち忍耐をもって耐えられるならば——我々に開示されるはずの栄光には値しないと思う［ローマ8・・18］。ここではそれでもわずかな種の何と豊かな収穫であることか！

F　祈りlvii

主イエスよ！　汝は苦難を通して汝の栄光に入られ、そして汝は我々を、同じ道をとって汝の後を追うように召命された。汝はしかし、汝の苦難を通じ、汝の子らのすべての苦難も、ためになる懲罰へと聖別された。そして汝は、我々に恩寵と苦難に耐える力を稼いだ：我々に聖霊を、忍耐の霊を与え給え、それが我々の魂の内に、信仰、希望、愛と畏怖を作り出すように、そして、その果実として忍耐を、そしてそれを強め、増やすように。それによって我々は、いかなる苦難においても汝に対して不平を言わず、汝の意志に満足し、我々の心の根底から、汝が我々に課したものを引き受ける：それをそれだけ長く静かな従順において耐える、汝がそれを我々の上に置いたままにしておくだけ：汝の栄誉と我々の救済のために。すべての肉の短気な動きを阻止し給え、そして、汝の慰めによって内面的に我々を強くし給え。それから、苦難を厳しすぎるものにさせ給うな：そうではなく、それを和らげ、弱め給え、あるいは忍耐を増し給え、それによって我々もそれを通じて、汝の御名を賞賛するように。汝が我々を、耐え抜かれた苦難の後で栄光に受け入れ、そして汝が我々を以前の悲しみと我慢された不平を永遠の喜びと栄光で置き換えるまで、もし汝がすべての涙を我々の目からぬぐい取られ、そして死がもはやなくなるならば、なお苦しみと喚き声と、なお痛みはあるであろうが。さあ、我々はそこで警告する！　アーメン。ハレルヤ。

訳注

347 神が我々に満足するのみならず、「我々も神に満足し、彼に心からの信頼をもつこと」（DigF38）が求められる。

348 「他者が果実を忍耐においてもたらさなければならないとしたら、そのように我々も我々の果実をもたらさねばならず、他者においては彼らのそれを、忍耐をもって促進しなければならない」（PD100 邦訳63頁以下）。

lvii 明らかにこの聖書著作はクリスマス時期に属し、シュペーナーは次のように歌わせている：今や歌え、そして楽しめ……（EGK26）、ここから彼は第四節の末尾を使っている。

349 実はシュペーナーは、当時の英仏の経験主義哲学に詳しかった。シュペーナーの哲学修士論文ではトマス・ホッブズの『市民論』が批判されている。

350 マケドニアのテサロニケの教会に集うキリスト教徒たち。『テサロニケの信徒たちへの第一の手紙』はパウロ本人が書いた最古の手紙とされる。

351 シュペーナーは、カトリック教会によるルター派の迫害、あるいはルター派正統主義によるシュペーナー信奉者への迫害を、「神が敵対者に定めた、そのような力」（PD108 邦訳69頁）と呼ぶ。それは教会の状態があるべき状態にないことへの神の懲罰なのである。シュペーナーによれば「礼拝が世間への奉仕と混じり、ほとんど全キリスト教世界を欺き、我々の福音主義教会もそれらの下でかくも多く悲惨に冒瀆してきた」（WP252）のである。

352 そのため、シュペーナーは「私が喜んですべてにおいて、私の創造者の先慮（Vorsehumg）に身を委ね、彼が私に与えたものを彼の栄誉のために用いようと熱心であること」（Erk164）を必要と考える。

353 「肉的な心においては常に、神の義に対する憎しみが存する」（DigF35f.）ためである。

354 シュペーナーによれば、神が我々の従順と信仰を試す手段の一つが、「至るところ十字架と苦難を通じて、いかに忍耐強く、我々がそうしたものも彼から受け取ろうとするか」（Erk276）を見ることである。

355 希望は、「我々が、主である神を、彼が将来にわたっても我々の愛する父であり続けようとし、我々を適切な時期にすべての苦悩から救い、最終的には約束された永遠の救済に与からせるであろうと、信頼すること」（Erk34）と定義される。

356 シュペーナーは「苦難における我々の最善への神の意図」（WP219）について語る。「苦難はそこにおいて、それを通じて、キリストの力が我々の内で増大するもの」（SHS477）なのである。

357 教会改革の実現を焦る人々に、シュペーナーは次のように語りかける。「汝の神が汝に、汝がただちに汝の仕事の確固さを見るという喜びを与えないとしたら、ひょっとすると彼はそれを、汝がそれを自慢しないように汝から隠そうとされたのでしょう」（PD102 邦訳64頁）。シュペーナーは、ルター派教会からの離脱を否定し、教会改革においてあくまで忍耐強い活動を求める現実主義者であった。

358 『サムエル記上』に登場するユダヤ人の指導者で祭司。彼の二人の息子は神に対して罪を犯したためにペリシテ人との戦いで戦死し、エリ自身もそれを聞いて死んだ。

359 南ユダ王国の預言者で、『ミカ書』の著者とされる。宗教家の腐敗を告発し、神の審判について語り、エルサレムの滅亡を予言した。

360 ルター派正統主義者によって迫害された敬虔主義者たちに、シュペーナーは、沈黙での忍耐を求めていたのであろう。

361 この訓戒はまさに、迫害を受けている敬虔主義者たちへの厳しい訓戒と言える。

362 シュペーナーは、キリストの「彼の天の父への従順の、柔和、喜んですること、忍耐、そして愛の彼の足跡を、彼が我々に模範となったように、我々が熱心に随従し、そしてすべての十字架を不平なく自らに引き受けること」（Erk196）を求める。そして十字架を引き受けるとは、シュペーナーにとって、「自身そのものを否定し、そうした否定において自分の生を送るであろう場合」（WP247）を言う。「敬虔なキリスト教徒の生は、こうした者たちが、彼ら自身の否定と、彼らを実は悲惨にしかしないものを止めることにおいて送るもの」（SHS401）なのである。

363 シュペーナーは、ルター派正統主義からの厳しい迫害に、ルター派教会の改革を焦り、絶望して教会を離脱しようとする敬虔主義者たちを諫めようとしているのであろう。「我々教会を去るべきではないし、それから出るべきでもない」、なぜなら「我々の教会はバベルには属していない」からである（WP273）。

10　至福なる別れへの欲求[364]

テキスト：フィリピ人たちへの手紙第1章第22－24節

しかし、肉の内で生きることは、より多くの果実を作り出すのに役立つので、私は知らない、私がどちらを選ぶべきかを。というのも、私にはどちらもぎりぎりに関心があるからである：私は、死んでキリストの下にあるという欲望をもつ、それははるかに善いことであるかもしれない：しかし、汝らのために肉の内に留まることもより必要である。

A　冒頭

新しい人間のあり方の考察に際し、我々は一緒に検討してきた、いかにして新しい人間が神に対し、そして神的諸事物に対して振る舞うかを。前回は次のことに従事した、いかに彼が苦難においても彼の天上の父に対して忍耐強いか、そして、彼がそれを進んでの従順において受け入れるということに。次のことはこれと類似している、人間の新しいあり方はやはり進んで、その別れを為すということは。ある程度、それへの欲求が目覚めるのである。これについて我々が今度は語る必要がある。天上の父で生命の主は、我々に彼の霊を通じ、そうした欲求の本質を次のように認識することを教えよう、彼がそれを我々すべての内に作り出すのであると。イエス・キリストのために。アーメン。

B　テキストの言葉の説明

我々は次のことを考察する必要がある：信心深い人間の二種類の状態、両者の間の区別とパウロの心情。

I

信者の二重の状態とは次のようである：ここ時間において、彼はなお恩寵の王国にある。あちら永遠においては、彼は栄光の王国にある。

1　現在の［ローマ8・1］状態とは次のことを意味する：肉の内で生きていること。その際我々は、差し当たり次のことに気づかねばならない、これは次のこととは別の意味をもっていること：肉に従って生きていることとは。[365] というのもこれについては次のように言われるからである、キリスト・イエスの内にある者は、肉に従っては生きていない、そうではなく、霊に従って生きていると［同4

節〕。[366]汝らが肉に従って生きているならば、汝らは死なねばならないであろう〔同13節〕。これは次のことを意味する：罪深い堕落の衝動に従って生きていることを。しかし、肉の内で生きているということは次のことを意味する：なおこの現世の生の内にあることを。魂がなお、その本性によれば肉的であり、皮膚、肉と骸骨から成る、肉体の内に住んでいる。パウロはまたそれを次のように発言している、我々は肉体の内に住んでいる〔Ⅱコリント5・6〕。全き人間はまだ肉の内に生きていて、彼は罪深い堕落をそれ自身にもっている。[367]次のように言われる：肉から生まれたものは、肉である〔ヨハネ3・6〕。それによって常に、次のような人間的状態が暗示されている、その内に我々が堕罪〔創世記3章〕によって陥っているような。堕罪以前には、人間はよってこの意味における肉をそれ自身にもっていなかった。――もし神の息子について次のように言われるならば：言葉は肉となった〔ヨハネ1・14〕、そこでは肉ということで、人間的本性の本質が理解されているだけではない：そうではなく、堕罪によってそれが陥った、弱さの状態におけるこの本性が理解されている：たとえ、罪を欠いている〔ヘブライ4・15、Ⅰヨハネ3・5、Ⅰペトロ2・22、Ⅱコリント5・21を参照〕としても。次のように考えられる：神の息子は人間的本性を受け入れた、それが弱さでもって取り囲まれている〔ヘブライ5・2、7〕ように。したがって、彼の降臨の時は次のように言われる：彼の肉の日、と。イエスにおいて、肉とは次のことを意味する：その弱さをもった本性、を。[368]その内で彼は、苦難にさらされた。それに対して、我々においては、肉とは次のものを言う：その弱さをもった本性のみならず、そこから言及された弱さが由来する罪ももった。肉の内で生きている者の状態は――それは次のことを意味する：なおこの地上のはかない生にあり、そしてそれ自体に罪をもっているということを――、次のようである：彼らの内には、それは彼らの肉の内にということだが、いかなる善なるものも住んでいない［ローマ7・18］。この罪のために、彼らは様々な苦難にさらされている。ここ時間の内では、神的罰が罪の後にぴったりとついてくる。[369] そして神は、彼の信者においても次のことを必要と見なす、その肉を彼らの最善のために、それが襲うことによって、十字架を通じて懲罰することを。

現在の状態の記述には、また次のことが属している――対命題から言えば――：人がまだキリストの下にいないということを。これはパウロによってさらに次のように説明されている：我々は常に慰められ、そして知っている、我々が肉体の内に住んでいる間は――これは、パウロが我々のテキストの内で、肉の内で生きていることと呼んでいることだが――、それだけ我々は主から遠く巡礼しており［Ⅱコリント5・6］――我々はなお異邦人として巡礼の途上にある、そしてその限り主から離れている――：というのも、我々は信仰においてゆっくり歩くのであり、見ることにおいてではないから［同7節］。――我々の救世主と主はまだ次のようには啓示していないので、我々が彼を見、言わば彼と交流できるというようには：そうではなく、我々は彼を信じるのみであって、信仰によって彼は我々の心の内に住むのである［エフェソ3・17］。しかし、我々はそこからはまだ、満足と、我々がそこで彼から期待している喜びを得ていない。――しかし、我々は慰められ、むしろ、肉体の外へ巡礼し、主の下に住もうと

いう気になる［Ⅱコリント5・8］。我々がなお肉体と肉の内にある限り、我々はまだ故郷におらず、巡礼として異国にある。なるほど、**我々の行状と我々の市民権は既に天に**［フィリピ3・20］ある。しかし、我々はまだ自身その内には入っていない：そうではなく、我々は、母国への旅の途上と理解される放浪者である。[370] しかし、これは次のことを説明する、我々の生の現在の状態が大きな不平なしにはあり得ないことを：というのも、我々はまだ異国で巡礼の途上だからである。[371] 旅の途上で、そして異国では、人は家にいるほどには元気ではないし快適でもあり得ない。人は多くのものをなしで済まさなければならないし、そして —— 天候やあらゆる種類の面倒による —— 多くの不平を我慢しなければならない。それに加えて、祖国への欲求もある。もし我々が旅行の途上にあるならば、長さはやはり旅行をつらいものにする。なお、次のことが付け加わる：我々の完全な至福はキリストとの合一と、その享受に存するということ。我々の生はしかし、この善をまだ最高度には与えない。もし我々が、キリストを愛し、彼に内面的な欲求を抱いたとしても、次のことは我々の生の不平の一部である、我々が、我々の愛の享受の実現からは、なお差し止められているということは。

2　来世の状態は、それだけより素晴らしい。そこに、人は死によって移される、永遠への、あるいは栄光の王国への移行によって。[372] ラテン語[lviii]では、この言葉は分かれることを意味する：死ぬということを。これは次のことを言おうとしている：現世の生においては、我々は、鎖と枷につながれた囚人と見なされるべきであるということを。[373] 別れによって、この枷は解放され、あるいは引きちぎられ、その結果、それによって人は自由になる。それは、下手にではなく合っている。ギリシア語[lix]ではこの言葉は次のことを意味する：旅立つこと。もし誰かが船出するなら、彼は繋ぎ止められていた船を解き放ち、それによって、前進することができ、あるいは再び戻ることもできる：よって、それにより、人は異国から故郷へ行くことができる。これが次の言葉の本来の意味であるかもしれない：死は我々の、我々が言わばそこから来ている祖国への帰還である。次のように言われる：塵は再び、それがそうであったように、地に帰らなければならない、そして、霊は再び、それを与えた神に［コヘレトの言葉12・7］。我々の愛する救世主は自ら次のように言う：私は父のところから出て、この世界に来た：再び私は、世界を去って、父のところに行く［ヨハネ16・28］。彼はそれを特別な仕方で言うことができた、なぜなら彼は、永遠から真なる神――父の下で、そしてその懐で――であったから、彼が人間として生まれる前に。[374] 我々については、人はそれを同じ意味において言うことはできない。我々の受胎に先立って、我々は人格として存在しなかった。[375] それでもやはり、我々はすべて、最初の両親において創造されており、そしてその限り、すでに彼らの内に存在していたのである：なるほど、地上にではあるが、しかし、今の状態と比べれば、本来の地上的な状態よりもいっそう天上的な状態において。我々は神と交流していたであろうし、そして、なぜなら、我々は我々自身に彼の似像をもっていたか

lviii ラテン語：dissolvere（解放する）
lix ギリシア語：analyo（解放する）、Analyse（分解）＝Zergliederung（分解）

ら、彼と合一していたであろう。その内で、我々がアダムにおいて、言わば天上的な栄光の前庭[376]にいた、この天国的な状態から、我々はこの地上的な生に来たり、今や、我々が本来属していたそこへの帰還の途上にある。[377]このことを我々のテキストの言葉は意味している。それは我々に死を好ましい仕方で紹介している：つらい異国からの帰還として、そして祖国への巡礼として：仕事から、待望の安息へ。これはまた、シメオン[378]が用いている次の言葉ともほぼ一致する：**今や、汝は汝の召使いを平穏において、行かせられる**［ルカ2・29］。我々は次のことを見る：我々の死が、現在の状態からの、そしてあらゆるその苦しさとの別れであることを。我々が肉の中で生きている限り、我々は、その内に、**我々にいつも貼りついている罪**［ヘブライ12・1］が住んでいる肉を我々自体にもっている。我々の別れは、それによって我々が、罪と世界から去る別れである。この生は、苦労と仕事に満ちている。肉体は、その苦痛によって疲れるし、魂はその心配によって。死はすべての仕事からの別れであり、安息への入り口である。死者たちについては次のように言われる：確かに、**霊は言う、彼らはその仕事から休んでいる、と**［黙示録14・13］。この生は苦難とあらゆる嘆きに満ちている――よって本来正しい死も――、それは罪に由来するものである。[379]我々の別れは、あらゆる悲惨と悲しみから、真の至福への別れでもある：事前の死に対する真なる生への。この生に入った者たちには、いかなるつらいことももはや、触れることはできない。[380]それについては次のように言われるべきである：**神が彼らの目からすべての涙をぬぐい取られるであろう、そして死はもはや存在しないであろう、苦しみも、喚き声**

も、痛みも、もはやないであろう〔同21・4〕。この解放されることは、よって、二つの生のあり方のこの対立を含んでいる。

3　状態はまた次のことによっても記述される：キリストの下にあること。また別の個所では次のようにある：彼らは常に主の下にあるであろう〔Ⅰテサロニケ4・17〕。同様に：もし私が、汝らに場所を用意するために赴けば、私は再び来て、汝らを私の下に迎えるであろう、汝らが、私のいるところにいるように〔ヨハネ14・3〕。そして：父よ、私は望みます、私がいるところで、汝が私に与えられた者たちも私の下にあることを、彼らが、汝が私に与えた私の栄光を見るように〔同17・24〕。我々は既にこの現世の生においてもキリストの下にある。一般的に、神について、そして、したがってイエス・キリストについても、次のように言われる：彼は我々の下の誰からも遠くない。というのも、彼の内で我々は生き、活動し、存在するからである〔使徒17・27－28〕。彼は、我々を初めて創造した者であるのみではない；そうではなく、彼から我々は、すべての瞬間に、我々の生と、すべての彼の力を得なければならない。[381] 彼についてはなおこの日までは次のように言われる：二人、あるいは三人が私の名において集まっているところでは、私は彼らの真ん中にいる〔マタイ18・20〕。我々は以前に次のように聞いた：キリストは信仰によって我々の心の内に住む、と〔エフェソ3・17〕。したがって彼は次のように言う：私を愛する者は、私の言葉を守るであろう；そして私の父は、彼を愛するであろう、そして、我々は彼のところに至り、彼の下に住むであろう〔ヨハネ14・23〕。しかしながら、キリストの下にこのようにあることは、なお我々のテキストからは非常に異なっている。我々は次のことについて聞いた、我々は**主から遠くに巡礼し、まだ主の下で家に戻ってはいない**［IIコリント5・6、8］ということを。パウロが求める、主の下にあることは、これまでのことよりはるかに進んでいる。それはそれ自身の内に、キリストとの最も内面的な合一を含む。[382] そこで、言わば、我々の内には、それでもってキリストと合一していないものはもはや何もない。いや、我々がここで肉の中で生きていて、よって罪がなお我々の内に住んでいる限り――それだけの空間をこれは我々の下でなお占めていて、それだけキリストは我々と合一できない。彼は我々の新しい人間とは合一しているが、我々の古い人間とは合一していない。[383] 他方、人はあちらで、[384] 主イエス・キリストのあらゆる栄光に与かる、彼が彼の生において言わば、すべての至福な者たちをその輝きで照らし、よって、全く彼らに注ぎ込む太陽となることで。したがって、彼は次のように言う：信者たちは、**彼の栄光を見る**［ヨハネ17・24］だけではなく、**彼はそれを彼らにも与えた**［同22節］、なぜなら、彼はそれを彼らに伝えるからである。そのようにまた次のようにも言われる：**我々が神を、彼がそうあるように見るようになる場合、その時、我々は彼に等しいか**［Iヨハネ3・2］、あるいは似ているであろう。よって：もし我々がキリストの下にあるようになるなら、我々は彼と等しくもなり、彼の栄光に与かるはずである。

　よって、それが、パウロと他の信者たちの二重の状態である：彼らはここでは肉の中で生きており、まだキリストの下にない。罪とあらゆる苦難のために、そのような状態は悲惨である。これに対し、彼らが死を通って彼の永遠に移行する場合、これは、悲しい巡礼からの別れであり、彼らはキリストの下に至り、彼の下に留まる。

II

今や我々は、二つの状態の区別と、我々を一方において、そして他方において快適にしうるものを考察する。1　この生については次のように言われる：肉の中で生きることは、より多くの果実を作り出すのに役立つ。

若干の者は、それを次のように把握する：パウロは、肉の中での生が彼により多くの果実を作り出すであろうかを知らない。彼は次のように告白している：彼はそれをまだつかんでいなかったか、あるいは既に完全であったことを：彼はしかし、次のことを追い求めた、彼がそれをそれでもつかむかもしれないということを、彼がキリスト・イエスによってつかまれた後で［フィリピ3・12］。したがって、彼は、その背後にあるものを忘れ、そこでは前にあるものに手を伸ばし、追い求めた――決めていた目標を――キリスト・イエスにおける神の天上的な召命をもつ宝を［同13節］。よって、彼は知らなかった、肉の中での彼のより長い生[385]が彼にとってそのために非常に促進的であるかどうかを。しかし、我々は好んでルターの訳の下に留まる、なぜなら、それがその内に含んでいるものが、いずれにせよよく知られた真理であるからである：**肉の中で生きることは、より多くの果実を作り出すのに役立つ。**

これは二様のあり方で起きる：（a）人間自身の側から。もし彼がより長くこの生に留まる場合、彼は、善においてますます一層成長し、内なる人間において強まる時間と可能性をもつ。彼において、神的像は常により改新され、より完全にされる。また、人間は、善き業の豊かな種を撒く一層の時間と機会を得て、彼はそれからあちらではそれだけより豊かな実りを期待するものがある。[386] というのも、あちらでは、人が神の栄誉と隣人の最善のために行ったすべてのことは、豊かに報われるはずだからである。[387] 多くを為した者は、それからまた多くを期待するものがある。パウロは次のように言う：**我々に善を為させよ、うんざりすることなく：**というのも、**彼の時のために、我々はまた、止めることなく、収穫するであろうから**［ガラテヤ6・9］。それに続いて彼はさらに次のように言う：**我々がいったい今や時を迎えた時に、我々にすべての人に対して善を為させよ**［同10節］。我々はしたがって、我々がこちらでもっている種の時を無駄にしてはならない。次のことは、それによれば、やはり神的善行なのである、もし彼が長い時間、猶予を与えてくれるならば、我々が多く種をまくことができるということは。[388] そのようにまた、次のように言われる：**汝らの業が汝らの後を追う**［黙示録14・13］、すなわち、恩寵の報酬のために。よって、長く働くことができた者は、彼があちらでより一層の栄光を期待してよいという果実をもつであろう。こうした仕方で、人間自身の側で、もし人がより長く生に留まるなら、より多くの果実に役立つ。（b）しかし、特にそれは、人が隣人を見るならば、真である。

もし、あるキリスト教徒が ── 特に才能ある教師が ── 世界から別れる場合、彼は彼の人格のために栄光に入る。しかし、彼がこちらで教会と隣人に善として為したこと以上に ── そしてそれはある程度後に残るにしても ──、彼は彼の生では、もはや、残された者たちのためにいかなる利益も果実も作り出すことができない。勝利する教会の普遍的な祈りを度外視するならば、なお世界の内で闘争する教会のために。[389] しかし、誰かがまだ世界にいる限り、キリスト教徒は―そしてとくに教師は―多くの果実を作り出すことができる、教えと、訓戒と、慰めによって：それから、聖なる生活と、忍耐強い苦難によって。彼は常になお他者を、いつか彼と共に永遠なる至福の相続者となるように、準備させることができる。次のことは、よって、この生の少なからぬ利点である、人がこちらで、自身と他者のために、あちらではまず作り出されることのできないであろう果実を作り出せるということは。

したがって、パウロは次のように言う：**次のことはより必要である**、すなわち、フィリピ人[390]たちにとって：彼がその後に言うように：**汝らにとって信仰の促進と喜びのために**〔フィリピ１・25〕。愛するフィリピ人たちは回心し、信心深かった。しかし、彼らの内で大抵の者たちは、弱いままであった、すべての教区民において見られるように。彼らはなお一層教えられ、強められねばならない。彼らの下に据えられた根底は、より一層深くよりしっかりと築かれねばならない。そして、その上に多くのものが建てられなければならない。よって彼らは、他の忠実な教師たちと使徒パウロをなお必要としたのである。彼が植えたものに、彼はさらに水をやり、そして成長を促進するはずだった。それを彼は次のように請い願い、願望している：次のことのために私は祈る、汝らの愛がそれだけ一層ますます、あらゆる認識と経験において豊かになり、汝らが、何が最善であるかを吟味するように、汝らが純粋で、キリストの日に感情を害さないように、神の栄誉と賞賛のために、汝らの内にイエス・キリストを通じて生じた義の諸果実に満たされて［同9－11節］。彼の信者たちのそうした成長のために、神は彼の従者と説教者を必要とする。それ故に、パウロはフィリピ人たちのために、彼のより長い生がより必要だと見なしている、たとえ神がいかなる人間にも結びついていないとしても。それでもなお、それは神的秩序である。これはより長い生の利点であろう。

2　今や我々はより早い死の利点を考察する。[391] 次のように言われる：別れを告げ、キリストの下にあることはより善いであろう。[1x] 本来は：はるかに非常により善い。すなわち、彼自身にとっても、彼自身の人格にとっても。彼はそれにより、死の肉体から解放［ローマ7・24］される、それに関して彼はかくも心の底からため息を漏らしているのだが。彼は罪から、そしてあらゆる苦難から自由になる。そして彼は、彼の主の喜びに入るであろう。信者たちがこちらで既に至福であるにもかかわらず――現実に、そして実際に――それでも、将来の啓示と完全な所有の希望において［同8・24］、それでも、二つの状態において、至福の財産の享受のあり方は異なっており、今の状態は、彼のそれと比較すれば、そのように見なされることができない程である。[392] というのも、こちらでの我々の生はキリストと共に神の内に隠されているから［コロサイ3・3］である。二つの状態の間には、彼が若き王国の王子のところである以上により少なからず違いがある。子どもとして、この者は、彼の王国の栄光をまだ理解していない。彼はそこから何かを必要とすることはほとんどない。したがって、彼は、彼がそれをもっていないのとあまり大きくは変わらない。彼は、それから、彼の王国とその栄光をまさに必要とする状態の下にある、もし彼が成人し、統治を始めたならば。

III

なお次のことが考察されねばならない、**パウロはいかなる気持ちがしたのか、**彼がこの状態と彼の状態を紹介した時に：したがって、生と、それを通じて人が彼の状態に移行する死を。次のように言われる：**1　私はどちらにもしっかり関心がある。**本来は：しかし、**私は両者によって苦しめられる。**ダビデが次のように言うように、預言者ガド[393]がさまざまな禍と罰の間での悲劇的な選択を彼にさせた時に：**それは私にとって非常に不安である**［サムエル記下24・14］。私にとって、言わばすべてはあまりにも時間が限られようとしている。愛する使徒は、彼がなにを選ぶべきか、よく考える：生きるか、あるいは死ぬかを。しかしながら、これか、あるいはあれかが起きるかが誰かにとって重要でない場合

lx　エルベルフェルダー聖書フィリピ1・23 weit besser（ずっとより良い）。本来は：um vieles mehr besser（一層はるかにより良い）。

に、人がそれらをどうするかは、考察ではなかった。そうではなく、彼にとって、事柄はまさに内面的に心に進んでいた。そのような熟慮に際しては、人はまさに次のことに不安になるのが常であり、人がより重要なことの代わりに何かより些細なことを選んでしまわないように。

2 彼は次のように言う：**私は別れようという欲望がある。**これは次のことを意味する：もし彼が、どこへと彼を彼の欲求が駆り立てるかを吟味するならば――神が彼に自由に選択させる場合に、よって彼が選ぶであろうことをであるが――、彼は別れるという欲望と熱望をもつということを。もし、神が彼に要求するならば、その時、彼はそれに反して抵抗しようとはしないであろう：そうではなく、彼は自身で、それへの欲求をもつであろう。[394] なぜか？　なぜなら、それは肉からの別れであろうからであり、そして、したがって罪ある、悲惨でみすぼらしい生からの別れで、そこでは彼がキリストの下にあり、そしてあり続けることができるであろう場所への移行だからである。この欲求の根底には、来世の生が――人は死を通じでそこに至るのであるが――現世の生に対してもつ大きな優位が存する。その優位は次の点に存する、彼がこちらではまだ、あちらで起きるであろう程度にはキリストの下にいないということである。また、彼はこちらでは、まだ貼りついている罪のために、彼が熱望するほどには、キリストとよく合一しえない。[395] これが、死ぬことを彼が切望し、欲望する根拠であった。したがって、何より、彼の救世主への愛が。また、当然ながら、人は常に、人が愛する者と合一していたいという欲求をもつ。パウロは次のことを見る、この生においてそのような親密な合一はまだ可能でなく、内に住む罪によって妨げられているということを。それ故に彼は進んで肉体から出ようとする。しかしそれでも、我々は次のように言うことはできない、救済されるというこの熱望は、苦難に対する不愉快から来ると。というのも、彼はむしろ他のところで次のように証言しているからである、信者たちは彼らの悲しみもまた賞賛する［ローマ5・3］、と。そして、自分自身について彼は次のように言う：私は、あらゆる私の悲しみにおいて、熱狂的に喜びの内にある［IIコリント7・4］。ペトロも、次の点で、彼のキリスト教徒たちを思い出している：喜べ、汝らがキリストと共に苦しむことを、汝らが、彼の栄光の啓示の時に際し、喜びとこの上ない幸福をもつであろうように［Iペトロ4・13］。人がそれについて喜ぶもの、人はそれから確かに手を引くことはなく、人はむしろ死のうとする。他方、パウロは次のことしか言わない：それへの私は欲望をもつ、あるいは熱望をもつ：しかし次のようには言わない：私は私の死をこちらに引き寄せることへ自身努力する、とは。私はそれを祈りによっても神に強いようとはしない。そうではなく、彼は言う：私はそれへの欲求をもつ、と。その際、自ずから次のことが理解される：ただ神的意志の下に。[396] したがって、もし、この者も、それを目指していたはずだとしても。パウロは、彼の熱望を隣人愛に従属させようとする。そこから次のことが帰結する、彼がそれをまた神の意志に従属させようとしているということが。したがって、それは、無秩序な愛ではなかった、たとえそれが真剣であったとしても。にもかかわらず、我々はここから次のことを学ぶ、信者たちの下で、イエスへの愛が強いということを。それはまた、それ以外には人間たちの下で最強である、生への愛に勝る。そしてそれは、人間において、さもなくば本性に反する、死ぬことへの欲望を呼び起こす[397]。

3 パウロは言う、**彼は、彼が何を選ぶべきか、知らない、と。**彼は両様の根拠を重要と見なす。一方で、彼自身の至福とより早くそれに入ることは、彼に死への欲望を作り出す。他方で、彼らに対して彼がまだ有用でありうる他者に対する愛は、肉の中に留まることを勧める。ここから、我々は次のことを見て取る、パウロの内には、すべての敬虔なキリスト教徒の下にあるべき、隣人への親密な愛があったことを。もし彼に、ただちに次の時間、彼の生の完全な栄光に入ることが可能であったとしても――それへの心からの欲求をもつことを彼自身は告白しているが――それでも彼には、彼がまだ為しうる善いことが気にかかったのである。それ故に彼は、次のことに不平を言おうとしない、彼に至福の享受がより長くあたえられないはずであることに[398]。これは我々に次のことを示す、生を望むということが我々説教者たちにのみならず、他のキリスト教徒たちにも認められるべきであることを：なぜなら、パウロがここで言うことは信仰と愛の果実だからである。そしてしかも、神を賞賛し、隣人に善を為すという欲求からの、特にしかし、その魂のために。したがって、彼らは、彼らがこの目的のために使わない彼らの生のすべてと、彼らの時間のすべてを無駄なものと見なす。というのも、彼らは信じているからである、それこそが彼らの生の課題であると。しかし、このことは我々に、たいていの者たちの下で、キリスト教的なものがいかに少ないかを示している。というのも、一般的に、彼らは次のことを彼らの生の内容と見なすからである――彼らが世界において他者のためにどれだけ多くを達成するかではなく――彼らがどれくらい多く善き日を享受したかを。もし彼らが苦しむべきであるか、あるいは彼らが隣人の最善をつらい労働によって促進するべき場合には、彼らはすぐに疲れてしまう：そして彼らは、そうしているうちに生に全く飽き飽きしてしまうであろう。しかし、パウロと、彼と共に他の信者たちにとっては、それこそが、生を初めて快適なものにするのである。[399]

愛する使徒は、選択することを知らなかったので、彼はそれを神的知と善に委ねる、いかにこれが、彼について、生へ、あるいは死へ行かせようとしても。それでも彼は、それを神に期待する――疑いもなく、彼の魂の中の聖霊の特別な証言から――、彼が、フィリピ人たちと他のキリスト教教区民たちに彼を、なおしばらくの間委ねるであろうと。

C　教え

今や我々は、次のことを主要な教えとして考察する必要があろう、いかにして新しい人間のあり方に、彼が至福なる終わりへの心からの欲求をもつということが属しているかを。いかなる原因からそのような欲求は由来するのか？　いかにして、それが正しいあり方であるというような性質でなければならないのか？　これらは15分では詳論されない。時間が過ぎてしまったので、我々は詳論を次回に延期する。それでも、我々は少なくとも次のことは聞いた、そのような欲求がなければならないこと、そしてしかも、短気からではなく、罪を気に入らないということから。それはまた、我々の救世主イエス・キリストへの愛から、そして彼との密接な合一への願いから由来するのでなければならない。そのことは我々によく考えさせる。そして、もしそのような欲求が我々の下に存するならば、我々は、それがパウロ的なものに適っているかどうかを吟味しよう。我々はまた、上述の諸根拠の考察をもって、我々の内のそのような欲求を育成しよう。死への恐れが、それに支配された者を不幸にするように、恒常的で、しかし神的な満足に委ねられた、彼への欲求の内にある者の生は、それだけ幸福である。

D　祈り

最愛なるイエスよ、汝、生の君主であり、そして死の克服者よ！　我々は汝に次のことを感謝します、汝が我々の死から、汝の死によって、とげを取り除いてくれたことを、そして、汝がそれを汝の栄光への至福なる門とされたことを。我々に、それをそのように見ることを教え給え：それが肉にとって、恐ろしいもの、そしてものすごいものとして現れるようにではなく、それが我々にとって汝の恩寵からの快適な先触れであると。それは我々の枷を解き、我々を汝の下に導くはずである、そして、永遠に汝の下にあり、汝の現存と汝の愛、そして汝を見ることを楽しむのである。それに対し、この時間的な生を我々に次のようには見せ給うな、我々を目の欲望と肉の欲望と、宮廷式の生活によって惑わす肉が我々に紹介するようには、そうではなく、信仰がそれを見るように見させ給え。それから不可分な罪を考慮することによって、我々を次のように動かさせ給え、無秩序にそれに夢中になってしまわないように。汝の霊によって、我々の内に、我々の別れと汝との完全な合一への熱望を目覚めさせ給え、それは我々にとって世間の欲望をだいなしにし、あらゆる苦難を楽しいものにする。しかし、汝は各々の人においてまた、正しい時に次のことへの熱望も満たすであろう、我々があちらで永遠に汝の下で救済され、汝を汝の父と聖霊と共に永遠に称えるということへの。アーメン。

訳注

364 信者たちは「時間からの別れ」、つまり死を「大いなる善行として認識し、それに対して恐れるのではなく、それへの熱望をもち」、したがって「先行する痛みを忍耐と神に対する感謝をもって耐え忍ぶ」(DIME680)。

365 神の子らも、「しかし彼らが現に悪を為す場合には、彼らは肉に従って生活している」(SHS443) のである。

366 「イエス・キリストの内にある者は、すなわち、彼は真の信仰の内に立ち、よって彼の生活をできうる限り、神の意志に合致させようと努め、それ故に彼はまた知りながら、意図をもって悪を為さない」(SHS446)。

367 「なお肉の内に生きている限り、そこにおいて全く罪がないというような純粋さには至らない」(SHS539)。

368 キリストも「罪は欠いているが、飢える、乾く、疲れる、悲しむ、不安になる等々」の人間的弱さをもち、「それによって彼も苦しむことができる、さもなくばそれは彼にはできないだろうから」（Erk169）。
369 「それが人間の目にいかにわずかであろうと、すべての」（Erk121）罪が罰せられる。
370 ここで言う母国とは栄光の王国を指すと考えられる。
371 ここで言う異国は全能の王国と恩寵の王国に相当するであろう。
372 人は、「至福なる別れによってか、あるいは最後の審判に際しての彼の最後の到来の現象によって」（Erk262）栄光の王国に移される。
373 オルフェウス教やプラトンの『国家』のような、ソーマ・セーマ説（肉体は魂の牢獄であるとする考え方）を想起させる。
374 キリストは「父から永遠において生まれ、よって同一の本質であり、父と同じ神である」（Erk165）。
375 シュペーナーは誕生前の個人の魂の存在を認めていない。
376 聖書的に言うなら「エデンの園」ということになる。創世2・8－25を参照。
377 地上の生に来たった、とはアダムとイブのエデンの園からの追放（創世3・23以下を参照）を意味し、シュペーナーは死後の来世とエデンの園を同一視していることになる。
378 『ルカによる福音書』の登場人物。エルサレムの神殿で、幼子であったイエスをメシアとして祝福した。シメオンは、メシアに出会うまで死なないと聖霊からお告げを受けていたとされる。
379 罪の本来の罰は死である（Vgl. Erk121）。
380 シュペーナーは、死を、「霊的な死」、「時間的な（あるいは肉体的な）死」と「永遠の死」に区分するが、時間的な死は「肉体と魂ののみならず、世間におけるあらゆる不幸と苦難からの最終的な分離」（Erk122）を意味する。

381 キリストはその王の職責において「その民を統治し、法と義を司り、それらを供給し、すべての敵から守る」(Erk175)。また、「全能の王国」においても「彼の天の父と共にすべての被造物を支配し、それらを保持し、統治し、そこにおける彼の敵を抑制し、最終的に破滅させる」(ibid.)。さらに「恩寵の王国」においても、「彼の教会を支配し、それを保護し、それを統治し、すべての敵から守り、それを彼の栄光に与からせる」(ibid.)。当然、生きている人間もすべてキリストの統治下にあることにある。

382 キリストは「我々の内に霊的な仕方で生まれようとする」(Erk192)。

383 「再生からの新しい本性、あるいは霊のみならず、なお古い人間と罪深い堕落も」(SHS498)、人間には残っているのである。

384 来世、あるいは栄光の王国において。

385 要は、現世において長生きすることである。シュペーナーは至福のあり方を現世と来世に分け、現世では「我々にかなりの程度隠されていて、我々はそれを完全には理解することができず、それを完全に享受することもできない」のに対し、「しかし、来世、永遠においては我々の至福は我々に現れ、全世界に開示されて、そして我々はその完全な享受に置かれる」と、死後の至福の完全な享受を主張する(Erk306)。そのため、信者が死に急がないように、現世で生きることの意義を強調する必要があるのであろう。

386 改新には「人が日々なお努力する必要がある」(Erk311)。

387 一方でシュペーナーは、「業、あるいは敬神な行状は、至福にいささかも寄与せず、それらはただ、信仰の果実としてのみ、我々が神に義務づけられた感謝に属している、彼は既に我々の信仰に義と至福を贈ったのであるから」(PD148 邦訳91頁)とも言う。ここでもやはり、ルターの「信仰のみ(sola fidei)」を強調しているのである。それでもシュペーナーは、「何が汝らにおける内面的なものであるかは、外面的な果実によって実証」(WP237)されるとし、実践の必要性を強調する。というのも、このルター派の教義は、「業は全く要求されず、それはむしろ障害になる」、よって「善き業は至福に害になる」という形で濫用されていたからである（SHS431）。

388 当然、人間の寿命も神によって決められる。

389 シュペーナーは教会を「すでに栄光の王国の内に存する至福者が共に属する」、永遠な「勝利する教会」と、「キリストがなお恩寵において、言葉と秘蹟でもって統治し、悪魔、死、罪となお戦う必要があるものとして」、世界の終わりまで維持される「闘争する教会」に区分する（Erk232）。この生では「全教会はなお闘争する教会であり、永遠において初めて勝利する」（SHS484）のである。

390 ピリピ人とも。ローマの植民都市フィリピの教会におけるキリスト教徒たち。パウロがヨーロッパで最初に宣教したとされる。

391 教義的にはこうならざるを得ないのだが、これは下手をすると信者の死に急ぎを招きかねない。

392 シュペーナーは至福を「ここ時間の内における」ものと、「あちら永遠の生の栄光における」ものに区分する（WP260）。

393 『サムエル記上・下』の登場人物。預言者であり、ダビデの友人。神の裁きを預言した。

394 つまり、人間の死も神に委ねられるべきとシュペーナーは考えているのである。

395 キリスト教徒が死を願望するのは、「そこから、この生では決して完全には解放されえない罪に対する憎しみと、彼らの救世主を見、彼となおより親密に合一されたいという愛すべき願望から」（Erk287）くる場合にのみ認められる。

396 シュペーナーは、人間が自殺する権利をもつかという問いに、「否：なぜなら私の生命は私自身のものではなく、神のものであるから」（Erk67）と答える。ちなみに、シュペーナーは不摂生等から来る寿命の短縮や、不用心から不必要な危険を冒すことも、自殺の内に数えている。

397 自殺を否定するシュペーナーではあるが、殉教は否定しがたいのであろう。キリスト教徒たちにとって「殉教者たちの血は、その最も力強い肥料となった」(PD108 邦訳68頁)と述べている。

398 「しかし、敬虔なキリスト教徒は、その別れへの願望をもち、それを神に願う、しかし、神的意志において全く裁量に任せ、神がより長くその苦難によって称賛されようと望むなら、なおより長く肉の内に留まる用意があるというように」(Erk287)。

399 シュペーナーは、「隣人への愛の素晴らしさと、それに対して、対立する自己愛の大きな危険と害」(PD210 邦訳129頁)を対置する。これは隣人愛によって生きるか、自己愛によって生きるかという違いである。

［10章の続き］

11　至福なる別れへの欲求、新しい人間の一つのあり方

以前のテキスト：フィリピ人たちへの手紙第1章第22－24節

しかし、肉の内で生きることは、より多くの果実を作り出すのに役立つので、私は知らない、私がどちらを選ぶべきかを。というのも、私にはどちらもぎりぎりに関心があるからである：私は、死んでキリストの下にあるという熱望をもつ、それははるかに善いことであるかもしれない：しかし、汝らのために肉の内に留まることもより必要である。

A　教え

再生した人間は、彼の至福なる別れへの心からの欲求をもつ。

1　再生者の下には、心からの罪への憎しみが存する。確かに、これは既に、再生より前に悔い改めにおいて作り出される。[400]というのも、もし人間が神によって悔い改めへと導かれるならば、それで彼は、彼の罪がいかにあるかを認識するからである[401]：すなわち、それが、あらゆる恥ずかしさと憎し

みに値するということを。そこで彼の下では、それに対する憎しみが生じる：というのも、それは我々の最大の不幸であるからである。それは我々を神的怒りと彼の罰に相応とする。この憎しみは、再生において、より一層はるかに強くなる：というのも、神的働きにより、新しい人間は心から、彼の天上の父と救世主イエス・キリストを愛するからである。彼は自身に対するそれらの愛を認識する。今や彼は、罪を彼にとって恥ずべきこととして憎むだけではない：そうではなく、何よりも、彼が最高に愛しているものに反することとして、である。彼の神への愛がそれだけ一層大きく成長し、増すごとに、それだけ一層、やはり罪に対する憎しみと嫌悪も増すのである。新しい人間が、主の気に入るようにより一層求める程、それだけより一層心から、次のことは彼にとって申し訳なく思われる、もし彼が自身に、彼にそれを妨げている彼の肉を見るならば。それだけしばしば、そのような人間は今や自身の下での罪に気づく、刺激において、思考とそのようなものにおいて、それだけしばしば、それに対する憎しみも改新され、増大される。まさに、肉的な人間においてそうしたことが起きるように：それだけしばしば、彼に他者から新たに苦しみが降りかかる程、それだけ一層彼が彼を憎むように。

2　再生者の内には、神の働きから、また信仰も存する。したがって、キリスト教徒の真の財産の真なる認識も。それらは、何か地上的なものや、あるいは時間的なものに存するのではなく、霊的な財産に存する：神の恩寵とその享受に、聖化に、罪の悲惨からの解放に：しかし特に、神との合一に。○402

彼らは霊的財産をここ恩寵の王国において知る。彼らはこれを信じ、半ばそれを感じ、そして彼らはそれに満足する。それでも、彼らはなお彼の生における栄光の将来的な財産について知っている、そのために、彼は召命され、再生したのである。次のように言われる：神、そして我々の主イエス・キリストの父は賞賛されてあれ、彼は我々を彼の大きな慈悲の心に従って再生させた、イエス・キリストの死からの復活を通じた生ける希望へと、不朽の、そして汚れなく、しぼむことのない遺産へと、それは汝らを天にとどめておくであろうし、汝らは神の力から信仰を通じて至福へと保たれ、それは、最後の時に啓示されるように用意されている。そこにおいて、汝らは喜ぶであろう、汝らが今、それがそうあるべき短い時間、様々な否認の内で悲しんでいるとしても、汝らの信仰が誠実で、はるかにより貴重と見つけ出されるように、火によって証明された移ろいやすい金よりも、賛辞と、賞賛と、栄誉に、もし汝らが見なかった、それでも愛している、今や彼を信じているイエス・キリストが今啓示されるならば、汝らは彼を見なかったにもかかわらず、そして汝らは筆舌に尽くしがたく、素晴らしい喜びをもって喜ぶであろうし、汝らの信仰の結果をもち去るであろう、すなわち、魂の至福を［Iペトロ1・3－9］。神の子らの信仰は、現在の恩寵の宝についてよりも、栄光の将来の財産についてより少ないものは見ず、ある程度より一層多くのものを見る。彼の将来のものは、半ばは我々がなおこちらで言わばまだ隠されたままもっていたものの啓示である：汝らの生はキリストと共に神の内に隠されている。しかし、もしキリストが、汝らの生命が自らを啓示するであろうなら、その時汝らも、彼と共に栄光の内で知れ渡るであろう［コロサイ3・3－4］。したがって、我々自身について啓示されるはずの栄光［ローマ8・18］について語られる。他の部分では、彼の将来的な財産は、その享受にこの生はまだ役に立たないようなある財産の完全な享受を付け加えることに存する：我が愛する者たちよ、我々は今や神の子らである：そして、我々がそうなるであろうものは、まだ現れていない。しかし、我々は知っている、それが現れるであろう場合には、我々は彼に等しくなるであろうことを：というのも、我々は、彼がそうあるままに彼を見るであろうから［Iヨハネ3・2］。将来の栄光のそのような財産は我々の分別をはるかに超える。誰も次のように言うことはできない、彼はそれらを完全に、あるいはそれでもその大半は理解していると。それでも、信者たちは次のことを確信している、それが、それを超えては彼らがもはや何も欲求できないような至福と栄光であるということを。次のことはまさに、それらの高貴と卓越の徴である、人がこれらを十分に把握できないということは。次のことは、こうした信者たちのあり方に属している、彼らがこれらの将来の財産を、希望をもって待つということは：神の有益な恩寵は我々をしつける、我々が礼儀正しく、公正に、敬虔に、この世界で生き、至福な希望と、偉大なる神と、我々の救世主イエス・キリストの栄光の現れを待つように［テトス2・11－13］。イエス・キリストの現れを愛する彼らのすべてに、義の王冠［IIテモテ4・8］が、彼の偉大な
[403] 日に約束されている。パウロはさらに次のように言う：我々の行状[lxi]は天にある、そこから我々はまた、救世主イエス・キリスト、主を待つ［フィリピ3・20］。信仰は将来的な栄光を、それがこちらで霊的

なものにおいて享受する、あらゆる他の善行の目的と見なす。すべてが彼らにそれをあちらへと指示している。それはパウロと共に次のことを認識する：我々がこの生においてのみキリストを希望するならば、すると我々はすべての人間の間で最も惨めである［Ⅰコリント15・19］。

3 神への愛から、罪への憎しみから、将来的な財産への信仰とそれへの欲求から、必然的な帰結として、至福な別れへの再生者の熱望が生じる。これはまた、再生の果実でもある。しかし、何よりも、それは神への愛と、罪への憎しみから由来する。信者は彼の神を心から愛し、ただあらゆる点で彼の気に入ること以外に何も熱望しない。次のことは彼にとって心から悲しい、彼がなお自身に罪をもち、それらから解放されえないということは。神への彼の愛の証明として彼は多くの善を為そうとする、そして彼は、そのために最大の能力の限り努力する。彼は現実に多くを為す。しかし、彼がそれを詳細に吟味すると、彼は次のことに気づく、それが不完全であることに。それは、彼がそれを望んでもとうとするのとは程遠い。彼はそれについて、あるいはこの、あるいはあの欠陥に気づく。彼の天上の父は、キリストの故にそれに満足し、貼りついている誤りは許すか、あるいは隠してくれるにもかかわらず、彼はそれでも、彼の義に従って、すべてを気に入らない一層の根拠をもつであろう。再生者は、罪を防ぐことに大きな熱意を費やす。彼は、彼がそれらに自らを支配させないという限りで、それらを防ぐ。[404] それでも彼は次のことを見る、彼に罪がずっと貼りついている［ヘブライ12・1］ことを。あるいは、この罪深き熱望が心に生じ：あるいは、あの罪深き思考が生じる：あるいは、言葉と業において、軽率が生じる。[405] 彼は次のことを確信しているにもかかわらず、彼の愛する父がキリストのために、彼の弱さにも忍耐をもってくれ、それを彼に数え入れないということを、それでも彼はにもかかわらず次のことを知っている、彼の弱さの罪も必然的に神の気に入ってはいないに違いないということを。[406] それらは彼の聖なる意志に反している。そのことが彼を彼の魂の根底から悲しませる。彼は好んで次のようにありたかった、彼の愛する父が彼に何らの不満ももはや見ないというように。彼はあらゆる熱意をもって聖化に努力する、[407] そして彼は次のことを確信する、神が彼をだんだんに彼へのすべての不満から浄化するであろうことを。したがって、彼はそれだけ長く、それだけ多くの悪を自ら止めれば、そして彼において善がより力強く、より完全になる。それでも彼は次のことを知っている、彼が、あらゆる罪深き本質からの完全な解放には、彼がこの肉体から別れ、彼が彼の永遠に移行する以前には、到達しえないことを。[408] したがって、彼はこうした別れへの心からの欲求をもつ、彼が彼の最大の禍と見なす罪を全く自身から、止めることができるように。愛するパウロは、救済されようとし、キリストの下にあろうとする。彼は、そこでは我々が罪に取り囲まれるこの生から出ようとする。彼は、キリストとの完全な合一を彼になお妨げるものを捨てようとする。使徒パウロはさらに、彼が出会う、すべての外面的な苦難において、寛大であることを示し、彼はそれでさえ喜ぶほど

lxi　国籍、あるいは市民権とも。

である。しかし、彼が、彼の内と彼の肉の内に住み、したがって彼の下でそれだけ多くの悪を作り出す罪を熟慮した時、彼が決意した善の妨げにおいて、そして他の弱さの罪において[409]：特に、彼の四肢における律法が、彼の心における律法の意にそぐわないこと：そして、それが実に力強く、しかも実に深くはまっていて、**それが彼を彼の四肢における罪の律法の内で捕虜にしている**［ローマ7・23］こと――、そこで彼はついに次のような叫びを吐いた：**我、惨めなる人間よ！　誰が、この死の肉体から我を救済してくれるのか？**［同24節］すなわち、少しずつ、徐々に聖化によってのみならず：最終的に、その内に罪がはまり込んでいるこの死の肉体を完全に捨て去ることによって。それに加えて、神の子は、この生を通じてなお存する危険についても知っている。次のことは確かに信仰における彼の天上の父の恩寵である、それが現実の彼の栄光の獲得までこれによって**至福へと保持されている**［Ⅰペトロ1・5］ということは。しかし、次のことも可能なまま残っている、彼の側でのだらしなさによって、罪が再び強くなり、そしてそれが完全な支配を獲得するということも。それによって、神の子は彼の栄光を失い、**それが働いて手に入れたものをなくす**［Ⅱヨハネ8節］。したがって、それは彼の救済のために、注意深い恐れを正当にもっておく。それは、**恐れとおののき**[410]**をもって至福になる**［フィリピ2・12］ように、努力する。しかし、それはまた、この危険を回避し、危険なくいられ、永遠にもはや脱落しえないところへ行こうという欲求ももつ。これは、神の意志に適った欲求である。

4　再生者においては、将来の栄光と至福の確信と信仰と希望が存する。しかし特に、神と我々の救世主イエス・キリストとの親密な合一の。[411] それは彼の生のために約束されている。またそこから必然的に、至福なる別れへの欲求が生じる。我々は彼の栄光に、この生においては与かることができない。我々はこちらでは、やはり我々の愛する救世主とそれほど親密に合一されることはできないのである。次のことはある程度、愛の当然のあり方である、人が心から愛するものと好んで合一するということは。愛がより大きく、より親密である程、それだけ欲求もより熱心なものである。そうでなければ、死は人間的本性に反し、これはそれに恐怖をもつにもかかわらず、信者はそれでもそれによって恐れることはない。彼はそれに対する欲求をもつ：というのも、彼が死後に期待しているものは大きな善であり、彼は先行するつらい死を、それに対して何でもないと見なす程だからである。[412] その根拠を我々はパウロの我々の言葉に見る。彼は、救済されるか、あるいは出発することを熱望する――すなわち、そこでは彼がある程度キリストから離れている、この生から――そして、キリストの下にあることを。彼は彼の下にありたいので、キリストは彼にとってすべてとなる程である、もし、パウロの内に、罪深いか、あるいは不純なものがもはや何もないとすれば。その時、キリストは言わば彼の内のすべてと合一することができる。そこでキリストは彼を、あらゆる彼の聖性で、彼の光で、彼の栄光で、そして喜びで満たす。パウロの愛は、最も深く彼の内へ、キリストの内へ潜り、そしてその甘美さを享受する、ほんのわずかな妨げもなく、そして邪魔されることもなく。まさにこのことを愛する使徒は次のように言っている：しかし、我々は慰められ、むしろ肉体から外へ巡礼し、主の下で我が家にあ

ることへの欲望をもつ［Ⅱコリント5・8］。その際、パウロはこの生を、その途上で我々は我々の愛する救世主をまだ完全には享受できない遍歴、あるいは巡礼に喩えている。我々は彼とまだそれ程ぴったりと親密には合一されえない――誰かが異国ではその両親と、その愛する友人たちを、彼が彼らの下で家にいる場合程、享受できないように。パウロは彼の至福なる永遠を我が家にあることに喩えている。次のようにも言われるように：**我々は常に主の下にあるであろう**［Ⅰテサロニケ4・17］。[413] もし、誰かが彼の両親を心から愛し、彼が旅の途中で出会った悲惨と比較して、彼らの下で家にいるのがどれほど善いことか、知っているならば、彼はそこで、彼らのところに行きたいという心からの熱望をもつであろう。彼は故郷への旅にあこがれるであろう、何か重要なことが、彼の両親の意志に従って、彼をなお異国に引き留めているのでない限り。まさにそのように、天上的な力により再生した者たちは、天上にと、彼の救世主の下へと、そして、そのために彼が再生した祖国における彼の栄光の享受へと求めるであろう。

5 至福なる別れへの欲求の主要な根拠は、罪に対する憎しみ[414]である：完全に神の気に入られるという熱望：神とキリストへの愛、彼らと最も親密に結合され、正しく彼らの下にあるために。それでも、私は次のことを否認しようとはしない、それと並んでさらに、そこへと我々が罪によって転落した人間的悲惨から解放され、永遠なる安息に入りたいという熱望が付け加わることを。我々は既に次のことについては取り扱った、再生者たちが忍耐をもって、天上の父が彼らに送る、あらゆる苦難に耐えるということ。彼らは次のことを認識する、彼らがそれに、なお十分に多く、責任があるということを。また、もしそれが彼らに本来的な罰として送られていたとしても、彼らはそれに対して不平を言おうとはしないであろう。加えて彼らは次のことを知っている、そうした苦難は彼らにもはや罰として送られるのではないことを。彼らはそれらから大きな利益を得る、これらが、彼らの浄化と吟味と、そして彼らの内なる人間の強化に役立つことによって。諸苦難は、将来の永遠における素晴らしい収穫の種である。彼らはそれを通じて父の意志それ自体が完成され、そして彼の御名がそれだけ一層賛美されるのを見る。そして彼らは、彼らの神の栄誉を、彼ら自身の満足の後には置かない。それ故に、神の子らは忍耐の内にすべての苦難に耐え、そして彼らは苦情を言わない、神がそれを彼らになおそのままにしておこうとする限り。[415] しかし、次のことはそれでも神的意志に反していない、彼らがそのような苦難の終わりへの欲求を抱くことは。[416] 罪なき本性であっても苦難からは解放されたがる。――そのことを我々はキリスト・イエス自身に見る。彼は次のように請う：**我が父よ、可能ならば、この杯を私から去らせ給え**［マタイ26・39］。――それは確かに、第一義的には苦難のために召命されているのではない、そうではなく、それが苦難を通じて入るべき栄光のためである。そして、愛する父と救世主から、それは将来の安息と至福への多くの約束によって慰められている。そう、それはその**遺産の証である約束の聖霊によって、封をされていた**［エフェソ1・13－14］。次のことは彼の意志である、それが死ぬということは。神がそれを指示された。彼はそれをそこへと招待した。彼はそれを確かになおそこへ導くであろう。その苦難はいつか止むはずである。神はその終わりを約束していた。[417] それで、それも、そのための権利をもつ。そのように、それも苦難の終わりと、その後に約束されている安息への心からの熱望をもってもよい。これは、至福な別れへの正しく信心深い、そして神的な欲求である。

6 それに対して、人間の間ではより普遍的な別の欲求がある。それは短気から来る。善きキリスト教徒であろうとする者も――そして、まさにこの欲求を自身そのもののためにそのように見なす――生に飽き飽きするであろうし、そして彼らは好んですぐ死のうとする、もし、彼らにとって意志の通りにならず、彼らがあれこれと苦しまねばならない場合には。特にそれが、そこから彼らが彼らの生涯で――あるいは、少なくとも、それほどただちにではないにしろ――救済を希望できない苦難である場合には。彼らは責め苦から解放されたい。この欲求においては、短気はあるいはよりひどく、あるいはより微妙である。彼らにおいて、絶望から、彼らの生に対する現実の暴力行為へ至った者たちについては語るまでもない。実際、時々死への欲求が見いだされるが、その下にそれが現れた者たちはそれを短気とは見なしたがらない。しかし、それでもなお、彼らの下にはこの短気がある。それは、我々に苦難を送った神的意志への不満足に由来する。[418] 時に、それは激しい悲嘆の声にすら、そして神への不平にすらなる。そこでは、短気は明らかである。非常に重大な短気を、我々はヨナに見る。預言者は、都市ニネベ[419]を、40日後に没落すると言って脅した。しかし、神はニネベ人たちの悔い改めを見て、それ故に脅されていた罰を生じさせなかった。このことは、ヨナを実にひどく不愉快にさせた［ヨナ書4・1］。彼は次のことを侮辱と見なした、彼が神の御名において脅してきたことが、満たされないでいるべきだったことを。彼は恐れた、人が彼を偽預言者と見なすのではないかと。したがって、彼は神に次のように言う：それでも今や、主よ、私の魂を私から取り上げ給え：というのも、私は生きるよりむしろ死にたいのですから［同3節］。もっとも、我々は次のことを見る、神が預言者の弱さに忍耐をもってくれたことを。彼は彼にただ、彼の不正を立証した：というのも、それは、死への聖なる欲求ではなかったからである：そうではなく、それは肉的な短気から由来していた。多くの解説者たちは、預言者エリヤ[420]の欲求もここに引き入れようとしている。彼については次のように報告されている、彼は専制的な女王イゼベル[421]の脅迫に対し、砂漠に逃げた。彼は、えにしだの樹の下に座り、そして次のように頼んだ、彼の魂が死ぬようにと、そして次のように言った：もう十分です、今や、主よ、わが魂を取り上げ給え：私は私の父祖たちよりもより善くはない［列王記上19・4］。さて、我々は、なるほど常に、そのような偉大な信心家の言葉と行いを、それらが彼らの有利に理解されうるように、最も好んで取り上げている。しかし、私は次のことを恐れる、愛するエリヤがここで、あたかも、人間的な弱さがまったく生じていなかったかのように、許されることはできないのではないかと。なおはるかにより一層まで苦難の暴力は、さもなくば非常に忍耐強いヨブ［ヨブ記3・1以下］と、預言者エレミヤ[422]［エレミヤ書20・14以下］の下で、もたらされていた：彼らは、それどころか、彼らの誕生の日すら呪っていて、そしてむしろずっと死ぬことを望んでいた、神的善が、彼らに忍耐をいだいていたにもかかわらず。このような、忍耐強くない欲求は、霊ではなく、肉に由来する。それは罪である。それは、善き日々への愛から、我意から、だらしない自愛から、そして感じやすさから生じる。人は苦しみたくはない。自身そのものの内に人は、神的方策と意志に対する反抗心をいだく。人はこれらをそれどころか、自身に対する不正と責める。[423]

7 別れの欲求は、再生者たちの下では常に、神的意志の下に立つ。神の子は、な、る、ほ、ど彼の救済への欲求をもつ…しかし、天上の父の意志に一致する仕方においてのみである。たとえどんなに熱望が熱烈であろうと、それでも信者は、満足することと、彼の苦難の彼に規定された程度が満たされることを喜んでする、天上の父が彼をまだ彼の至福に置き入れようとはせず、彼をより長くこの生と、彼の絆に任せようとするならば。自身と、自分自身の至福を見て、彼はそもそも明日よりもむしろ今日、死によって彼の救世主のところへ行くであろうかもしれない。それでも彼は、即座の救済への彼の願望を進んで諦めたままでいる、もし、彼のより長い生が、彼の最愛なる父の栄光と、彼の隣人のために——特に霊的なものにおいて——役立つであろうなら…たとえ更なる生が、多くの苦難に満ちているとしても。彼は自分自身を他者の最善の後に置こうとする。彼にとっては次のことがより一層重要なのである、神的栄誉が促進されるということが——特に、若干の魂の獲得と強化において——、彼が彼の生の至福により早く与かるということよりも。そのことを、我々のテキストにおいては、我々の愛する使徒パウロの例が示している。したがってまた、次のこともある、信者は――別れへの心からの欲求にもかかわらず――彼の生を維持しようと努める、神が彼に生を委ね、それによって彼の、彼は生きるべきであるという意志を表明している限りは。彼はあらゆる熱意をもって、彼の生を維持しようと努力する∶祈りによって、彼の健康の感知によって、あらゆる危険を避けることによって、彼の肉体の必要な世話によって、病気における薬の使用によって、等々。彼は、彼の神の呼び声にいつでも従おうと進んでする。しかし、彼はそれにまた先駆しようとはしない。[424] もし、真のキリスト教徒たちが彼らの生を維持し、彼らの良心を満足させるように、あらゆる注意深さを用いるとしても、人は、彼らが至福なる別れへの欲求をもっていないと見ることは許されない。彼らはいつも、喜びをもって旅立つための最初の合図を覚悟しているのである。しかし、彼らはそれをまだ受け取っていないので、彼らはまた、彼らの、より長い滞在を必要とする彼らの義務を怠らない、それがそう父の気に入るのであれば。

B　訓戒

今や我々は吟味しよう、我々が新しい人間のこのあり方を我々の下に見い出すかどうかを。それは、再生者たちの下には、我々がこれまで検討した他の部分と同様に、存在していなければならない。しかし、私は次のような心配をもつ、たいていの人々の下で、この部分について大きな欠陥が存するのではないかと‥他の下においてもこれまで考察したように。その下に、死への自然的な恐れが存在する者は、どれくらいいるであろうか。神の子らでさえ、その肉の内ではそれを感じる。しかし、彼らはこれを、霊によって克服する、そして彼らは、それによって進んで死ぬのである。[425] 多くの者たちが恐怖によって占領され、彼らが、至福なる別れへの真の熱望をもっているとは主張しえない。もし、それが彼らの下にあったとしても、彼らはむしろ、世界が永遠にあること、そして彼らがその肉体的な生をその内で永遠に続けられることを望んでいたであろう。彼らは、死によって彼の生へと入ることは望まない。若干の者は、それそのものは、認容していた。しかし、私は次のような心配をいだく、多くの者がそのような心なのではないかと。彼らはそれでも、それを告白することを恥じている。もしそれが存したとすれば、その時、そのような人々の下では、将来的な生への歴史的信仰[426]すらない。彼らは次のように問う‥人が死によってそこに入るような将来的な生があるかどうか、誰が知っているだろうか、と！　あるいは、なぜなら人はそれを常に聞いてきたのであるから、人はそれをともかくも、ともに信じていた。それでも、心の内には、決して真の活きた信仰と、そのような至福の確信は存しなかった。というのも、この確信があるところでは、次のことは不可能だからである、それが心を心からの欲求へと動かさないなどということは。

　しかし、もし人が自らの下に至福なる別れへの欲求を見い出す場合、人はこれを、それが真正なあり方であるか、あるいは、それが単なる短気にすぎないか、吟味しなければならない。その吟味は難しくはない‥　1　再生者たちの、真のそして信心深い欲求は、立派に常に彼らの下に見い出される。苦難においてよりも、善き日においてより一層‥というのも、彼らは善き日において、罪の刺激に一層気づくのであり、そして彼らはそれらの危険も見るのであるから。これは欲求にさらに火をつける。しかし、苦難においては、彼らはむしろ、彼らの神をそれによってより長く称え、より一層純化されたいという欲求を得るのである。しかし、肉的な人間たちは、常に死を恐れ、それへの熱望はもたない、もし彼らにとってうまくいっているならば。次のように言われる‥おお、死よ、汝はどれだけつらいことか、もし、善き日々を、そして十分にもち、心配なく生きていて、彼にとってはすべての事物においてうまくいっていて、なおよく食べることのできる人間が汝について考えるならば！［シラ書41・1］それに対し、彼らは直ちに好んで死のうとする、もし、彼らにとって悪しく進んでいる場合には。それについては、以下のような言葉の中で言われている‥おお死よ、汝は、弱く、年取っていて、あらゆる心配に陥っており、より善いものを希望することも期待することもない貧しい者にいかなる善を為すことであろうか！［同2節］そこでは、以前には全く深く世間にはまっていた人々にも、次のような思惟が至る、彼らは好んで神の下にありたいという。彼らにとって、世間の快楽や、あるいはその内でその他に彼らがこれを、だんだん好きになったようなものは、きらわれることはない。そうではなく、彼らはこれを彼らの苦難においては享受することができないのである。したがって、まず苦難において始まる死にたいという熱望は、少なくとも、単なる短気ではないかと疑わしい。**2** 信心深い熱望は苦難に対するよりも、罪に対する嫌悪により一層由来する。そして、それは神への愛に由来する。しかし、肉的な〔同3－4節〕熱望は、苦難に対する不満に由来する。罪の重荷を人は容易に背負うであろう、もしただ苦難さえその下になかったならば！ それはよって、実際には短気である。**3** 別れへの神的欲求は謙虚と謙遜の内に留まり、人はそれに憧れ、それを求める：しかし、神の意志の下への誠実で正直な服従と共に。[427] 人はまた、神的方策があるところでは、より長く肉体の内に留まる覚悟をしている。しかし、肉的な欲求は激しくて、神から救済を言わば強奪しようとし、彼自身の意志をそこにおいて満たそうとする。**4** だらしない欲求は人間を、善いことをするのに怠惰にし、不機嫌にする、なぜなら、彼は生と仕事にうんざりしているからである。[428] しかし、神的欲求が真に存在しているところでは、そこでは人間は、言わば、いかなる時間も無駄にしないように急ぐ：そうではなく、彼は常に善いことをし続け、それによって、彼は成し遂げた日々の仕事の後、父によってそれだけ早く故郷へ呼び出され、その救済者の下へ導かれるように。これによって、すべての者は、彼の終わりへの欲求を吟味できるし、すべきである。彼はすぐに見い出すであろう、これがいかなるあり方であるかを。

そうした欲求を我々の下で正しく促進するために、我々はしばしば罪の悲惨を思い浮かべる、それによって、それに対する嫌悪を我々の下で増すために。その後、我々はしばしば、将来の栄光を考察する、それによって、それへの愛が我々の下で増すように。しかし、一般的に言って、それによって神と我々の救世主への愛を増すことができるすべての手段は、また、この欲求をより心からのものとする手段でもある。その後で我々は、神自身に心から次のことを呼びかける必要がある、彼が我々を彼の聖霊によって、世間とこの地上的生へのあらゆるだらしない愛から純化してくれるようにと。しかし、彼は我々に、信心深い考察を通じて、しばしば彼の永遠を一瞥させようとするであろう。そこで、我々の内にそれへの正しく聖なる欲求が作り出されるのである。しかし、我々は、この欲求のあらゆる妨げを熱心に防がなければならないし、我々の心を、この時間的生と共に終わるものに、決して執着させてはならない。[429]というのも、心を栄誉や、富や、快楽に執着させる者は、生そのものへも、だらしない愛をもって執着するからである。

C　慰め

慰めはこうしたものである：愛する父は、好んで我々の内にこの聖なる欲求を作り出そうとする、もし我々が彼の霊に余地を与えるならば。彼は、彼がそれを我々にとって必要と見る程度において働く。しかし、時に、若干の、その下では再生のその他の徴は明白に見いだされる、それ以外は誠実なキリスト教徒たちが存在する。しかし、彼らはこの欲求の欠乏と、死への純粋な不安と恐怖を嘆く。彼らは常に、あるいは時に、苦しめられ、彼らはそれについての試練に陥っている。彼らにとって、次のことは慰めとして働く、彼らをこの部分の欠乏が驚かす必要はないということは、もし彼らが別の部分で、彼らの再生を認識するならば。そこでそれはただ、肉の自然的弱さにすぎない。もし、彼らが正しく自身を調べるなら、彼らは熟考に際して、次のことに気づくであろう、心情と霊はそれでも至福への欲求をもっているということに。問いかけに対し、彼らは真実をもって、次のように答えることができる、彼らは至福になることを求めていると：本性は、人がそれを通っていくべき道を怖がるにもかかわらず。それ故に神は、彼らの下に、彼らの魂の上級能力における、彼によって作り出された意欲を、下位の諸能力における本性の恐怖よりも、より多く見る。しかし、彼らは後者を神的力において確かに克服するであろう、それだけ近くいざとなったなら：そして神は、彼らの弱さにおいて強くなるであろう。

これもまた一つの慰めが残っている：次のことは、彼の信者たちにおけるキリストの力の証拠である、彼らが死の恐怖を――それはそれでも、人間の下で最も激しいものであるが――克服するということは。それに続くことのために、彼らはある熱望を獲得する。そして、死によって彼らは最終的に、彼らが何よりも求めてきた財産の享受に入り込む：故郷に戻り、ずっとキリストの下にあることという。

主イエス・キリストよ、汝、生の君主にして死の克服者よ！　汝は死から棘を抜き、力を奪われた、それが汝の者たちを害することができないように。彼は彼らの救済を促進しなければならない。なお、我々すべての心の内で、真なる信仰に火をつけ、強め給え。我々に、現在の恩寵の財産をつかませるのみならず、汝の約束の故に、将来の栄光をもつかませ給え。彼らの愛と尊敬が我々の心を満たすように。しかしまた、我々にまだ貼りつき住んでいる罪に対する聖なる嫌悪と、その更なる危険に対する用心深い恐れを呼び起こし給え。特に、我々を完全に、汝と汝の父への愛でもって満たさせ給え。我々の全き欲求は、汝と彼と親密に合一し、あらゆる部分で汝に気に入られることです。我々の魂を、地上的なものへのだらしない愛から解放し給え、それによって、我々の内にますます一層、我々に最も完全な財産への扉を開ける至福なる別れへの聖なる熱望が呼び起こされるように。しかしまた、この熱望をあらゆる無秩序と短気から解放し、我々の意志を完全に汝のそれに、永遠の至福への入り口に関して、従属させることを教え給え。ああ、我々に永遠を求めさせ給え、我々が——死へのあらゆる恐れから解放されて——それを、自身汝の内で慰められて克服し、喜んで汝の下に到着するように、永遠に汝の下にあるために。アーメン。

400 「ほんのわずかな真の悔い改めが魂に至っておらず、懺悔と罪への憎しみの代わりに、単なる地獄への心配な恐れが、真の信仰の代わりにキリストへの人間的な空想が心に存する場合」（SHS402）についてシュペーナーは語る。

401 「懺悔における罪と神的怒りの痛みの感覚は、我々の力の内になく、我々がそれをどの程度もとうとしようが、もとうとするまいが、そうしたものはただ、神の手と自由に依存する」（DigF41）。ここには、フランケによる悔い改めに際しての信者の苦痛の強要に対する穏やかな批判もあるのであろう。シュペーナーは「毎日の悔い改めにおける悲しみ」（DigF43）にもあまりに耽りすぎるべきでないと警告する。我が罪を真に認識し、それを憎む場合に、「それについての感じられる悲しみを伴ってか、あるいはそれなしでも」（WP263）問題はないのである。「自分の苦難と悲しみから慰めを汲みだそうとする者は、まず、自分がそれ以外でも活きた信仰における神の王国への途上にあるかどうか、自らを吟味しなければならない」（SHS554）のである。

402 ドイツ神秘主義のシュペーナーへの影響を感じさせる表現である。シュペーナー自身は聖書の記述を踏襲しているだけなのであろうが。

403 最後の審判の日。ここで義の王冠を受けるのは、信仰を守り抜いた者たちである（Ⅱテモテ4・7を参照）。

404 シュペーナーは、『ヨハネによる第一の手紙』に基づき、「罪をもつこと」と「罪を為すことと罪を犯すこと」を区別（この区別はSHS515にもある）し、前者を「弱さの罪、あるいは人間において支配していない罪」、後者を「悪意の罪、あるいは支配する罪」と呼ぶ（Erk119）。信者や再生者は「原罪と弱さの罪から自由でないにもかかわらず、彼らはそれでも決して罪に仕えないし、したがって悪意から罪を犯さないし、弱さの罪にも真剣に抵抗して、可能性ある限りまたそれに用心する」（SHS347）のである。「信仰によってキリストの内に留まり、よってその力から働く者は罪を犯さない」（SHS521）とも言われる。

405 神にとって重要なのは心であって、「それに関して彼は我々を判断するのであり、本来言葉と業に関してではない」(SHS396f.) が。

406 この罪は「永劫の罰に値しないのと同じではないが、神はそれをキリストの故に信仰によって、ちょうど大目に見、許してくれる」だけであり、そのため「怠惰な罪」とも呼ばれる (Erk119)。

407 「人は外面的な罪をやめるのみならず、内面的にも世間への愛をより一層やめるように、努めなければならない」(DigF63)。

408 「パウロも見い出さなかった善の完成を、彼は次のように説明する：欲望なしに生きること、全く純粋に、それはこの世では起こらない」(Erk101)。また、「我々は、もちろんこの世では、もはや何も付け加えることができず、べきでないような程度の完全性には決してもたらすことができないであろうが」(PD182 邦訳111頁) とも。パウロでさえ、「その心はまだ完全に純粋でなかったので、彼はなるほど、自分の業の内に何か善いものを認識したが、しかし彼が為そうとした善をその完全性においてではなく、はるかに小さな善は、そして律法の厳格に従ってではなく、ただ、福音の恩寵から神の気に入ったにすぎない」(SHS442)。

409 「すべての者の元に、原罪と同様に、弱さの罪もまた残っている、彼らはここでは肉の内にあるのであるから」(SHS327)。

410 デンマークの実存哲学者ゼーレン・キルケゴール (1813－1855) の著書名でも有名なフレーズ。

411 神が私の魂そのものの内に住み、「彼とますます合一されること：というのもその内に魂の最高の至福は存するから」(Erk55)。

412 こうしたことを、シュペーナーは、信者の死への恐怖を軽減するために述べているのであろうが、先述したように、信者の死に急ぎを招く危険もある。

413 パウロ自身はキリスト再臨の時点でまだ生き残っているつもりでいたようであり、自分の復活については述べていない（Ⅰテサロニケ4・15－17を参照）。したがって、シュペーナーの引用の意に反して、パウロにとってキリストと共にいるのは死後のことではない。

414 「神に反するすべてのことへの憎しみ、それは、すでに、我々が主の友であり、よって、彼との平和にあることを示す」（DigF70）。

415 迫害されている敬虔主義者たちを励まし、勇気づけているのであろう。

416 迫害を受けた敬虔主義者たちの嘆きや焦りをなだめようとしているシュペーナーの姿勢がうかがえる。

417 「我々が聖書を見れば、我々は、神がここ地上でなお、彼の教会の若干のより善い状態について約束していたことは、疑いえない」（PD172 邦訳106頁）。このシュペーナーのテーゼは、敬虔主義研究者の間では「より善い時代への希望」と言われる。すでに終末が近いと考え、それ以上の教会改善の可能性を認めなかったルター派正統主義をシュペーナーが乗り越えたことの証拠とされる。なにしろ、「真剣な内面の敬神の教説」を説くだけで、「秘かな教皇主義者、ヴァイゲル主義者、クウェーカー教徒という疑念」、つまりルター派から見た 異端の疑念を避けられなかったと、シュペーナーが嘆くくらいである（PD118 邦訳74頁）。

418 シュペーナーは、「彼が我々に我々の仕事の成功として見せてくれようとするもので満足すること」（PD102 邦訳64頁）を求める。

419 アッシリアの都市。ニネベ人はユダヤ人でない異邦人であり残虐な国民性で恐れられていた。ヨナは一度、神の命令に反してニネベから逃げ、海に出て大魚に飲み込まれた後、助けられてニネベで預言を行い、ニネベ人を悔い改めさせる。

420 『列王記上』の登場人物。ユダヤの預言者。当時の異教神バアル崇拝を攻撃し、その預言者を処刑させた。バアル崇拝者であったイスラエルの王妃イゼベルに殺されそうになり、ホレブ山に隠れるが、後山を下りて、エリシャを後継者とした。

421 『列王記上』の登場人物。イスラエルの王妃であり、異教神バアルの崇拝者であった。バアルの預言者を処刑させたエリヤを殺そうとする。後に失脚して非業の死を遂げた。

422 『エレミヤ書』の登場人物。『列王記上・下』、『エレミヤ書』および『エレミヤの哀歌』の著者とされる。ユダヤの大預言者。エルサレム神殿とユダ王国の破滅を預言した。この預言はバビロン捕囚によるユダ王国の滅亡として実現することになる。また、神との新しい契約と救済の預言をし、国民の悔い改めを説いた。

423 シュペーナーは、熱狂的な預言者の宗教的美化とは程遠い、醒めた人間観察眼の持ち主である。預言者たちの中にすら人間的弱さを見て取る。

424 神の約束であろうとも、「必然的にやはりその成就は彼の時に従わねばならない」（PD176 邦訳108頁）。つまり、人間に左右することはできないので、人間がそれに先行することも不可能である。この場合は、死に急がないという意味になる。

425 シュペーナーは、初期キリスト教徒は「それが必要なら、お互いのために死ぬ準備を常にしていた」（PD188 邦訳115頁）としている。

426 「人間が聖書を神的光と働きなく、人間的書物として扱い、あるいは言葉をそのような仕方で聞き、したがって、箇条や、あるいはそこから学んだことを、何らかの他の世間的なことのように、単なる人間的熱心をもって、自然的な光において学び、それがあれこれの人々によって語られている故にのみ、あるいは、彼がそれを若い内からこのように聞いてきた故にのみ、それを信じて、そして、彼は何においても変化することなく、いかなる誠実な果実ももたらさず、すべてにおいて以前の人間のままであるにもかかわらず、（神的秩序に反し）こうした仕方で至福になれるとそれでも信頼し、あるいはそうした学問と賛同とならんで、いかなる信頼ももたない」とするなら、それは「歴史的な死せる信仰」でしかない（Erk131）。この「死せる信仰は、実際にはいかなる信仰でもなく、肉の安心した空想にすぎない」（SHS364）と、シュペーナーは言う。

427 つまり、自分の意志で勝手に死に急ぐことは許されない。

428 「人間が、彼に神によって与えられた才能を用いず、それを鍛錬することもなく、あるいは、神が彼に与えた、あるいは神的秩序によって与えようとした魂の財産を失い、時間的なもの、些細なものへの愚かしい愛から、永遠なもの、最も重要なものを失って、よって自らに取り返しのつかない害を与える場合」（Erk67）をシュペーナーは、魂と心における自殺と見なす。

429 「我々がいかに学識あり、そうしたものを世間で前に置いたか、いかなる人間の愛顧において我々が生き、それを保つことが出来たか、いかなる栄誉において我々が漂い、世間に大きな名を残したか、いかに多く、我々が地上的な財産から我々の宝を集め、それによって我々に呪いを引き付けたか」（PD98 邦訳62頁）。

12　彼の栄光への再生

テキスト：マタイによる福音書第19章28節

しかしイエスは彼らに次のように言った：本当に私は汝らに次のように言う：汝ら、私に従ってきた汝らは、再生において、そこでは、人の子が彼の栄光の椅子に座しているであろうので、やはり12の椅子に座し、イスラエルの十二部族を裁くであろう。

A　冒頭[xii]

我々は今や、神の恩寵によって、再生を検討してきた、そして、何がそのあり方に、そしてその果実に属しているかを：また、改新におけるその継続を論究してきた。この素材には、少なくとも短くは言及されなかったことはわずかなことしか属していないであろう。今や、結論について考えることが必要となる。そのためには我々にとって次の考察が役立つ、いかにして、再生において始まり、改

xii　導入を参照。

新において継続することが、彼の生において完成するであろうか。ある意味においては次のように言うことができる、彼の永遠への入り口においてもう一度、再生が起きると。この考察から我々は、少なからぬ教化、鼓舞と慰めを希望するものがある。——しかし、主は我々に、我々の理解の目を照明し、我々は次のことを認識する、どれが我々の召命の希望であるか、そして、どれが、その最後の再生における彼の聖なるものの下での、彼の素晴らしい遺産の富であるかを。イエス・キリスト、我々の救世主を通じて。アーメン。

B　テキストの言葉の説明

我々のテキストは多くの様々な説明を受けている：しかし、時間はこれらを今回詳細に取り扱うことを許さない。私はまた、次のことを否認しない、私が我々のテキストにおいて様々なことを完全には理解していないということを。[431] しかしながら、私にとっては、今主に再生という言葉が重要である。これについてのみ我々は語る。ただ、我々は全く短く前もって、テキストの一般的な意図と内容を述べておきたい。

I

テキストに関連して次のように言われる、豊かな若者が主のところに至った。彼は次のことを知りたがった、永遠の命を得るためには彼が何をしなければならないのかを［マタイ19・16以下］。その後で、主は彼に戒律を指摘した。特に彼は、彼に対してはっきりと、二番目の板の戒律を差し出した［同19［18－19］］。しかし、彼は若い男から次のような答えを得る、彼はそれらすべてを若いころから守ってきたと。彼は、なお彼に何が欠けているかのみを知ろうとしていた。しかし、主は彼の心の内に高慢を見るのみならず、彼の無分別も見る。彼は律法の見方を理解していない。彼を正しい認識にもたらすために、主は次のように言う：**汝が完全になりたいなら、行って、汝がもつものを売り、それを貧しい者たちに与えよ、そうすれば、汝は天に宝をもつであろう；そして、来て、我に従え！**［同21節］この命令によって主は、彼に次のことを示そうとした、彼の心が神を他の何よりも愛してはいないことを。しかし、そのための戒律は、すべての二番目の板のそれに先行する、それを遵守することを彼は誇っていたのだが。主が神的師として、彼に、彼の財産を売るよう命じた時、豊かな若者は、そうするように決心できなかった。彼の心はなお多く、あまりに強く地上的なものに執着していたのである、彼が神を心から愛することができるであろうよりも。しかし、そうした愛からは、あらゆる従順が出てこなければならない。若い男は、悲しんでそこから去る。疑いもなく、彼の心は主の言葉によって、何かを語りかけられていた：しかし、地上的なものへの愛がそれを完全には貫徹させなかったのである。しかし、主は、そこから、彼の弟子たちに、富の危険[432]を思い出させ、それを警告する機会を認めた。彼は言った：真に私は汝らに言う：金持ちが天の王国に入るのは難しい［同23節］。弟子たちはそれについて不信の念を抱いた、なぜなら、『旧約聖書』に従えば、富は特別な神の恵みであり、神的恩寵の証拠であるはずだったからである。それに、富からその価値を奪う語りは矛盾しているように思われた。それ故に彼らは次のように言う：だったら、いったい誰が至福になれるだろうか？［同25節］しかし、主は次のように言う：人間にはそれは不可能である：しかし、神においてはすべての事柄が可能である[433]［同26節］：神は富める者たちの心を時間的なものへの愛から浄化し、彼らの富が彼らを霊的なものと永遠なものについて妨げないようにする。

ペトロは次のことを見た、主が、自分のものを売ろうとしなかった若者に満足しなかったことを。ペトロは次のように考えた、これは、主に次のことを示す機会であると、彼と彼の共なる使徒が、若者とは全く異なる考えであることを。彼らは、主が求めることをしたであろうし、彼らは、そこから素晴らしい報酬を期待してよかったであろう。よって、彼はイエスに次のように言った：ご覧ください、我々はすべてを捨て、あなたに従いました［同27節］。よって、我々は、その点で若者があなたに従おうとしなかったことを為しました。その代わりは我々には何になるでしょうか？［同27節］これは、我々があまり褒めることができない言葉であった、その内に、うぬぼれと利己が現れており、愛する人の大きな弱さもそうだからである。

主はここで彼に鋭い叱責を与えることもできたであろう。しかし、彼は使徒の弱さを忍耐する、なぜなら、彼には、その他の点では、彼の誠実な心がわかっているからである。彼は、彼に、我々のテキストの言葉で答える。彼と、彼らのものを放棄し彼にこれまでに従った他の弟子たちに対し、彼は大切な約束を与える：彼らが彼のために為したことと、彼らが彼のために放棄したものを、彼らに再び十分に報いるはずである、もし人の子が彼の栄光の座に座る［マタイ25・31］ならば。――若干の者はこの約束を次のように理解する：それはなおこの世界時間に属していると。もし主が彼の素晴らしい王国をすでに地上で始めるであろうならば、使徒たちは大いなる栄光の内に置かれたであろう。彼らは、イスラエルの十二部族を支配する。[434]――しかし、キリストがその栄光の座に座るのは、『マタイによる福音書』第25章で、終末の日にであると暗示されている。主イエス自身が次のように言われる：しかし、もし人の子がその栄光に至るであろうなら、そして、すべての聖なる天使が彼と共なるならば、そこで、彼はその栄光の座に座り、そして彼の前にすべての国民が集められる。そして彼は、彼らを互いに分けるであろう、ちょうど羊飼いが、羊を雄山羊から分けるように［同31－32節〔33節〕］。そしてその後に、最後の審判の審理が続く。その結論は以下の通りである、無神者は永遠の苦痛に赴かなければならない：しかし、正しい者は永遠の生に赴く。――そのように、よくもっとも簡単で、やはり最も普遍的な説明は、ここで約束された通りのものである：もし、主イエスが最後の審判に来たるであろうならば、彼は彼の使徒たちを高く評価するので、彼らは言わばこの法廷における彼の陪席裁判官であるはずである。しかし、特に彼らは、彼と共に、イスラエルの十二部族を、したがってユダヤ民族を裁くはずである。これは、彼が彼らに約束した重大で高い栄誉であった、大体同じことが、それでもまた、他の信者たちにも約束されている：汝らは次のことを知らないのか、聖者たちが世界を裁くであろうということを？　そして：汝らは次のことを知らないのか、我々が天使を裁くであろうということを？［Iコリント6・2－3］その後で、主はペテロに次のように言おうとする：彼と彼の共なる使徒たちが彼のために為したこと、彼らが放棄し、苦しんだことは、最も素晴らしいものによって弁償され、報いられるはずであると。

これは一般的にイエス・キリストの約束である。しかし、それは今回特に、我々にとっては再生の言葉に関わる。主はここで次のように言っている、これは再生において生じるであろうと。我々は、それによって何が言われているか、熟慮する必要がある。――若干の解説者は、それを先行することと組み合わせようとする：再生において彼に従った人びと、と。再生はまねびに属するべきである、しかし、それは報いの時であるべきではない。さて、我々のキリストのまねびは再生において起きなければならない：というのも、我々は古い誕生においてはキリストに従うことができないからである。我々は彼の気に入ることもできない。まず、再生が我々をキリストのための奉仕に有能とする。しかし、それはここでの考えではない。そうではなく、その言葉の意味は次のことに向けられている、再生の時に、ここで主キリストに忠実に従った者は、喜ぶに違いないということに。――しかし、ここでも再び様々な考えがある：若干の者は、再生ということで、『新約聖書』の全き今の時間を理解している。キリストの福音の教えによれば――今や、彼は彼の父の右に座った――人間の大きな数が回心し、神的生へと再生する。そこで、使徒の裁きは、終末の日の裁きには妥当しないであろう、そうではなく、霊的裁きに妥当するであろう。彼らの教えによって、彼らはイスラエルとまたすべての人間を裁くであろう。ルターはこの説明を愛した。彼はそれについて次のように書いている：それは、終末の裁きについてのみ理解されるべきではない、そうではなく、ここ、この生における霊の裁きや判断についても理解されるべきである、それは既に、霊的なものにおいて始まっている、なぜなら、彼らは今や聖霊を受け取り、キリストの王国が彼らの内に確認されたからである。[lxiii] 再び：聖霊はいたるところで、福音と汝らの職務によって統治し、汝らは座して、イスラエルの十二の部族を裁き、義と永遠の生のために罪と死に対する支配と権力をもち、そこで至福になりたい彼らのすべては汝らの言うことを聞き、汝らに従わねばならない。[lxiv] ――しかし、我々は、栄光の席に座るということを、終末の裁きに臨んでの、キリストの未来について理解してきたのであるから、再生もまた、終末の日に別の立場に置かれ、注がれ、生まれ変わり、あるいは再生されるべきであるすべての者についても、理解されなければならない。そのように、それで我々はまたそれもとりたい。我々は次のことを考察する、い

lxiii　ルター『教会歴説教集』ワイマール版、1883年以下、17巻、II、381頁、15–17行。
lxiv　『ルター著作集』アルテンブルク版、1661年以下、7巻、194頁b＝ワイマール版、46巻、33頁、7–9行。

かにして、終末の日に全世界で起きることが、再生と呼ばれていいかを。[435]

II

ここで、再生においては古い人間が脱ぎ去られるか、あるいはむしろ次のようである：その力が弱められ、それによって、次第次第に完全に、脱ぎ去られる：それに対して、新しい人間が生まれる。そのように、将来の再生においても、二つのことが起きる：1 古い悪が除かれる：あるいはもはや全く存在するべきでなく、あるいは少なくとも神的栄誉と信者たちの福祉をもはや妨げるべきでない。それから、悪魔は地獄の池に投げられる［黙示録20・10］。それは、今後永遠に何者も害することができない。あらゆる無神者も、地獄にあり、その罰に苦しみ、至福における敬虔な者たちの喜びをいささかも乱すことはできない［詩編9・18、31・18、ルカ16・23、マタイ11・23］。よって、すべての癪の種と、すべての罪深き存在は去っている。したがって、死も全く破棄されている、すなわち復活によって。それは最後の敵［Iコリント15・26］であった。このすべての見える世界は全く消え失せ、無となるであろう――それがたいていの教師の考えなのだが――、永遠の内にいかなる時間的なものも、もはやないのである。そこではまた、粗雑な物質的なものも、何も残らないであろう。そうではなく、復活者たちの肉体は霊的であろう、[436]あるいはそれらは焼失し、素晴らしい状態に至り、その内では永遠に、次のような状態であるであろう――ちょうど、世界において、粗雑で暗くみすぼらしい物質[437]から、火によってもっとも純粋でもっとも明るいガラスが作られるような――。われらのルターはこのことを言っていた。我々の内の他の者たちも彼に賛同する。また、この考えは、我々の神の栄誉と知恵にも適っているように思われる。

2 そこで、すべてははるかにより素晴らしく、より善い状態にあり、今や全く新しい。そこでは、ここで既にキリストによってはじめられたこと、生じたことが、完全に生じる：古いものは過ぎ去り、見よ、すべてが新しくなった！〔IIコリント5・17〕そこでまた、ペトロの言う次のことも満たされたのである：しかし、主の日は来るであろう、あたかも、夜における泥棒のように、その際、天は大きなすさまじい音と共に消え失せるであろう；しかし、元素は熱で溶け、そして大地と、その上にある建築は焼失するであろう。そのように今やすべては消え失せるはずである、ちょうど、汝らがその時、聖なる振る舞い[438]と敬神な本質によってふさわしいはずであるように、汝らは主の日の未来を待ち、そこへ急ぐ、その時、天は火によって消え失せ、元素は熱によって溶けるであろう！　しかし、我々は新しい天と新しい大地を待つ、彼の約束に従って、その内には義が住んでいる〔IIペトロ3・10－13〕。我々はそこで言わば、新生した天と新生した大地をもつ。そのとき、それは、正しく、偉大で、普遍的な、永遠に持続する再生である。

C　教え

終末の日と時間の永遠への変化に際して起きるすべてのことは、人間のために起きる。これは特に、再生にも該当する。よって、我々は主要な教えとして次のことを考察する必要がある、信者の下で再生が起きるということを：言わば、なお永遠においてと、それへの入り口の下で。これは、死の、あるいは世界からの別れの日に始まり、終末の日に完全となる。[439] それについて、我々は以下のように述べる：

1　我々がこれまで再生について ― そして、改新によるその継続について ― 取り扱ってきたすべては、より一層、自然的な受胎と、母体内での子どもの状態に、本来のいわゆる誕生よりも、一致する。したがって、聖書はそれを再生殖（Wiederzeugung）[lxv] と呼んでいる。子どもはその受胎の最初の瞬間に人間である：というのも、肉体と魂がそこにあるからである。[440] しかし、それは母体内においてはより一層、形成され、形作られ、より完全にならなければならない、最終的に生まれ、日の光の下に来るまでは。[441] そこでは、それはまだ子ども以前であるが、しかし、先行するのとは全く違う状態にある。そのように、我々の再生も、ここではむしろ、そして本来、受胎である。その内で新しい人間が存在し始める。しかし、改新において彼は育つ。彼は形成され、彼の救世主により一層似てくる。しかし、もし、信者が至福なる死によって永遠に移されるということになる場合、それは、その時、**誕生**である。前もってそこにあったものが、今や、永遠の光の下で生まれるのである。ここから次のことが帰結する：初めて、あちらで、信者が神の恩寵によってここで立派に受容し、もっていたすべてのものの啓示が生じる。次のように言われる：というのも、**汝らは死に、そして汝らの生は**――汝らの霊的な生、汝らの新しい人間の生と、神が汝らの内に置き、作り出した善なる素晴らしいものは――**神の内にキリストと共に隠されている**――活きた子どもが母体内になお隠されたままでいるように。――しかし、も**しキリストが、汝らの命が、自らを啓示するであろう場合には**――終末の日に起きることであるが――、**その時は、汝らもまた彼と共に、栄光において明らかになるであろう**［コロサイ3・3―4］。もし、子どもがなお母体内に隠されたままでいるならば、それはまだ、自分自身について何も知らない。他者たちもまた、それがいかに巧妙に形作られているか、まだ見られない。しかし、もしそれが光の下で生まれたなら、人はそれを初めて正しく見る。そして、今の状態においては我々の下で、その時、子どもは彼の理性をまだ使うことができないにもかかわらず、それでも、すでに以前よりはより善いと感じる。それは、その周りにあるものについて、より一層気づくであろう：次第にまた分別の使用が帰結するまで。そのように、キリスト教徒は、彼がここ世界の内にいる限り、神が彼の内に作り出し、

lxv　ギリシア語で anagennsathai（もう一度子をもうけること）、palingenesia（再びの誕生）。

彼が彼に贈った善を正しく洞察することも、認識することもできない。彼は神を、そして、神が彼に啓示したことを信じる。しかし、かれはそれをただ、曖昧な言葉において［Ⅰコリント13・12］のように、見るだけであって、まだ明るい光の下においてではない。彼は次のことを知っている：神が彼を自分の子どもにしたことを：しかし、彼がここで、この子どもであることがいかなる素晴らしい善であるか、いかなる品位であるかを、理解しうることは、不可能である。彼はなお、そのような暗い所にあって、彼は何も見ない。他者たちもまた、他の神の子らが父から贈られた、最小のものを見る。それ故に、世間は彼らを知らない［Ⅰヨハネ3・1］、すなわち、神の子らとしては：というのも、もしそれがこれらの者たちをそうした者として認識していたならば、それは、彼らに対してやはり違うように振る舞っていただろうから。しかし、もし魂が肉体から至福なる永遠へと移行するなら、それは初めて正しく気づくであろう、それが何であるのか、そしてそれが何をもっていたのか、あるいはむしろもっているかに。それは、それを取り囲む光の中にそのすべての財産を見る。終末の日には、それから、また隠されてあるというあり方は、それが他のものに隠されてあったということを止める。そこでは、信心深い神の子らがお互いを栄光の内で見るだけではない——それは既に、以前に神の玉座の前で、魂たちの間で起きていた——：のみならず、全世界が——すべての無神者も——この栄光を見る、たとえ、彼らの恐れになるとしても。次のように言われる：その時には、正しい者は大きな喜びをもって、彼を不安にさせてきた者、そして彼の仕事を非難してきた者たちに反して立つであろう。もし、彼

らがそこでそうしたものを見るならば、彼らに用意されなかったような至福にひどく驚くであろう［知恵の書5・1－2］。**再び：いかにして彼は、神の子らの内に今や数えられるであろうか、そして、彼の遺産相続人は聖なる者たちの間に！**［同5節］これは、そして栄光の啓示を意味し、それについてパウロも次のように言っている：**私は、この時間での苦難は栄光に値しないと思う**［ローマ8・18］、――それは我々に初めて与えられるべきではない、そうではなく――**我々に啓示されるべきである**。よって、それはすでに以前からそこにあった、しかし、まだ啓示されていなかったのである。

2　それでも、この再生は、人が前もってもっていたものの啓示にのみ存するわけではない、そうではなく、更なる財産の実際の配分にも存している。永遠への入り口においては大きな変化が起きる。信者の魂が肉体を離れるやいなや、自然的な絆は解消される。ここでは、**死は罪の最後の報いである**［ローマ6・23］。今や魂は、神にはよく知られた仕方で、すべての罪から全く浄化される。原罪からも、そして、あらゆる聖化においてもその元にそれだけ長く残り続けた、その根からも。[442] というのも、聖性と栄光のこの場所には、いかなる不純なものも入ることはできず、あるいは神を見ることもできないからである。[443] それによって、今や、古い誕生に属していたすべてのもの、そして改新がその脱ぎ捨てに常に努力してきたすべてのものは、一度に脱ぎ捨てられる。

3　その代わり、今や、新しい人間のすべての力は、その完全性へともたらされる。ここでは、我々は、神的諸事物を**ただ少しずつ**［Iコリント13・12］のみ、認識していた。それからは、**我々はそれら**

を完全に、我々が認識されていたように認識する［同10節］。我々は、神自身を、知恵の根拠を洞察し、それどころか顔と顔を突き合わせて見るであろう。それから、すべての神秘が解明される。それらはもはや、神秘ではありえない。次のことについてのすべての神的方策がわかる、いかにして神が、全世界時間に、彼の信者たちにおいてすべてを正しく、そして善く統治してきたか、そして、いかに彼がまた彼の敵に対して賢明に取り扱ってきたかが。それを彼らは認識するであろう。今や、聖化も完全である。魂はその神を完全に愛する、それらが彼を完全に認識するように。すべてのだらしない自愛、罪へのすべての欲望は魂から根絶される。すべてのその力は完全に彼の神的愛で浸透される。それは今や、神自身が望むのと違うことを望むことはできない。それはそれ自身の意志をもたない、そうではなく、その意志は、その内での神的意志の働きに他ならない。これは聖性の最高の頂点である。より高次の完全性は考えられない。[444] それによって、そこでまた魂の下での神的なものも完全となる。それは、神と等しい、それは次のことを意味する：似ている：それは今や彼を、彼があるままに見る［Iヨハネ3・2］のであるから。したがって、彼の聖性と彼の栄光が、その内に注ぎ込まれる。

4 そこから次のことが帰結する：まず、最初に魂が、それから全人格が何より最高の至福に移されるということが。[445] それが人間に堕罪の前に創造されて付与されたようにのみならず、それが彼にそれによって再び与えられるのだが：そうではなく、いまや、より高次の等級において。魂はもはや何もそれ以上求めることはできない。神的似像において、それはその完全性の最高に到達する。肉体は復活によってやはり最も完全な状態に移された。それは特に、再生と呼ばれる価値がある。そして、昔の人の若干[lxvi]によって、それはそう呼ばれていた。自然的な肉体から、霊的肉体［Ｉコリント15・44］になっている：軽蔑すべき肉体から、素晴らしい、明るく輝く肉体へと。もはや、神は人間たちとはるかに密接に合一する、今の合一と比較するならば。というのも、人間たちには、もはやほんのわずかも――ここでなお罪ある肉のためにそうであったようには――それ故に彼が彼と結合できなかったものはないであろうからである。神的光と神的輝きが、この人格を絶えず浸透している。それはそれを、太陽の光以上に満たす。したがって、最も心からの満足感と喜びが生じる、ちょうどそれが神の内にいるように。いまや次のことを言うことはできない、何が、その他になお、彼の栄光において神の子らの至福を増すかを。

5　なお次のことが付け加わる、この再生は、永遠に持続するのみならず、必然的に永遠に続かねばならない生に向けて生じるということが。我々の再生は恩寵の王国において、この王国に向けて、しかもまた永遠の生のために生じる。[446] その本性から次のことは明らかである、それは再び消えることはない。しかし、人間はそれを、それでも再び失うことがありうる。彼はそこから再び転げ落ちうる、我々が別の回にはっきり示したように。しかし、栄光の王国への再生は、再び失われることが不可能

lxvi　例えば、フィロン、ローマ皇帝カリギュラ時代（紀元40年頃）のアレキサンドリア（エジプト）の学者で著作家。

な生に向けて起きる。一度そこに足を踏み入れた者は、再びそこから落ちることはできない。よって、必然的に永遠に留まらねばならない。

神の恩寵によって、我々はこの最後の再生について何かを語ってきたか、あるいは、むしろ、ただしゃべってきた…というのも、この事柄はこの時間においては、そして自身の経験に先立っては、筆舌に尽くしがたいからである。[447] また、再生について恩寵の王国において、それがキリスト教における最大の、そして最高のものであるかのように語る者も正しくない。人間はこれに長い訓練の後で入る。それは、キリスト教の最初のものであり、始まりである――あるいは、恩寵の状態の。その力から、あらゆる引き続く改新が生じなければならない。それでも、我々はそれに対して次のように言うことができる、他の、今考察した再生はキリスト教における最後のものであると。そこから、永遠に続く至福が流れ出る。

D　総括的概観

これでもって、我々は神の恩寵により、再生についての重要な事柄を終わりまでもたらした。[lxvii] 我々は、その重要性と必然性を考察した。 **1** それ以外に、**再生**[lxviii]が神に、父、息子と聖霊に由来すること…そして、いかにして各々の位格がそこでその業をもつかを。 **2** 手段は神的言葉であり、洗礼である。[lxix] したがって、その際には、牧師職もその業をもつ。**3** 再生は何に存するか？[lxx] それには次のことが属する：信仰の着火：義認――それに、子の場所への引き受けが加わる：そして、新しい人間の創造が。**4** 新しい人間のあり方[lxxi]は何に存するか？ それのみが、イエス・キリストの義をつかんでいる。それの下には、神への愛が存する：神に対する敬意の念と恐れも：律法的ではなく福音的である神的命令への従順も：常なる祈りも：天上的で霊的な諸事物への尊敬も、しかし、地上的諸事物の軽視も：神的言葉への愛と熱望も：忍耐も：至福なる別れへの欲求も：自身を常に罪から浄化する熱意も、そして、善において成長するという熱意も：自己自身の否定も：隣人への愛も：隣人を霊的なことにおいても教化し、彼をまた危険と苦痛から助けるという欲求と熱意も：困窮した者たちも助けるという乗り気も：隣人に対する優しさと忍耐と宥和性も：謙遜と兄弟愛も。**5** 再生の卓

---

lxvii シュペーナーの、再生についての66の週日説教は、第一版が１６９６年に、第二版が１７１５年に出版された。それ以来、それらが再び出版されたことはない。区分：準備：聖書的視点から見た人間の本質について：第１－第３説教。

lxviii 再生の創始者について：第４－第６説教。

lxix 再生の手段について：第７－第９説教。

lxx 再生の本質について：第10－第14説教。

lxxi 新しい人間：新しい人間の義務（ａ）神に対する：第15－第26説教。（ｂ）自分自身に対する：第27－第31説教。（ｃ）隣人に対する：第32－第43説教。

越性と諸果実[lxxii]も考察された：神的な子どもであることの栄誉、品位と栄光も、その諸果実と共に：神的で、父性的な、彼の子どもへの、肉体的なものにおいても、しかし特に霊的なものにおける世話：父性的な懲罰：神的遺産、それ以外でのと同様に彼の栄光における：イエス・キリストの義の贈与：律法からの自由：神が住み込むことと合一：そして、最後の持続への保持。6 次のこともまた現れた、いかにして、再生が再び失われうるか、そして、その後もう一度再生されうるか。再生において始まった善は、改新[lxxiii]において継続されなければならない：これは古い人間の脱ぎ去りと、善の成長によって新しい人間を着ることに存する。[448] 7 最終的に、また、吟味の必然性[lxxiv]と、いかにして人が、ある側面、あるいは他の側面において行き過ぎないように注意しなければならないかが、示された。これが、簡単に言えば、内容である。[lxxv] 望むらくは、説教において、題材の全体が含まれていて、最も必要なことが何も抜かされなかったように。もちろん、すべてがより詳細に取り扱われえたであろう。私はまた次のことも疑わない、素朴さを目指して努力してきたと。より素朴なものについても、正しく注意を払おうとした者は、事柄を理解したに違いない。人間的知恵の高い言葉［Ｉコリント2・1］、あるいは、特別な細かいことにこだわることは、何も混在していなかったし、多くの技巧と教養もそうである。私はまた、各々の点において、汝らのキリスト教的愛を心から勧告し損なわなかった、その都度論文で、我々の義務に属することとして示されたことを実行するようにと。[449] また、慰めの源泉も、それを必要とした者たちのために、示された。

E　訓戒

さて、もし今論文全体を閉じるべきであるとするなら、私は汝らに話しかけ、心から想起させる必要がある、自らを神の前で吟味することを、講演したことを正しく魂の内に刻み付けるように皆が努力したかどうかを、よって、それが真理をもって言うことができるかどうかを、三年間の仕事から、霊的な利益を汲みだしたと。このことは、この説教を大部分傾聴した者たちに妥当する。彼らは次のことを否定できないであろう、私によって、神的真理が講演されたということを。しかし、彼らにそれができたにもかかわらず、列席しなかった者たちも、その責任を自ら担うかもしれない、もし彼らに、彼らがそこから把握することができたであろう諸認識が欠けているとするならば。若干の者たちは、真に自らを自慢することができるだろうか ―― ああ、それが多くの者であったなら！ 私は次のことをすべての者について疑いたくはない ―― 、ある利益を得たということを、それで、私は私の神にこの恩寵に

---

lxxii 再生の果実について：第44－第59説教。

lxxiii 改新について：第60－第63説教。

lxxiv 再生の吟味について：第64－第65説教。

lxxv 結語：第66説教

対して心から感謝する。私はこのことを請う、私と共に、すべての栄誉とすべての感謝が、彼の天なる財産に与えられることを…というのも、すべては彼のものだからである。そのうちの何も私に帰せられない。しかし、若干の者たちは彼らの良心を確信しているので、彼らがなるほど多くのことを聞いたが、しかし、何かをそこから理解するのには熱心でなかった、私は彼らに、次のことを信じることを真剣に思い出させる、私が彼らの教化のために語ったが、彼らによって聞き流されてしまったすべてのことは、彼らについての証言として語られたということを。もし彼らが、彼らの怠慢を、恩寵の時においてなお改善しないならば、彼らには、将来、それだけますますより重い責任がもたらされるであろう。私はそれに責任を負いたくない。そうではなく、私は今度も私の魂を救った、この教えの授業に関して。

今や、汝らは、何がなお汝らの義務であるかを、最後に聞こうとする。それは、傾聴したことを熱心に記憶に、そして心に刻み付けるよう想起することに存する。何かを学んだ場合には、よりしばしばそれについて熟考されるべきである…そしてそれは、読み直されるべきである、それによって、汝らが認識においてより一層基礎づけられ、その内で増すことができるように。汝らの各々が、自分自身を吟味するように、汝らが——与えられた徴表に従って——再生の内にあるかないかを。誰かが、汝らの吟味に別の指導を与えることができるなら、それをすることは、愛に適っている。しかし、そこにおいては、あらゆる熱意とあらゆる用心が必要となる、汝らが自分自身を欺かないために。吟味の後、汝らはしかしまた、正しく振る舞わなければならない∶ **1** 汝らの良心が次のことを確信したなら、彼らが再生から落ちていて、再び古い誕生の内にあると、神のために祈り、真剣で真実な悔い改めによって、再び再生に急ぐことを一日も待っていてはいけないと∶あるいはむしろ、神によってそこへと導かれるように、なぜなら、確かにそれは彼らの業でも彼らの力でもないからである。信者たちにその悔い改めを延期する一日ごとが、その危険を増し、そして彼らをそれに対してより無能にしてしまう。 **2** しかし、彼らの良心が、再生の至福なる状態の証を与える者たちは、これを安心のために用いることはないであろう。そうではなく、彼らは日々の改新に熱心であるべきであり、我々はそれについても語ってきたし、その必然性も示してきた。神の前での彼らの日々の仕事は――そして、その促進の日々の決意は――次のことへ向けられるであろう、洗礼の契約[450]を尊重し、そして日々、古い人間をその欲望と熱望もろとも十字架にかけて殺し［ガラテヤ5・24］、それに対して、新しい人間を促進することに、それは、神に従って、誠実なる義と聖性において創造され［エフェソ4・24］、それによって彼は我々の全生涯を支配するのである。

F　慰め

ここでいかなる慰めが把握されるべきかは、もちろん、付け加えられた。それをここで繰り返すことは必要ではない。ただ、我々は次のことだけを言いたい：我々は皆、一度は再生したということを。[451] 神の恩寵を頼ろうとする誰ひとりにも、次のことは欠けるべきでない、彼が新しい誕生の状態に留まりえない、あるいは再びそれへと来たることができるということは、もし彼がそこから離反したとしても。それから：我々が、我々の再生を保証されているなら、その時には、我々はまた、我々の至福についても、ほんのわずかな疑念さえ抱く必要はない：というのも、我々が再生しているなら、その時、我々は神の子らだからである。[452] 我々が神の子らであるなら、その時、我々は彼の遺産相続人である。我々が彼の遺産相続人であるなら、我々は時間と永遠の内に十分なものをもっている。

G　祈り

しかし、最後に我々は互いに祈ろう：聖なる神よ！　最も忠実で最も愛する父よ！　いかにして我々は汝に十分に感謝するべきであろうか？　汝は我々に再生と、汝の子らとなる権利を汝の息子を通じて与え給うた。そのために、汝は我々すべてを一度は洗礼にもたらされた。汝は我々にこの善行を、汝の言葉においても啓示された。汝はまたこの時間にも、私に、汝の哀れな従者に、必要な恩寵を与えられた、このことを能力に従って、この教区民に講演するための。恩寵深く許し給え、どの点で我々がこれまで汝に、あれこれの汝の善行に対して感謝していなかったかを。特に、私を許し給え、この重要な事柄を明白に、あるいは力強く十分に、講演するということが自身の経験の不足から私に欠けていたところを、あるいは私が、その他にあれこれの点で、汝の恩寵の働きに無能であった点において。あるいは、私が全く無知から、私自身の思想のいくらかを汝の言葉に混ぜてしまったところで。特に、私がこの仕事のための汝の祝福の多くを、内なる祈りの不履行によって、無駄にしてしまったかもしれないところで。[453] また、この教区民を許し給え、彼らが、この彼らに講演された汝の言葉に自身において活動の余地を与えなかったところで…彼らがそれを聞いていなかった、あるいは信心なく聞いていたところで…しかし、特に、彼らが、聞いたことを実行するのに、真剣な熱意を適用しなかったところで。ああ、こうした我々の罪にも、恩寵深くあられ給え、イエス・キリストの大切な功績のために。しかし、汝の言葉のここでまかれた種から、そこからはまだ芽が出ていなかったのであるが、にもかかわらず、力強く芽を出させ、豊かな諸果実をもたらせ給え。新しい誕生から脱落した者たちの心を真の悔い改め[454]へと動かし給え、再び生まれるために、キリストが彼らの中で姿を獲得するように。しかし、汝の至福なる、霊的生の火花がまだ残っているところでは、そこでは、これを汝の聖霊の力で維持され給うのみではなく…そうではなく、それを日々の改新によって増やさせ給え、古い人間がすべての人の下で、それだけ長く、それだけ一層衰え、徐々に消え行くように…それに対して、新しい人間が日々の成長によって強くなり、その力を義の多くの諸果実において、汝の賞賛のために示すように。ああ、人が我々すべてについて、いかに汝の息子がすべてを我々について新しくしたか、さらに新しくしているかを見るようであれば。そのように我々を助け給え、ああ、愛するイエスよ、汝に再生において、信仰において、そして、その諸果実においてここで従うように、我々がまた彼の最後の再生においても——もし汝が汝の栄光の席に座しているであろうならば——汝の栄光に、腐らず、汚れのない、そして萎むことのない遺産に入れるように、そのために我々は再生したのである。栄誉、賞賛、感謝を神に、父に、息子にそして聖霊に、時間と永遠における我々の再生に対して。アーメン。

訳注

430 ヤコブの12人の子を祖とする十二の部族。古代のユダヤ人は支族共同体であった。ユダ族、イッサカル族、ゼブルン族、ルベン族、シメオン族、ガド族、エフライム族、マナセ族、ベニヤミン族、ダン族、アシェル族、ナフタリ族であるが、エフライムとマナセはヤコブの子のヨセフの子。ヤコブの子レビの子孫のレビ族は十二部族に含めない。要は全ユダヤ人を意味する。

431 シュペーナーは謙虚である。「さて、私は私の乏しさを喜んで認識する」し、「私の内に日々、私自身において欠けているものを見い出す」（PD190 邦訳116頁）。

432 「富への欲求がいかに魂を落ち着かなくさせるかを、我々はやはり聞いた」（DigF81）。

433 シュペーナーは、『敬虔ナル願望』でも、「人間においては不可能なことも、神においては可能である！」（PD100 邦訳63頁）と語って、自分の信奉者たちを励ましている。

434 マタイ19・18を参照。

435 この考え方によれば、再生は最低二回起きることになる。まず、洗礼の際に。そして終末の日に。シュペーナーは再生がいったん失われた後、人がもう一度再生する可能性も否定しない（Vgl. Erk312）ので、必ずしも二回だけとは限らない。

436 「復活者は、地上的、あるいは自然的な生命をもたないので、復活者の肉体も、もはやそのあり方に関して地上的、自然的でなく、霊的であるに違いない」（Erk244）。

437 珪砂を指すと思われる。

438 「聖なる振る舞いとそれへの熱意は、信仰の真なる徴である」（DigF65）。

439 シュペーナーは、死を霊的なもの、肉体的あるいは時間的なものと永遠なものに区分するが、ここで言う死は、肉体と魂の最終的な分離である肉体的あるいは時間的なものであろう（Vgl.Erk121f.）。

440 これが再生に当たる。

441 こちらが改新である。この場合、誕生が死に相当する。

442 シュペーナーは、洗礼による罪の赦しを強調するが、洗礼を受けた者でもまだ原罪は残っているとする（Erk301f.）。ただしそれによって信者が永劫の罰を受けることはないし、全く優越するわけでもない。

443 「聖ならざるいかなるものも、神の聖なる王国へは入らないであろうこと」（Erk227）。

444 こうした完全性を、シュペーナーは、「最高の、本当の完全性」（Erk105）と呼ぶ。これはシュペーナーが現世である程度実現できるとした完全性とは別のものである。「人間がもはやそれ以上善において増大する必要がなく、いかなる罪も自身にもっていない状態」としての完全性は「ここ肉の内ではなお得ることが不可能」とされる（WP207）。このレベルの「神の律法が要求する、魂のすべての力を包括し、それに従えば、人間においてほんのわずかの罪、罪深い傾向性、思考や欲望があるべきではないような従順」は「律法的完全性」と呼ばれる（SHS488）。人間が生前にこの完全性に達することはない。

445 「永遠において、我々の至福は、我々に現れ、全世界に啓示され、我々はその最も完全な享受に移され、また、以前には不可能だった他の財産も持って、そこで肉体が変容しているので、至福へもたらされ、しかもすべてはそれを再び失うという危険がない」（Erk306）。

446 これは洗礼による再生である。

447 シュペーナーは聖書に詳しい言及がないことは詳論しようとしない。ここがスコラ的神学者との違いである。「だから、我々は聞いている、人が聖書の外で聖書を超えて賢明で利口になろうとするならば、いかに少なからぬ害があるか：そして、それでも、その実例に事欠かない」（PD124f. 邦訳78頁）。「聖書は、我々がそれに基づき、我々の至福のために知り、為す必要があるすべてのことをまったくそこから得ねばならない、唯一の原理であり、教えの根拠」であり、「死せる字面ではなく、その認識を我々の内に作り出す、活きた言葉」であるから、「我々はそれ自身を聞かねばならないのであって、教会や教師をではない」（WP231）。

448 「しかし特に汝らの改新は、常に汝らにとって重要である、そしてこれは汝らの唯一の毎日の訓練である、汝らが毎日、汝らが今や古い人間から何を脱ぎ、何を着なければならないかを考えるという」（WP210）。

449 シュペーナーは、殉教者と呼ばれる護教家のユスティヌス（100?－165）の次の言葉を引用する。「我々ノ宗教ノ事柄ハ言葉デハナク行イニアル」（PD224f. 邦訳139頁）。

450 洗礼における神との契約は「彼の側では恩寵の契約であり、汝の側ではしかし、信仰と善き良心の契約」（PD154 邦訳95頁）である。よって、「信仰し、洗礼され、聖なる生活をする者は至福となるであろう、それによって生活を手段とすることなく」（SHS531）。

451 キリスト教徒であれば、一度は洗礼を受けているからである。

452 逆に「再生と、なるほど現に新しい誕生の内にあることがなければ、誰も至福にならないということは、しかし、天のように確実なままであり、したがって最大のものは内面的なものに懸かっている」(WP226)。シュペーナーは、「いかなる単に自然的な人間も至福にならず、至福になるべき者は、再生したキリスト教徒でなければならない」(SHS471) と明言する。

453 シュペーナーはあくまで謙虚であり、自伝の末尾でも「私が自分の職において為すべきだけの、そして神が私に許す用意があっただけのことが成し遂げられなかったこと」(L47) を憂いている。

454 我々を神と和解させるものが「真の悔い改め」(DigF29) である。「それが誠実で真剣であるなら、悔い改めは決して遅すぎるということはありえない」(SHS376)。

解題

本書は“Philipp Jakob Spener: Der neue Mensch. In leicht lesbarer Sprache herausgegeben von Hans Georg Feller. Mit Bild des jungen Spener, J. F. Steinkopf Verlag Stuttgart, 1966“の全訳である。多少の読みにくさは犠牲として、可能な限り原典の語順で訳してある。著者のフィリップ・ヤーコプ・シュペーナー（Philipp Jakob Spener, 1635 - 1705）は、「敬虔主義の父」と言われる、主に17世紀後半にプロイセンで活躍した神学者で、他の著書を見ればわかるように、初期新高地ドイツ語を使っていた。そのため、本書の原典とはドイツ語の綴りも違うし、安定したドイツ語を使っていたわけでもなく、印刷はひげ文字であった。したがって、本書には出版したハンス・ゲオルグ・フェラーによる相当の校訂が推測できる。本書の原典は、シュタインコプフ出版社が刊行した家庭叢書の内、シュペーナー叢書の第四巻である。フェラーの導入によれば、シュペーナーの説教を寄せ集めたもので、シュペーナーの当時、この形で出版されたものとは考えられない。残念ながら、この叢書の元となったシュペーナーの時代に刊行された説教集の原典や、原注にあった文献は見つけることができず、対照することができなかった。

それでも、ここに述べられている神学はまぎれもなくシュペーナーのものである。そのことは、訳注に引用したシュペーナーの他の著作と比較していただければ、理解されるであろう。もっとも、シュペーナーの膨大な著作の内から、読者の便を考え、数は少ないのだが日本での入手が容易なものに本書での引用は限らせていただいた。日本で入手しにくいシュペーナーの著書からの引用は、拙著『カントと敬虔主義――カント哲学とシュペーナー神学の比較』（晃洋書房、２０１６年）などを参考にしていただきたい。シュペーナーにはゲオルグ・オールム出版社刊行の写真製版による全16巻36冊におよぶ長大な全集があるのだが、これの入手も日本では困難である。訳者はドイツ留学時代に、ボン大学のプロテスタント神学部図書館にあったものを何巻か利用したことがあるので、ドイツでなら入手は可能と思われる。こちらはひげ文字印刷であるが。ちなみにこれでもシュペーナーの全著作は網羅できていない。訳者はベルリン国立図書館で、圧倒的な量のシュペーナーの著作の一覧がマイクロフィルム化されているのを見たことがある。

本書の著者、シュペーナーは１６３５年１月13日、当時まだドイツ領だった上エルザスのラッポルツヴァイラーに、法律家で、のちに伯爵となるラッポルトシュタイン領主の宮廷官僚だった、ヨハン・フィリップ・シュペーナー（およそ 1590 - 1657）と、彼の妻アガータ旧姓ザルツマンの第四子として生まれた。彼の家庭では、道徳的に弛緩したルター派教会の改革を目指す改革派のルター主義が支配的で、シュペーナーもそうした傾向の教育を受けて育つ。とくに改革派ルター主義者のヨハン・アルント（Johann Arnd, 1555 - 1621）の『真のキリスト教についての四巻』や、イギリス清教主義の信仰促進文学から強い影響を受けた。

1651年、シュペーナーはシュトラスブルク（現ストラスブール）大学に入学し、哲学、ヘブライ語、ラテン語を学ぶ。1653年には哲学修士号を論文「理性的被造物ノ創造者トノ一致ニツイテ」で取得、1654年から1659年までシュトラスブルク大学神学部に学ぶ。本文訳注で示した様にここには改革派ルター主義の神学者が多く所属していた。1659年に神学の学習を終えたシュペーナーは、研究旅行に出て、バーゼル、ジュネーブ、リヨンを訪れ、当地の言語学者や神学者と交流している。さらに、1662年からはシュヴァーベン地方を旅行し、シュトゥットガルトやテュービンゲン、ヴュルテンブルクに滞在し、多くの知己を得た。これは後にシュヴァーベン地方で敬虔主義が優勢となった一因にもなっている。

1663年、シュペーナーはシュトラスブルクのミュンスターの第二無任所牧師の職に就く。1664年には『ヨハネ黙示録』についての論文「ヨハネ黙示録9章13カラ21節ニテ予言サレタルユーフラテスノ天使ニ関スルムハンマド主義ニツイテ」で、神学博士号を取得し、スザンナ・エルハルトと結婚した。この夫婦には6男5女が生まれている。1666年、シュペーナーはフランクフルト・アム・マインから招聘され、ルター派牧師団の長老職に就いた。シュペーナーはこの街で教会改革と社会改革に取り組み、貧しい人びとや孤児の救済に努める傍ら、教理問答教育の改革などを行った。また、1669年に行った説教がきっかけとなって、翌年からフランクフルトで「敬虔ノ集会」(collegia pietatis) という個人的な教化集会を始めたが、これは一方で批判されながらも、ドイツ中で模倣されるようになっていく。また、シュペーナーは主著の『敬虔ナル願望 (pia desideria)』を1675年にフランクフルトで刊行している。この本は本全集第一巻として訳出される。当初アルントの説教集の序文だったこの小著は、シュペーナーによる現行ルター派教会の批判と六つの教会改革提案を含んでいたが、同年単著として刊行され直し、非常に大きな反響を巻き起こして、版を重ねた。狭義の敬虔主義とは、この二つの影響下に成立した一連のルター派教会の批判・改革運動であると言ってよい。ちなみに、「敬虔主義者」という名称はもともと批判者からの蔑称であった。また、ルター派正統主義による敬虔主義者への攻撃や、その結果として起きたルター派教会離脱の動きなどは、本書でシュペーナーが苦難や忍耐の重要性を説く一因と考えられる。付言しておくと、この当時シュペーナーは、フランクフルトを訪れた哲学者のゴットフリート・ヴィルヘルム・ライプニッツ (Gottfried Wilhelm Leibniz, 1646 - 1716) と親交を結び、以降往復書簡を交換している。

シュペーナーは1686年、ザクセン選帝侯ヨハン・ゲオルク三世 (Johann Georg III., 1647 - 1691) の主席宮廷牧師としてドレスデンに招聘され、その地位に就く。これは当時ドイツプロテスタントで最高の、最も影響力のある地位だった。シュペーナーはその影響力をもって敬虔主義者たちを擁護し、教会改革を進めようとしたものと考えられるが、導入冒頭でフェラーも述べる通り、ザクセン王家の宮廷風生活を批判（その激しさは本書からも読み取れる）したシュペーナーは選帝侯に嫌われ、その実をほとんど上げることができなかった。そのためもあり、1691年、シュペーナーはブランデンブルクプロイセンにおけるベルリンのニコライ教会に宗教局評定官兼監督教区長兼視察官として招聘されたのを受け、ドレスデンを去った。

当時ブランデンブルクでは、選帝侯家は改革派教会だったが、国民はほとんどがルター派教会に属していた。このため、迫害されていたユグノー教徒を受け入れるような、選帝侯フリードリッヒ三世（1657 - 1713, 1701年からプロイセン王としてフリードリッヒ一世）の寛大な宗教政策のおかげで、敬虔主義的な教会改革の試みには有利であった。ベルリンでのシュペーナーの最も重要な活動は、ハレ大学の創設にあたってその人事に介入し、敬虔主義者たちをその教授として任命させたことである。シュペーナーの弟子であり、敬虔主義の二代目の指導者となった、本全集第四巻の著者、アウグスト・ヘルマン・フランケ（August Hermann Francke, 1663 - 1727）もその一人であり、この結果、ハレが敬虔主義の新たな中心地となっていく。シュペーナー自身は、ルター派正統主義から攻撃され、神学論争に巻き込まれながらも、敬虔主義を擁護するべく説教と著書の執筆に専念し、膨大な数の説教集と著書を残した。それでも敬虔義者たちの過激化や教会離脱を防ぐことはできなかったのではあるが。本書はこの時期に属する説教集からの抜粋のようである。最晩年にはシュペーナーは論争から退いて、それまでの書簡や著作をまとめて大部の『神学的考察』を完成させ、1705年2月5日に亡くなった。訳注でも述べたが、シュペーナーの墓碑は今でもニコライ教会にある。研究者によってはプロテスタントにおいてマルティン・ルター（Martin Luther, 1483 - 1546）に次ぐ神学者とまで言う人もいる。

本書を読めば、シュペーナーの敬虔主義のもっている、ルターの義認論に対する忠誠を強調しつつも内面と行為を共に重視する実践的な性格や、その結果としての教会的制度的キリスト教の、否定ではないにしろ超克、『旧約聖書』よりは『新約聖書』を重視した聖書主義と、『聖書』の記述の範囲を決して逸脱しようとしない冷静さ、神への深い信頼に基づく楽観主義、さらには、敬虔主義者が受けた迫害およびその結果としての敬虔主義の過激化や、またそれらに対するシュペーナーの憂慮と勧告といったものを読み取ることができるであろう。ドイツにおける神学史、さらには哲学史や文化史におけるその大きな影響といったものも感じ取れるはずだ。

しかし、実は、シュペーナーの研究はドイツでもそれほど盛んであるとは言えない。決定版的に、パウル・グリュンベルグによる（そのもの"Philipp Jakob Spener"というタイトルの）長大な研究書はあるが。現代の活字で校訂されたシュペーナーの全集の刊行も進んでいない。シュペーナーはその影響にふさわしい評価を一般的に得ていないのである。あえて言えば、忘れられた神学者であったとすら言えるであろう。日本からボン大学に留学に行っていた私がシュペーナーを研究しに来たと言った時に、ドイツの学生たちに驚かれたほどである。その事情は、ましてここ日本ではさらに深刻となる。一般にはシュペーナーの名を知らない日本人が大半であろう。これまで、日本では、シュペーナーの著書の翻訳としては、『世界教育宝典』における堀孝彦による『敬虔ナル願望』のものしかなかった。当然、ルターと異なり、日本語での著作集も存在しない。シュペーナーに関する欧米の二次文献も邦訳はほとんどなかったように思う。広く敬虔主義に関する文献の邦訳の中で扱われている程度である。拙著以外の邦語文献だと、伊藤利男の『敬虔主義と自己証明の文学』（人文書院、1994年）が、多少詳しくシュペーナーについて扱っている程度であろうか。本書（およびもう二冊の『ドイツ敬虔主義著作集全10巻』における邦訳）が、日本において従来あまり顧みられることのなかった敬虔主義、特にシュペーナーの敬虔主義神学についての研究の一助となることを願ってやまない。

あとがき

その研究者の末端に席を占めながら、誠に忸怩たるものがあるのだが、日本において敬虔主義というものはほとんど知られていない。試しに高校の倫理の教科書を五冊ほど見てみたが、宗教改革はすべてに載っていたものの、敬虔主義が載っているものは一つもなかった。日本で敬虔主義という言葉を確実に聞いたことがあるとしたら、近代ドイツ神学の研究者以外では、近代ドイツ文学の研究者か、哲学者イマヌエル・カントあるいは社会学者マックス・ウェーバーの研究者と初期プロイセン王家の研究者くらいであろうか。

そんな日本で、キリスト教系出版社のヨベルが、『ドイツ敬虔主義著作集』を全十巻で刊行するという。これは壮挙と言ってよい。日本では知られておらず、ドイツですら一般人は名前を聞いたことがある程度なのが、今日の敬虔主義の現状である。私の考える所では、敬虔主義のドイツにおける影響は非常に大きく、教会史的に言うなら、ドイツ領邦教会との妥協で中世的キリスト教に逆戻りしかけたルター派プロテスタントを宗教改革の精神へ立ち戻らせ、同時に近代社会を宗教的、精神的に準備して、ドイツ近世から近代への転換点を成したものの一つが、まさに敬虔主義なのだが。その意味では、敬虔主義の影響はドイツ近代市民社会の基盤の一翼を担っているという点で今日まで色濃く残っていると言える。この全集を通じて、そうした敬虔主義の実態が日本でも広く理解されるようになることを期待する。

この本の邦訳をヨベルの安田正人氏から依頼されたのは、2021年だったと思う。初めて原典のコピーをいただいた時には大いに驚いた。戦後に近代活字になったシュペーナーの説教集成がドイツで刊行されていたとは！　しかも、書簡集などと合わせて同じ出版社から四冊そろって。私は、シュペーナー神学とカント哲学の学際的な博士論文を書くために、1996年からボン大学に三年間留学し、シュペーナーの文献を探し回ったのだが、シュタインコプフ出版社のこれらの本を見つけることはできなかった。ボン大学の福音主義神学部（ドイツではプロテスタント神学部をこう言う）の図書館に夏休み中毎日通い、開館から閉館まで、借り出しもコピーもできない稀覯本であった、18世紀刊行のシュペーナーの『神学的考察』四巻本のひげ文字と格闘し続けた日々を思い出す。当時これらの本が見つかっていたなら、博士論文執筆ももう少し楽になっていたであろう。

私見によれば、ドイツにおいてルターと近代をつなぐ神学者がまさにシュペーナーである。ルター神学を受け継ぎつつ、近代ドイツ社会への橋渡しをした。現代まで続くその影響の大きさは、この翻訳だけからでも十分に察せられると思う。さらに、この全集第一巻の『敬虔なる願望』と、第三巻の

『再生』を読んでいただければなおのこと。シュペーナーは言わば、近代ドイツ市民社会の生みの親となった神学者である。しかしながら、残した影響が余りに広範であったためか、逆にシュペーナー本人は忘れ去られてしまった。ドイツにおいてシュペーナーの名や功績を知っている人が現在どれだけいるか？　何しろ、驚くべきことにアマゾン・ドイツはSpenerだけでは検索さえしてくれない！　まして日本ではシュペーナーという名前を聞いたことのある人間すらわずかであろう。出版社ヨベルのこの三巻のシュペーナーの邦訳が、日本において一種のシュペーナー・ルネサンスを起こすことができるよう、願ってやまない。最後に、この重要な仕事を、神学者ですらない私に任せていただいた、ヨベルの安田正人氏に深い感謝の言葉を申し上げる。

２０２４年10月26日

山下和也

訳者紹介

山下和也（やました・かずや）

1965 年　東京生まれ
1989 年　京都大学文学部哲学科哲学専攻卒業
1992 年　京都大学大学院文学研究科哲学専攻修士課程修了（文学修士）
1995 年　京都大学大学院文学研究科博士後期課程単位取得退学
1999 年　ボン大学哲学科博士課程修了
2001 年　ボン大学哲学博士（Ph.D.）
2011 年　愛知大学法学部准教授
現　在　愛知大学法学部教授（2016 年より）

主要業績

著 書：Kant und der Pietismus. Ein Vergleich der Philosophie Kants mit der Theologie Speners, Berlin, Verlag für Wissenschaft und Forschung, 2001.
『オートポイエーシス論入門』（ミネルヴァ書房、2010 年）
『システムという存在』（晃洋書房、2013 年）
『カントとオートポイエーシス』（晃洋書房、2019 年）
論 文：「カテゴリーの問題」（有福孝岳／牧野英二編『カントを学ぶ人のために』世界思想社、2012 年）
「ドイツ啓蒙と敬虔主義　── 自由論を巡って」（カント研究会編『現代カント研究 9 近代からの問いかけ　── 啓蒙と理性批判』晃洋書房、2004 年）
「カントとシュペーナー　── 批判哲学と敬虔主義神学」（日本カント協会編『日本カント研究 20 号』2019 年）
訳 書：ヨハン・シュルツ『カント『純粋理性批判』を読むために』（梓出版社、2008 年、菅沢龍文・渋谷繁明氏と共訳）
自著訳『カントと敬虔主義 ── カント哲学とシュペーナー神学の比較』（晃洋書房、2016 年）

ドイツ敬虔主義著作集　2

新しい人間 —— 読みやすい言葉で

2024年12月20日　初版発行

著　者 —— フィリップ・ヤーコプ・シュペーナー
訳　者 —— 山下和也
発行者 —— 安田正人
発行所 —— 株式会社ヨベル　YOBEL. Inc.
〒113-0033 東京都文京区本郷 4-1-1-5F
TEL03-3818-4851　FAX03-3818-4858
e-mail：info@yobel. co. jp

印刷 —— 中央精版印刷株式会社
装幀 —— ロゴスデザイン：長尾優
配給元 —— 日本キリスト教書販売株式会社（日キ販）
〒112 - 0014　東京都文京区関口 1 -44 -4　宗屋関口ビル
振替 00130-3-60976　Tel 03-3260-5670

ISBN 978-4-911054-01-7　Printed in Japan

金子晴勇責任編集

ドイツ敬虔主義著作集（全10巻）

体裁：四六判上製（税込表示）

第1巻　シュペーナー『敬虔なる願望』、神学論文　佐藤貴史、他訳
第2巻　シュペーナー『新しい人間』　山下和也訳（第二回配本　四〇〇頁・三〇八〇円）
第3巻　シュペーナー『再生』　金子晴勇訳
第4巻　フランケ『回心の開始と継続』　菱刈晃夫訳
第5巻　ベンゲル『神の現在――告白と証言』　若松功一郎、他訳
第6巻　ツィンツェンドルフ『福音的真理』　金子晴勇訳（第三回配本予定）
第7巻　エーティンガー『自伝』　喜多村得也訳（第四回配本予定）
第8巻　エーティンガー『聖なる哲学』　喜多村得也訳（第一回配本　二八八頁・二二〇〇円）
第9巻　テルステーゲン『真理の道』　金子晴勇訳
第10巻　ドイツ敬虔主義の研究　金子晴勇